국가라는 이름으로 자행된 폭력의 기록

고문과 학살의 현대사

국가라는 이름으로 자행된 폭력의 기록

고문과 학살의 현대사

김성수 지음

오라티오 콘텐츠

목차

"기억하지 않으면, 또다시 반복된다."
나는 오래전부터 이 질문 앞에 멈춰 섰다.
"이 나라는 과연 누구의 피 위에 세워졌는가."

1945년 해방의 함성이 끝나기도 전에, 새로운 억압이 시작되었다. 총칼을 쥔 자들은 '질서'와 '안보'를 외쳤고, 정의와 자유를 말한 이들은 '빨갱이'로 낙인 찍혀 사라졌다. 역사는 늘 승자의 언어로 기록되었고, 그 속에서 진실은 침묵 당했다. 이 책은 그 침묵을 깨우려는 시도다. 잊힌 이름을 다시 부르고, 지워진 목소리를 되살리려는 기록이다. 누군가는 이 글을 불편하게 느낄지도 모른다. 하지만 우리가 외면한 역사는 결코 사라지지 않는다. 그 고통은 여전히 우리 사회의 어딘가에서, 억눌린 기억으로 남아 있다.

나는 수많은 자료와 증언 속에서 '국가'라는 이름으로 자행된 폭력을 마주해야 했다. 누군가는 한 줌의 흙으로 돌아갔고, 누군가는 이름조차 남기지 못한 채 사라졌다. 그들 대부분은 평범한 이들이었다. 자신의 일터에서, 가족 곁에서, 그저 인간답게 살고 싶었던 이들이었다. 나는 그들의 이야기를 읽으며 수없이 멈췄다. 눈을 감으면 들리는 듯했다,

"나는 죄가 없습니다. 진실을 말했을 뿐입니다."

그 한마디가 시대를 건너 나를 흔들었다. 그 목소리를 대신 기록하는 것이, 내가 감히 이 책을 쓰게 된 이유였다. 우리는 흔히 '역사'라 부르는 것을 완

결된 과거라고 생각한다. 하지만 역사는 아직 끝나지 않았다. 진실이 드러나지 않은 채 봉인된 사건들, 사과 받지 못한 죽음들, 잊힌 이름들이 여전히 우리 곁에 있다.

이 책이 다루는 학살과 고문은 단지 과거의 비극이 아니라 오늘의 우리를 비추는 거울이다. 그 시대의 폭력은 다른 형태로 여전히 반복되고 있다. 불의에 침묵하는 사회, 약자를 조롱하는 시선, 권력 앞에서 굽히는 양심, 그것은 모두 같은 뿌리에서 자라난 그림자다.

나는 이 책이 누군가에게 '분노'를 일으키기보다 '깊은 성찰'을 불러일으키길 바란다. 과거를 미워하기보다, 그 속에서 우리가 무엇을 잃었는지 돌아보길 바란다. 기억은 복수가 아니다. 기억은 인간으로서의 존엄을 회복하는 일이다. 잊지 않겠다는 다짐은 우리 스스로를 다시 인간답게 세우는 약속이다.

이 책을 읽는 모든 이들에게 부탁드린다. 잠시 멈추어, 그 시대를 살았던 이름 없는 사람들을 떠올려 달라. 그들의 고통과 절망, 그리고 끝내 꺾이지 않았던 존엄을. 그 기억 위에서만 우리는 진정한 미래를 이야기할 수 있다. 진실은 언젠가 반드시 드러난다. 그리고 그 진실을 기억하려는 마음이야말로 이 시대를 지탱하는 마지막 양심이라 믿는다.

2025년 가을
역사를 잊지 않으려는 마음으로
저자 김성수 씀

국가라는 이름으로 자행된 폭력의 기록

고문과 학살의 현대사

이
승
만
정
권

해방 후 제헌국회는 일제강점기 동안 독립운동가나 그 가족을 살상
하거나 박해한 자 등을 처벌하기 위해, 진실화해위원회의 원조격인 반
민족행위특별조사위원회(반민특위)를 설치했다. 그러나 반민특위가
청산하고자 했던 친일파들이 오히려 이승만의 지시로 반민특위를 해
체하는 비극이 벌어졌다.

왕조시대 왕처럼 ;

해방 후 친일 경찰을 대거 기용했던 이승만의 방해로, 반민특위는 결국 1949년 6월 강제 해산되었다. 이승만의 비호를 받은 친일 경찰들은 반민특위를 습격해 친일 증거 문서를 불태우고, 독립운동가들을 오히려 '빨갱이'로 몰아 감옥에 가두거나 고문하고 학살했다.

이승만 정권의 탄압 속에서 살아남은 독립운동가들은 김원봉처럼 월북을 택하거나, 김구·여운형처럼 남한 사회에서 철저히 제거되었다. 그리고 독립운동가의 후손들은 친일 정권으로부터 지속적인 핍박을 받으며 빈곤에 허덕였다. 반면 친일파의 후손들은 권력을 쥐고 호의호식하며, 독립운동가 후손들을 비참하게 말려 죽였다.

세종의 큰형 양녕대군의 후손이었던 이승만이 '대한민국 박사 1호'로서 초대 대통령이 된 것은, 어떻게 보면 해방 후 민주공화국 대한민국 국민에게 닥친 불행의 시작이었다. 이른바 '왕족' 이승만의 의식 속에서 대한민국은 국민이 주인인 민주공화국이 아니라, 그저 조상이 다스리던 왕조국가의 연장이었을 뿐이다. 그런 그에게 국민은 결코 나라의 주인이 아니었고, 조선 시대 왕의 명을 따르며 복종해야 하는 한 줌의 백성에 불과했을 것이다.

그렇기에 이승만은 한국전쟁 전후로 적게는 수십만 명에서 많게는 백만 명에 이르는 민간인을 학살하고도 죄책감을 느끼지 않았던 것으로 보인다. 전쟁 초기 "서울을 사수하겠다"는 대국민 사기극을 벌이며 한강 다리를 끊고 도망쳤던 이승만은, 9·28 서울 수복 이후에도 자신의 말을 믿고 서울에 남아 있던 국민들에게 사죄하기는커녕, 오히려 그들을 '부역자'로 몰아 처벌하고 학살했으며 이를 당연하게 여겼다.

영화 <태극기 휘날리며>에도 등장하는 보도연맹 사건은, 6·25 전쟁 전후에 우리나라 군·경찰·극우 조직이 자국민인 보도연맹원과 양심수 등 수십만 명을 학살한 사건이다. 1990년대 말, 전국 각지에서 보도연맹 학살 피해자들의 유골이 발굴되면서 사건의 실상이 드러났다. 그리고 2008년, 내가 몸담았던 노무현 정부의 진실화해위원회는 국가기관으로서는 처음으로 민간인이 학살되었다는 사실을 공식 확인했다.

한 지인도 그때 처음으로 자신의 할아버지가 6·25 전쟁 중 국군에 의해 학살당했다는 사실을 알게 되었다며 눈물을 흘렸다. 그의 아버지는 평생 그 비밀을 무덤까지 가져가려 했고, 반세기가 넘도록 딸에게 아무 말도 하지 않았다. 그러다 진실위의 진상 규명이 이뤄진 뒤에야 처음으로 딸에게 눈물을 쏟으며 '가문의 비밀'을 털어놓은 것이다.

오늘날 우리나라의 수구 언론이 '국부' 또는 '거대한 생애'로 칭송하는 이승만의 행적이 바로 이것이다.

백범 암살범 안두희, 호텔급 감방에

안두희는 평안북도 용천 출생으로, 사상가이자 민주화운동가인 함석헌(1901~1989)과 고향이 같다. 또 18년간 독재자의 자리에 있으면서 수많은 인권침해를 자행한 박정희(1917~1979)와 같은 해에 태어났다. 안두희는 1949년 6월 26일 김구를 암살했는데, 이 사건은 안두희의 개인사뿐 아니라 그의 가정사, 그리고 해방 후 한국 현대사에 큰 비극과 불행을 초래했다.

암살당하기 열 달 전인 1948년 8월 15일, 김구는 남북 분단 정권으로 인해 한반도에 "동족상잔의 비참한 내전이 발생할 것"이라고 예언했다. 그런데 김구가 서거한 지 정확히 1년 후 6·25 전쟁이 발발했다는 사실을 떠올려 보면, 그의 예언이 그저 놀라울 따름이다.

백범을 암살한 안두희는 이태원에 있던 육군형무소에 수감되었으나 각종 특혜를 받았다. 『안두희 평전』의 저자 김삼웅에 따르면, 안두희는 "말이 감방이지 침대와 응접실을 갖춘 호텔급 특별 감방"에서 지냈으며 "형무소장과 함께 식사하는 경우도 많았다"고 한다. 민족 지도자를 살해한 중범죄자가 어떻게 이런 대접을 받을 수 있었을까. 비호 세력 없이는 불가능한 일이다.

이 외에도 백범 암살범 안두희에게는 특혜가 이어졌다. 그는 1949년 11월 무기형에서 15년으로 감형되고, 이듬해 3월 다시 10년으로 감형되었다. 유례없는 특혜였다. 1950년 6·25가 발발하자 이승만은 국회에 통보도 하지 않고 6월 27일 새벽 대전으로 후퇴하면서, 그 혼란 속에 육군형무소에 수감 중이던 안두희를 석방시켜 대구로 데려갔다. 그리고 육군특무부대 문관으로 특별 채용했다.

안두희는 1950년 9월 중위, 1951년 3월 대위로 승진하며 육군본부 정보국원, 제8군단 정보연락장교단원 등을 거쳐 잔형 집행 면제를 받았다. 이후 육군참모총장 정일권, 육군본부 정보국장 백인엽, 정보국 차장 이후락 등을 만나 미국 KLO를 본뜬 한국 KLO(특수공작기관)를 만들라는 지침을 받고 일을 수행했다.

1951년 8월 전시 피난 국회에서 안두희 특혜 문제가 거론되자 군부는 그를 계속 군에 둘 수 없다고 판단했다. 소령으로 진급시킨 뒤 예편시키고, 원용덕 헌병사령관이 자신의 문관으로 특별 채용해 보호했다. 이어 강원도 양구에서 군납업체를 차리게 하고 뒤를 봐주어, 강원도에서 둘째로 부자라는 말이 나올 정도의 거부가 되었다.

그의 호화 별장에는 군 장성들은 물론 자유당 정권의 핵심 인사들이 드나들었고, 군경이 경호할 정도로 위세가 대단했다. 모두 이승만의 각별한 배려 없이는 불가능한 일이었다.

1993년 2월 17일 국회 법제사법위원회 산하 '법제소위원회'에 구성된 '백범 김구 선생 암살 진상규명위원회'에 제출된 자료에 따르면, 안두희는 백범 암살 후 특별사면으로 풀려난다. 이후 신성모 (1891~1960) 국방장관이 안두희를 은밀히 불러 "수고 많았다"며 돈을 건넸다. 놀랍게도 신성모가 돈을 준 장소는 당시 이화여자대학교 학장이던 김활란(1899~1970)의 서재였다. 그 자리에서 신성모는 안두희를 포병으로 원대 복귀시켜 주겠다고 약속했다.

김구 암살과 김활란, 안두희 육성 고백 녹취

아래 육성 녹취는 김구 암살 행위를 안두희 스스로 고백한 육성 녹음으로, 한국전쟁 당시 부산 정치 시절 안두희가 언급한 김활란 관련 부분을 담고 있다. 당시 김활란은 공보처장 겸 전시국민홍보외교동맹 위원장이었고, 안두희는 부산계업분소 현역 대위, 신성모는 국방장관이었다.

이 테이프는 민간 차원에서 구성된 '백범 김구 선생 암살진상규명위원회'가 1993년 2월 17일 국회 법제사법위원회 산하 '법제소위원회'에 구성된 '백범 김구 선생 암살진상규명위원회'(위원장 강신옥 의원)에 자료로 제출한 것이다.

다음은 해설 부분이다. 안두희가 특별사면으로 풀려난 후 신성모 국방장관이 그를 은밀히 불러 "수고 많았다"며 돈을 준 내용이다. 흥미로운 점은 그 장소가 당시 이화여대 학장이던 김활란의 서재였다는 사실이다. 신성모는 그 자리에서 안두희를 포병으로 원대 복귀시켜 주겠다고 약속했다.

이하 안두희의 육성 녹취다.

"한번은 '안 대위님, 전화가 왔습니다' 해서 받아 보니 '나 이화여대 학장인데요' 하더군요. 그래서 '왜요?' 하고 깜짝 놀랐습니다. '예, 알겠습니다. 김활란 박사 아닙니까?' 그랬더니 '그래요'라고 하여, '그런데 지금 국방부장관이 내 서재에 와 있습니다. 오랜만에 부산에 내려 오셨다가 내 서재에 오셔서 이런저런 이야기를 하시다가 안 대위님이 계엄사령부에 계시다는 말을 들었다는 거예요. 그래서 한번 만나 보면 좋겠다고 하시는데, 시간이 괜찮으면 오시겠습니까. 지금 여기 계십니다' 그러는 거예요.

뭐 거리가 멀지 않아서 '예, 가겠습니다' 하고 지프차를 타고 갔습니다. 국방부장관이 있다고 해서 근처에 지프차를 세우지 말고 좀 떨어진 데 세우라고 하고 들어갔습니다. 김활란 박사에게 인사하고 보니 저쪽에 비쩍 말라 북어 대가리 같은 신성모가 앉아 있더군요. 그래서 고래고래 소리 지르지 않고 간단히 경례만 하고 '안두희, 부름 받아 왔습니다' 했더니 '앉아' 해서 앉았습니다.

신성모가 '지금 소속이 어디지?' 하기에 '정보부에서 일하라고 해서 갔더니, 나도 모르는 곳에 전송돼 지금 계엄사령부 임시 부원으로 있습니다' 그랬더니 수고 많았다면서 주머니에서 계면쩍게 봉투를 내미는 거예요. '빈약하지만 수고했으니 용돈이나 쓰시오. 원래 포병이니 포병으로 돌려줄까?' 하기에 '예, 저는 원대가 포병이니까 돌려주시면 좋겠습니다' 하고 있었습니다.

받기를 기대하는 눈치라 안 받기도 뭣하고, 또 저쪽에서는 김활란 박사가 대화에 관심 없는 척하면서도 받나 안 받나 살피고 있더라고요. 봉투를 잡았더니 그제야 손을 잡더군요. 신성모가 '잘해 봐' 해서 경례하고 나왔습니다."

이러한 정황으로 볼 때 백범 암살의 배경에는 이승만, 김활란, 그리고 미국이 있었음을 짐작할 수 있다. 아니, 좀 더 적극적으로 해석하자면 미국 정부와 이승만이 공동으로 김구 암살을 기획했다고 볼 수밖에 없다.

안두희는 미국 CIA 요원이었다. 백범 암살은 미국과 이승만의 이해가 일치한 결과였다. 미국은 처음부터 백범을 배제했다. 그의 강인한 민족주의 성향이 향후 미국의 한반도 지배에 걸림돌이 될 것이라 보았기 때문이다. 그래서 미국은 대한민국임시정부를 끝내 인정하지 않았고, 일본의 항복 후에도 김구를 개인 자격으로만 귀국시켰다. 한때 미국은 김구를 아예 중국으로 추방하려고까지 했다. 미국은 자국을 제외한 나라의 민족주의자를 싫어한다. 베트남의 호치민도 비슷한 사례다.

이러한 미국의 속셈을 미국 박사 1호이자 미국의 속성에 능한 이승만이 몰랐을 리 없다. 결국 백범 암살은 미국과 이승만의 이해가 일치한 지점에서 이루어졌을 가능성이 높다.

더욱이 김구 암살 3일 후인 1949년 6월 29일, 미군 방첩대 CIC 소속 조지 실리 소령은 미국 정부에 보낸 '김구 암살 관련 배경 정보' 보고 문서에서 "안두희는 한국 주재 CIC의 정보원이었으며, 후에는 요원이 된 것으로 알고 있다"고 기록했다. 『안두희, 그 죄를 어찌할까』의 저자 김삼웅 전 독립기념관장도 이렇게 단언했다.

"안두희는 미국 CIA 요원이었다. 김활란은 일제강점기에는 일본, 미군정기에는 미국, 그리고 이승만 정권 때는 이승만과 특수 관계였다. 신성모 국방장관이 굳이 김활란의 서재에서 안두희와 포병 원대 복귀를 논의한 것은 이승만에게 보고될 것을 의식하고 한 행동이었다. 신성모는 6·25 전쟁 관련 허위 정보 보고 등으로 언제 해임될지 모른다는 불안감에 자신의 아킬레스건을 이승만에게 보여 주고 싶었을 것이다."

1955년 안두희는 『시역(弒逆)의 고민』을 출판했다. 이 책은 그가 김구를 암살하고 옥중에서 써 두었다가 출옥 후 낸 것으로 알려져 있다. 그는 어떤 때는 자신이 직접 쓴 책이라 하고, 또 다른 때는 특무대에 의해 왜곡되었다고 주장했다. 그런 점에서 이 책의 내용을 전적으로 신뢰하기는 어렵다.

그러나 김구 암살 관련 공식 기록이 거의 남아 있지 않기 때문에 이 책은 당시 상황을 이해할 수 있는 유일한 자료로 평가된다.

책 제목의 '시역(弒逆)'은 "사람이 부모나 임금의 목숨을 빼앗다"는 뜻으로, 안두희가 김구를 암살하며 느꼈던 갈등을 드러낸다.

이 책을 살펴보면 김구 암살 후 사건의 처리 과정에서 이승만 정권이 직·간접적으로 개입했음이 여러 차례 확인된다. 수감 중이던 안두희에게 이승만 정권 인사들과 한국 주재 미군 방첩대 요원들이 어떤 태도를 보였는지에 대해 『시역의 고민』은 이렇게 기록한다.

"CIC 본부 계장 병도 '동정적인 호의를 가졌을망정 절대로 증오하는 적의는 가진 바 아니니, 너그러운 기분으로 대하여 달라'고 나의 심정을 달래는 것이었다. … R중위는 위로의 인사인 듯 미소를 건넨다. 나의 요청으로 타인을 물리치고 주재관 R중위, R소위, O소위 네 사람만이 대좌하였다."

조사를 마친 후 안두희는 그 심정을 이렇게 표현한다.

"말을 다 하고 나니 공허한 가슴속에는 희열만이 가득했다. 나는 이로써 나의 임무를 다한 것이며, 생의 가치를 거둔 것이다."

군 장교들이 암살범 안두희를 조사하던 중 어떤 말이 오갔는지는 알 수 없으나, 그가 그런 조사 후 '희열'과 '생의 가치'를 느꼈다는 점은 시사하는 바가 크다. 또 1949년 6월 28일 안두희는 감옥에서 자신의 신문 기사를 보고 이렇게 적었다.

"1면은 보지도 않고 쥐어지는 대로 2면에 눈을 던졌다. 28일 자 신문인데, 지면 반이 내 사건으로 채워져 있었다. 실린 사진을 자세히 보니 안경을 쓴 엉뚱한 사람이어서 웃지 않을 수 없었다."

그 후 감옥 생활에 대해 그는 이렇게 썼다.

"식사 때의 감시병은 친절했다. 오늘 저녁 식사와 담배 맛은 근일에 없던 꿀맛이었다. 처음으로 밥 한 그릇을 다 먹었다. 초경 무렵 어떤 장교 한 명이 영창을 지나다가 들여다보며 위로의 말을 건네고, 감시병에게 물 준비와 변기 마련이 충분한지 검사하라고 명령했다. 살인수에게는 황송스러운 온정을 베풀고 갔다. 그 온정이 몹시도 가슴을 파고드는 것 같았다. 단 며칠 동안에 체중이 늘었을 것만 같았다."

안두희는 왜 비밀을 무덤까지 갖고 갔을까

1981년 12월 17일, 안두희는 "백범 암살 진상에는 더욱 복잡한 사연이 있다. 그래서 진상을 폭로하면 엄청난 사회적 파문이 일 것이다"(중앙일보, 1981년 12월 18일자)라고 증언한 바 있다. 그러나 그는 백범 암살의 배후를 끝내 민족 앞에 고백하지 않은 채 무덤까지 비밀을 지니고 갔다. 왜 그랬을까. 안두희의 개인사를 살펴보면 그 이유를 짐작할 수 있다.

해방 후 북한에 공산 정권이 들어서면서 토지 개혁이 실시되자, 대지주였던 안두희의 집안은 한순간에 몰락했다. 북한에서 버티다 못한 그는 결국 1947년 빈손으로 월남했고, 그때부터 '빨갱이'라는 말만 들어도 치를 떨게 되었다. 월남 후 그는 반공 단체인 서북청년회에 가입해 총무부장으로 활동하며 우익 단체 운동에 적극적으로 나섰다. 이 시기 안두희는 특무대장이던 김창룡(1920~1956)을 만나게 되는데, 이 만남은 그의 인생을 결정적으로 바꿔 놓았다.

1948년에는 아내와 아들도 월남했으며, 같은 해 그는 육사 특8기로 입교해 포병사령부 연락 장교가 되었다. 동시에 서북청년회 극우 단원으로 활동하던 그는 남한 내 공산주의자 색출과 처벌에 앞장섰고, 이 과정에서 김창룡의 주선으로 이승만을 만나게 된다. 직접적인 증거는 없지만, 이승만이 김구를 얼마나 눈엣가시처럼 여겼는지 그 자리에서 실감했을 가능성이 크다.

안두희는 전형적인 테러리스트였다. 그는 서북청년단을 시작으로 이승만의 핵심 그룹인 88구락부가 엄선한 행동대원이었으며, 미국 CIA 가 채용할 정도로 조직에 대한 충성심이 강했다. 그는 철저한 반공주 의자이자 광신적인 이승만 추종자였다. 그래서 백범 암살의 비밀을 결 코 살아 있는 동안 발설하지 않은 것으로 보인다.

기록이 없는 한국 현대사

안두희(1917~1996)가 백범(1876~1949)을 암살한 지 70년이 넘었지 만, 아직까지도 백범 암살의 배후가 명확히 밝혀지지 않았다는 것은 납득하기 어렵다. 이승만과 박정희 등 권력층의 조직적 은폐가 없었다 면 이런 공백은 불가능했을 것이다.

더욱 놀라운 사실은 우리나라 국가기관 어디에도 김구 암살 사건 관 련 공식 기록이 존재하지 않는다는 점이다. 안두희에 대한 심문 기록 은 물론 재판 기록조차 남아 있지 않다. 이는 이승만 정권 차원의 체 계적인 기록 은폐와 말살이 있었음을 짐작하게 한다. 세월호 참사 당 시의 '박근혜 7시간' 기록 부재나, 장준하 의문사 당일 중앙정보부 기 록이 없는 사실과도 닮아 있다. 권력이 불리한 진실을 감추기 위해 기 록 자체를 없애 버린 사례들이다.

그동안 백범 암살의 배경과 동기에 대한 다양한 주장이 제기되었지 만, 문헌적 증거는 거의 없다. 사건과 관련된 기관의 직접 기록이 전무 하며, 안두희의 심문 기록과 재판 기록조차 현존하지 않는다. 현재 유 일하게 남아 있는 재판 관련 기록은 언론인 오소백의 방청기뿐이다.

이승만 정권은 민간과 군 정보기관, 경찰을 동원해 백범 암살 관련 기록을 철저히 제거한 것이 아닐까. 심지어 신문 기사조차 재판 기록을 찾기 어렵다. 이건 조직적 말살이 아니고서는 설명하기 어렵다. 조선 시대에는 정사(正史)라도 남겼지만, 해방 후의 대한민국 정부는 기록 보존에 지나치게 무성의했고, 이승만 정권은 아예 기록을 지워 버리기까지 했다.

 김삼웅은 "백범 암살의 전모가 밝혀지지 않았기 때문에 이후 김대중 납치 사건, 장준하 의문사 사건 등이 이어졌다"고 단언한다. 다시는 정적을 암살하는 야만이 되풀이되지 않도록 백범 암살 사건의 진상을 반드시 밝혀야 한다. 그것은 과거사 규명을 넘어 현재와 미래를 위한 역사 정의의 실현이기 때문이다.

* 이 글은 『안두희, 그 죄를 어찌할까 한 세기를 망쳐 버린 백범 암살의 하수인』의 저자 김삼웅 전 독립기념관장과의 인터뷰를 중심으로 정리한 것이다.

 김삼웅은 전 대한매일(현 서울신문) 주필, 제7대 독립기념관장, 성균관대학교 겸임교수, 민주화 명예회복과 보상심의위원회 위원, 제주 4·3 진상 규명과 명예 회복 위원회 위원, 친일반민족행위진상조사위원회 위원 등을 역임했다. 그는 신흥무관학교 100주년 기념사업회 공동대표로 있으며, 독립운동가와 민주화운동 인물들의 평전을 집필해 왔다. 역사 바로 세우기와 민주화, 통일 운동에 헌신해 왔으며, 관련 저서만 30여 권에 이른다.

쌀 나눠 줬다고 살해된 경주 시민들

이승만 정권이 만든 관제 기관인 경주시 국민보도연맹은 1950년 2월경 결성되었다. 이후 보도연맹원들은 정기적으로 정부가 주관하는 교육이나 강연회에 참석해야 했다. 한국전쟁 전과 전쟁 중 경주 지역에서는 빨치산과 좌익 세력이 활동했고, 이를 토벌하려는 군경의 작전이 지속적으로 반복되었다. 그 과정에서 수많은 죄 없는 민간인들과 보도연맹원들이 좌익으로 몰려 억울하게 학살당했다.

노무현 정부 시절 필자가 몸담았던 진실화해위원회는 경주 지역 민간인 학살 사건을 조사했다. 당시 경주 지역의 보도연맹원과 민간인들이 군경에 의해 학살된 이유를 분류해 보면 주로 다음과 같은 사연들로 나뉜다.

총부리 앞에 쌀을 준 죄

첫째, 빨치산에게 식량을 제공했다는 이유였다. 여기에는 자의에 의한 경우뿐 아니라 타의에 의한 경우도 포함되었다. 한밤중에 빨치산이 민가에 와서 총을 들이대며 먹을 것을 요구하면, 그 총부리를 거부하고 식량을 내어주지 않을 농민이 과연 있었을까. 그러나 이승만 정권에게 이유나 과정은 중요하지 않았다. 빨치산에게 식량을 제공했다는 사실 자체가 이미 죽어 마땅한 죄로 간주되었다.

경주 감포읍 오류3리에 살던 임원규는 한국수산협회(현 수협)에서 근무했다. 한국전쟁 전 빨치산들이 마을로 내려와 그의 집 문을 두드리고 총을 들이대며 양식을 요구했다. 그는 된장과 쌀을 내주었다. 전쟁 직후인 1950년 7월 하순 어느 날, 임원규는 신혼방에서 신부와 함께 도배를 하고 있었다. 그때 경찰이 들이닥쳐 공포에 떠는 신부 앞에서 그를 강제로 연행해 갔다. 빨치산에게 된장과 쌀을 줬다는 이유였다. 그는 결국 경찰에 의해 살해되었다.

최석규는 전쟁 전 경주 외동면 제내리의 마을 이장이었다. 경주 내남면 출신의 빨치산 차종열이 체포되어 심문을 받던 중 최석규의 집에서 쌀과 의류를 제공받았다고 진술했다. 그 때문에 그는 1950년 1월 중순 경주경찰서 유치장에 두 달간 구금되었다가 3월 석방되며 보도연맹에 가입해야 했다. 그러나 불과 넉 달 뒤인 1950년 7월 전쟁 직후 그는 보도연맹원이라는 이유로 경주경찰서 외동지서로 소환되었고, 경주역 앞 농협 창고에 구금되었다. 어느 날 밤 그는 특무대원들에게 끌려나가 경주시 내남면 노곡리 미역골에서 살해되었다.

한국전쟁 당시 방앗간에서 일하던 한봉룡도 비슷한 이유로 희생되었다. 빨치산들이 총을 들고 내려와 쌀을 요구하자 거부하지 못하고 쌀 한 말을 내주었다. 그 일로 경주경찰서에 불려가 조사를 받고 석방되었으나, 1950년 7월경 안강읍 갑산1리에서 논일을 하던 중 경찰에 의해 다시 연행되어 학살당했다.

형 대신 죽은 동생

둘째, 전쟁 전 빨치산에게 잡혀간 전력이 있거나 가족 중에 좌익 활동을 한 사람이 있다는 이유였다.

정해술은 전쟁 전 경주 건천읍 송선리에서 공무원으로 근무하다 빨치산에게 잡혀갔다. 좌익 활동을 하던 외삼촌의 도움으로 풀려났지만, 한국전쟁 발발 후 여름에 '벼락부대'로 알려진 군부대에 연행되어 내남면에서 학살되었다. 시신은 부패해 식별이 어려웠고, 가족들은 그의 옷을 보고서야 신원을 확인할 수 있었다.

경주 양남면 나산리에 살던 김태범은 1950년 8월 말경 양남지서 경찰이 형 김문범을 소환하자 형 대신 지서에 갔다. 그 후 김태범은 울산시 강동면 신명리 호미 골짜기에서 경찰에 의해 형 대신 학살되었다.

경주 감포읍 전촌리에 살던 서석주는 전쟁 전 좌익에 가입하지 않으면 죽인다는 협박에 못 이겨 입산했다가 집으로 돌아왔다. 그러나 전쟁이 발발하자 1950년 8월 모친 안법촌과 누나 서복란과 함께 감포지서에 연행되었고, 세 사람 모두 감포 앞바다에서 경찰에 의해 학살되었다.

정재원은 전쟁 전 불국사 국민대원으로 활동했다. 어느 날 좌익 청년들이 찾아와 가입하지 않으면 죽이겠다고 협박하자 그는 할 수 없이 가입서에 도장을 찍었다. 그 일로 강제로 보도연맹에 가입되었고, 전쟁이 일어나자 예비 검속 대상이 되었다. 1950년 8월 중순 그는 불상지에서 국군 정보부대원들에게 학살당했다.

경주 서면 도리의 김석태는 전쟁 전 한밤중에 빨치산 5~6명에게 잡혀갔다가 한 달 만에 도망쳐 경찰서에 신고했다. 경찰은 그에게 보도연맹 가입을 종용했고, 그는 가입 후 마을 방위대 활동을 하던 중 한국전쟁을 맞았다. 전쟁 중 훈련을 받던 1950년 7월 그는 보도연맹원이라는 이유로 방첩대(CIC)에 체포되어 건천지서로 끌려갔고, 송선리 땅고개 골짜기에서 학살되었다.

셋째, 같은 마을 주민에 의해 좌익으로 모함을 받아 억울하게 학살된 경우도 있었다. 돈은 있으나 빽이 없는 사람, 혹은 아내가 미인인 경우 그 아내를 탐해 남편을 좌익으로 몰아 죽게 만든 일도 있었다.

경주 안강읍 안강리에 살던 박재윤은 건축업에 종사하며 경주여고 사친회 부회장을 맡은 부유한 인물이었다. 많은 사람이 그에게 돈을 빌려갔다. 전쟁 발발 후인 1950년 7월 31일 오전 10시경 그는 아무 이유도 모른 채 군인들에게 연행되어 안강지서에 구금되었다. 이후 트럭에 실려 경주 방면으로 이송된 뒤 군인들에게 학살되었다.

경주 양남면 나산리에 살던 황보규는 1950년 7월 20일경 경찰에 연행되었다. 나중에 밝혀진 바로는 같은 마을의 한상도가 그를 빨갱이로 모함했다. 그의 아내는 남편이 감포 앞바다에 수장되었거나 내남면에서 학살되었다고 증언했다.

경주 양남면 효동리의 손경호는 우체국에 근무하며 마을 이장을 맡고 있었다. 마을 주민 이수대가 그를 좌익 관련자로 모함해 보도연맹에 가입시켰고, 전쟁 발발 후 양남지서에 연행되었다. 이수대는 양남지서장과 가까운 사이였다고 전해진다. 손경호는 1950년 8월 울산 무릉산에서 경찰에 의해 학살되었다.

경주 서면 천포리에 살던 한규준은 대한청년단 소속으로 활동하던 인물이었다. 그와 친분이 있던 도아무개가 경찰 조사 중 그를 좌익으로 모함했다. 한규준은 고문을 받았지만 증거가 없어 풀려났다. 그러나 전쟁이 발발한 이듬달인 1950년 7월 말 그는 다시 경찰에 끌려갔고, 내남면에서 학살당했다.

이름이 같은 죄로 학살

넷째, 행정 착오로 동명이인이 억울하게 학살된 경우도 있었다.

한국전쟁 직후 경주 양북면 송전2리에 살던 김수락은 1950년 7월 26일 아무 이유도 모른 채 경찰에 강제 연행되었다. 가혹한 고문 끝에 그는 경찰에 의해 학살당했다. 진실화해위원회 조사 결과, 당시 송전리에는 같은 이름을 가진 김수락이 두 명 있었다. 실제 좌익 활동을 하던 김수락은 무사했으나, 아무 관련이 없던 또 다른 김수락은 동명이인이라는 이유로 억울하게 살해당했다.

진실위 조사에 따르면 1950년 2월 경주 지역에 보도연맹이 결성되면서 다수의 민간인들이 정부 주도로 할당 가입되었다. 이들은 전쟁 발발 직후인 1950년 7~8월경 군·경찰·방첩대(CIC)에 의해 예비 검속되어 경주경찰서와 각 지서에 수감되었다. 이후 경찰서 유치장이나 창고 등에 구금된 뒤 내남면 노곡리 계곡, 천북면 화산리 계곡, 건천읍 송선리 계곡, 울산시 강동면 신명리 계곡 등지에서 군경과 CIC에 의해 총살되거나 감포 앞바다에 수장되었다.

1950년 여름 경주 내남면 민간인 학살 현장에 있었던 한아무개는 2009년 4월 14일 진실위에서 당시 상황을 이렇게 증언했다.

"전쟁 직후 두 차례에 걸쳐 내남면 현장에 동원된 적이 있습니다. 첫 번째는 어느 날 밤이었는데, 경찰서에 구금된 남로당원들을 대구형무소로 이송하는 트럭에 탑승하라는 명령을 받았습니다. 실탄 50발이 지급되었고, 트럭이 도착한 곳은 대구형무소가 아니라 내남면 노곡동의 골짜기였습니다. 현장은 사찰과장 박용래가 지휘했고, 나에게는 여자 다섯 명을 처형하라는 지시가 떨어졌습니다. 머뭇거리자 다른 동료 경찰이 대신 그 여자들을 사살했습니다.

이후 사찰계가 돈을 받고 처형될 사람들을 빼돌린다는 소문이 돌았고, 그 정보가 월성군청에 주둔하던 CIC 대장에게 전해졌습니다. 그 뒤로 처형자 관리와 지휘는 CIC가 담당했습니다.

두 번째로 동원되었을 때는 낮 시간이었고, 주민들이 이미 구덩이를 파 놓은 상태였습니다. 현장은 이북 출신 CIC 대장이 지휘했으며, 그 날 처형된 사람은 약 65명 정도였습니다. 그중에는 15세도 안 되는 소녀도 있었습니다.

처형될 사람들 중 일부는 '인민공화국 만세'를 외치기도 했으나, 대부분은 겁에 질려 아무 말도 하지 못하고 손이 뒤로 묶인 채 뒤에서 총을 맞았습니다. 총격 후 살아남은 사람은 '일어나라'는 명령에 따라 일어났지만, CIC 대장이 삽으로 머리를 내려쳐 죽이기도 했습니다.

　처형이 끝난 뒤에는 마을 주민들이 동원되어 시신을 묻었습니다. 유치장이 차면 현장으로 끌고 와 처형했으며, 동료들도 몇 차례 현장에 동원되었습니다."

　눈앞에서 학살된 사촌 동생

　1950년 여름 경주 내남면 민간인 학살 현장의 또 다른 목격자인 황 아무개는 2009년 4월 9일 진실위에서 이렇게 회고했다.

"내남면 처형 현장에 한 차례 동원된 적이 있습니다. 당시 경주경찰서 사찰주임이 현장 지휘를 맡고 있었습니다. 미리 큰 구덩이가 파져 있었고, 처형될 사람들은 눈을 가리고 손이 뒤로 묶인 채 구덩이 앞에 세워졌습니다. 뒤에서 99식 소총으로 총격을 가했습니다. 총을 맞고도 살아남은 사람도 있었는데, 동료 경찰 중 일부는 살려 주자고 해서 실제로 풀어준 경우도 있었습니다.

　처형 대상자 중에는 동료 경찰의 사촌도 있었습니다. 그 동료는 사촌이 총살당하자 현장으로 돌아와 마음이 아프다며 많이 울었던 기억이 납니다."

　진실위는 경주 지역 민간인 학살 사건과 관련해 유족과 증인의 진술, 각종 자료를 종합한 결과 1950년 7~8월 사이 군경 등에 의해 학살된 민간인을 최소 280명 이상으로 추정했다.

유족과 피해자 대부분은 경주경찰서를 중심으로 한 경찰 기관을 가해 주체로 지목했다. 경주 지역 일부 경찰 관계자들도 진실위 조사에서 한국전쟁 직후 보도연맹원과 요시찰 대상자들을 예비 검속 후 사살했다고 인정했다.

  경주경찰서 소속 황아무개와 한아무개는 직접 학살 현장에 동원되어 예비 검속자들에게 총격을 가한 사실을 증언했다. 결국 경주 지역의 보도연맹원 등 예비 검속자들은 경찰과 국군의 명령 체계를 통해 검속·학살되었다.

  당시 학살에 대한 최종 명령권자는 문서 기록이 남아 있지 않아 확인되지 않았지만, 민간인 학살의 책임은 궁극적으로 국민의 생명과 재산을 보호해야 할 의무가 있는 당시 이승만 정권에게 귀속된다고 할 수 있다. 진실위는 2009년 경주 지역 민간인 학살 사건에 대해 다음과 같은 결정을 내렸다.

"경주 지역에서 발생한 국민보도연맹 사건은 국민의 생명과 재산을 보호해야 하는 군과 경찰이 관할 지역의 보도연맹원 등 예비 검속자들을 불법 사살한 민간인 집단 희생 사건이다. 비록 전시 상황이었다 하더라도 범죄 사실이 확인되지 않은 민간인을 예비 검속해 사살한 것은 명백한 불법 행위다."

굶어 죽고, 맞아 죽은 국민방위군

이 글은 제1기 진실화해위원회의 국민방위군 사건 보고서를 중심으로 정리한 것이다.

1950년 12월 17일 창설된 국민방위군은 국가 비상사태에 대비하는 예비병 성격의 조직이었다. 국민방위군이 공식적으로 만들어지기 전부터 이미 이승만 정권은 제주도와 경상남·북도에 49개의 교육대를 설치해 국민방위군을 남쪽으로 이동시키고 있었다. 1951년 1월 중공군이 남침하자 이승만 정권은 수십만 명에 달하는 국민방위군을 급속히 남쪽으로 이동시키기 시작했다.

국민방위군 예산은 1951년 1월 29일 국회를 통과했다. 장병 수를 50만 명으로 산정하고 최소한의 식량·연료비·잡비를 책정한 예산이었다. 그러나 장정 한 사람의 하루 식량이 4홉에 불과해 당시 전쟁포로의 배급량인 5홉 5작보다도 적었다. 예산에는 교육대 운영비, 피복비, 의료비, 장교 및 기간병 급여조차 포함되어 있지 않았다.

국민방위군을 남쪽으로 이동시키기 전 각 지역별 소집 장소는 정해져 있었다. 서울은 창덕궁, 경기 북부는 안산초등학교, 경기 남부는 수

원공설운동장, 인천은 축현초등학교 등이었다. 이렇게 모인 17세 이상 40세 이하의 장정들은 100명에서 200명 단위로 편성되어 인솔자와 함께 남하했다.

당시 유엔군이 주요 도로를 보급로로 지정하고 민간인의 통행을 통제했기 때문에 국민방위군은 샛길과 산길을 따라 걸어서 이동해야 했다. 남하 경로는 서울의 경우 창경궁에서 덕소, 양평, 여주, 괴산, 문경새재, 문경, 상주, 영천, 경산을 거쳐 부산·마산·진주·울산·통영·제주 방면으로 나뉘었다.

부족한 식량과 지휘관들의 횡령으로 인해 국민방위군은 굶주린 상태로 행군을 이어 갔다. 일부는 해군 함정을 타고 남쪽 교육대에 도착했지만 그곳에도 수용 시설과 보급품이 턱없이 부족했다. 결국 동상, 기아, 질병 등으로 수만 명의 사상자가 발생하는 참상이 벌어졌다.

당시 하동 지역 교육대장이던 차연홍은 1951년 1월의 상황을 이렇게 증언했다.

"주식 4홉, 부식비 25원은 빠듯하긴 했지만 그대로만 장정들에게 지급했더라면 허기져 쓰러지는 일은 없었을 것이다. 그러나 부대 운영비가 전혀 지급되지 않아 부득이 부식비 일부를 전용할 수밖에 없었고, 수령한 양곡도 으레 가마당 6~7kg씩 줄어 있었다. 사령부에 항의했으나 돌아오는 답변은 '양해하라'뿐이었다. 무언가 꿍꿍이속이 있는 듯했지만 어쩔 수 없었다. 교육대 운영을 하나부터 열까지 주민 협조로 감당했다.

볼일이 있어 대구 사령부에 가면 일과 시간이 조금이라도 지나면 간부들은 시내 요정에서 놀고 있었다. 요정에 찾아가 보면 돈을 수북이 쌓아 놓고 도박판을 벌이고 있었다."

항상 기아에 시달렸다

국민방위군의 숙식은 인솔자가 알아서 해결해야 했다. 도착한 마을에서는 이장이 숙소를 배정하고 식사를 마련했지만 늦게 도착하면 밥조차 남아 있지 않았다. 매일 수천 명씩 몰려드는 장정들을 먹일 식량이 턱없이 부족했기 때문에 대부분은 항상 굶주렸다.

남하 행렬을 따라 떡이나 엿을 파는 행상들이 도로변에 나와 있기도 했지만 대부분은 돈이 없어 사 먹지 못했다. 배가 고픈 나머지 행상의 음식을 발로 차 땅에 떨어지면 주워 먹거나 거지처럼 달려들어 약탈하기도 했다.

열악한 시설 탓에 전염병이 퍼졌지만 치료할 약품은 거의 없었다. 교육대 간부들은 그마저도 남은 쌀과 의약품을 상인에게 팔아 횡령했다. 일부 간부들은 자유당 국회의원 30명에게 횡령한 돈을 뇌물로 주었다는 기록도 있다.

전염병 환자가 생기면 환자를 닭장이나 창고에 격리했다가 죽으면 아무 곳에나 묻었다. 교육대 근처에서 사망한 사람은 암매장지를 찾을 수 있었지만 귀향 도중 길가에서 죽은 사람들의 숫자는 파악조차 불가능했다. 사망 사실이 가족에게 통지되는 일도 거의 없었고 살아 돌아온 동료가 전해 주는 소식이 전부였다.

국가 예산으로 운영되는 국민방위군은 당연히 예산 집행과 군수 물자 관리에서 군의 통제를 받아야 했지만 실제로는 그렇지 않았다. 간부들이 부정과 횡령을 일삼은 가장 큰 이유는 이승만 정권이 그들에게 봉급을 지급하지 않았기 때문이다. 그들은 횡령한 돈으로 군복을 만들어 입었고 사병들은 기아와 추위에 방치되었다.

시설에 수용된 국민방위군의 고통은 극심했다. 배급된 식사량은 점점 줄어들어 나중에는 계란만 한 소금 주먹밥이 전부였다. 굶주린 국민방위군은 민가에 들어가 구걸하거나 약탈했고 소나무 껍질과 풀뿌리, 정미소 벽의 왕겨, 심지어 인분을 뿌린 밭의 작물까지 먹었다. 우물가에 버려진 음식 찌꺼기를 주워 먹거나 바닷물을 마시다가 죽는 이도 있었다. 밥을 훔쳐 먹다 간부에게 맞아 죽은 사람도 있었다.

당시 제주도 국민방위군 수용소에 있던 심재갑은 2010년 진실화해위원회에서 이렇게 증언했다.

"어느 날 국민방위군 장교가 운동장에 우리를 모이게 하더니 돈을 모두 내놓으라고 호통쳤습니다. 이 돈 때문에 제주도에 인플레이션이 생긴다며 윽박질렀습니다. 모두 조용히 있자 한 사병을 불러내 주머니와 내복을 뒤졌고 돈이 나오자 몽둥이로 마구 때렸습니다. 나머지 사람들도 겁에 질려 가진 돈을 모두 내놓았습니다.

그 뒤 서귀포국민학교에서의 생활은 더욱 비참했습니다. 20평 남짓한 교실에 200명 가까이 있었고 앉아 있기조차 힘들었습니다. 모두들 기침을 하고 시커먼 가래침을 뱉었지요. 식사는 주먹밥에 소금국과 고사리 몇 줄기가 전부였습니다. 그래도 식사 시간이면 고사리 하나라도 건져 먹으려 아비규환이었습니다.

훈련이 끝나면 한라산에 올라가 땔감을 구했습니다. 행군 중에는 주민이 버린 썩은 고구마 조각을 주워 먹고 산에서는 소나무 껍질과 풀을 먹었습니다. 우물가를 지나면 시궁창에 버려진 밥풀 하나라도 닭이 쪼듯이 주워 삼켰습니다. 인분이 뿌려진 채소밭에 뛰어들어 당근과 마늘을 씻지도 않고 입에 처넣었습니다."

배가 고파 견딜 수가 없어

국민방위군이었던 박상규는 통영에서의 경험을 이렇게 진술했다.

"백여 명이 이동해서 도착한 곳이 외딴 섬이야. 전에 있던 곳은 밥덩이가 주먹만 했는데 여기서는 계란만 해. 또 바닷물에 고구마 줄거리를 넣어서 국이라고 주는 거야. 그것도 받으면 건더기는 하나도 없어. 그냥 바닷물 끓인 것만 준단 말이야. 벌써 건더기는 다른 놈이 다 먹어버려. 배가 고파서 견딜 수가 없어.

그런데 거기서 계란만 한 밥덩이 하나를 100원씩에 팔아. 중대장이 팔아먹는 거라고. 우리에게 주는 주먹밥을 쪼개서 그걸 만들어 팔아먹는 거라고. 그렇게 한 달을 먹고 났더니 다리가 뒤틀려서 걷지를 못하겠더라고. 아주 삐쩍 말라가지고. 하루는 옆에 있는 젊은 사람이 낮에 바닷가에서 무슨 해초 같은 걸 뜯어 먹었어. 밤새 배가 아프다고 난리를 치는데 병원이 있나 뭐가 있나. 그냥 내버려 두었더니 아침에 죽었어. 제사를 지내주는데 밥 한 사발에 반찬 좀 올려놓고 전부 다 서서

초상을 치른 거지. 그리고 학교 뒤 산비탈을 파고서 그냥 묻었어. 그리고는 제사를 지낸 밥을 서로 먹으려고 싸우는 모습을 보니 인간도 아니고 완전히 개, 돼지보다 못한 꼴이지 뭐."

삼천포 교육대 근처에서 두부 장사를 하던 강은수는 당시 상황을 이렇게 회상했다.

"삼천포에는 강원도 사람들이 많이 왔다. 국민방위군 장교들은 방을 따로 얻어 살림을 살았다. 방위군 한 명이 그 옆에서 심부름을 했다. 그 당시 삼천포중학교에 수용되어 있었는데, 거기 있던 방위군들은 참 많이 죽었다. 수용된 숫자는 얼마나 되는지 확실히는 모른다.

그 사람들 가을에 잡혀왔는지 옷이 얇았고 이가 바글바글했다. 추운데 이불도 없어서 동네 반별로 갖다 주기도 하고, 또 7~8호씩 동네에서 돌아가며 밥을 해주곤 했다. 우리에게는 쌀을 주지도 않고 밥을 해달라고 했던 거다. 내가 그때 두부 장사를 했는데 거기서 나온 콩비지를 방위군들이 허락도 없이 와서 다 먹었다. 그 사람들은 이제 죽을 판이라 옆에 친구고 뭐고 없었다.

방위군 식량이 나오기는 했다. 그런데 동사무소 마당에 식량을 쌓아 놓고 장교들이 상인을 불러 다 팔아먹었다. 쌀을 쌓아 올리기는 방위군들이 져 올렸는데 또 그러다 배가 고프니까 한 줌씩 훔쳐 먹다 걸리면 장교들에게 심하게 얻어맞았다. 그러고도 그 사람들에게는 하나도 안 주고 다 팔아먹었다.

교육대에서 저녁 때가 되면 대여섯씩 지고 내려가는데, 뒤에서 보면 다 죽은 사람이었다. 사람들 많이 죽었다. 죽은 사람은 공동묘지에 다

갖다 묻었다. 여기서 살아간 사람이 몇 안 된다. 열에 아홉은 죽었다. 우리 집에 심부름하며 드나들던 사람이 하나 있었는데, 나중에 그 사람이 '나는 살아갑니다' 하면서 인사를 하러 왔었다."

　당시 사천에서 국민방위군을 보았던 변윤수는 이렇게 설명했다.

"나는 장교들이 착복한 것을 직접 보지는 못했지만, 보급 나온 쌀을 안 줬기 때문에 국민방위군 사람들이 감시망을 피해 민가에 와서 걸식하지 않았겠나 싶다. 국민방위군이 수용되었던 곳은 사천비행장 자리였다. 거기에 가건물을 짓고 살았다. 숫자는 상당히 많았다. 국민방위군 사람들 못 나오게 철망을 치고 보초도 세웠는데, 배가 고프니까 몰래 담을 넘어 마을로 나왔다가 간부 집에 들어가 개 맞듯이 맞은 사람도 있었다. 이 사람들이 배가 고프니까 철망 사이로 장사꾼들과 떡이나 빵을 물물교환해 먹기도 했다."

"밥 훔쳐 먹다 맞아 죽은 사람도 있다"

　진주 교육대에 수용되었던 김광식은 진실화해위원회에서 이렇게 증언했다.

"그 당시 진주사범 정문에 국민방위군 제8교육대라고 크게 쓰여 있었다. 처음엔 그곳에서 잤는데 사람이 많아지니까 일렬로 사람을 세워 그대로 눕게 했다. 나는 뒷사람 배를 베고 자고 앞사람은 내 배를 베고 자고 그런 상황이었다. 교실 바닥에 가마니를 깔고 잤는데 위생 상태가 엉망인 것은 말할 필요도 없었다. 처음엔 한 끼에 소금 주먹밥 하나씩 먹었는데, 그것도 나중에 비하면 훨씬 나은 편이었다. 그때는 그래도 견딜 만했다.

그러다 사람이 너무 많아지자 중대 편성을 하고 이동했다. 중대는 200명 단위로 지역을 철저히 뒤섞어 아는 사이를 다 갈라놓았다. 그 뒤 우리 중대는 새벽 다섯 시에 기상해 주먹밥 하나 먹고 하루 종일 이동했는데 밤 여덟 시쯤 지리산 자락의 어느 허름한 학교에 도착했다. 이곳에서 네 달을 한 중대가 같이 보냈다. 어디인지 알 수가 없었다. 민가와 철저히 분리시켜 만나지 못하게 했고 완전히 고립되어 먹을 것을 얻으러 갈 수도 없었다. 먹을 게 없으니까 다들 소나무 새순을 먹었는데 나는 잘 먹지 못했다. 메뿌리라고 콩나물같이 생긴 게 있었는데 보리밭 같은 땅속에서 재수가 좋으면 발견되는 것이었다. 배가 너무 고프니까 그런 걸 항상 찾았다.

배급은 꼭 죽지 않을 만큼만, 안남미로 만든 밥을 줬다. 중대장은 가족을 데리고 와서 살았는데 우리 먹을 것도 모자란 판에 그 가족들까지 먹였다. 원래는 4홉을 배급받아야 하는데 우리는 한 2홉 정도였던 것 같다. 밥그릇도 제각각이었고 국은 어떤 해초 같은 것으로 끓인 것이었다. 정말 배부르게 밥 먹는 것이 소원이었다.

3월 말이 되자 기상 때 일어나지 않는 사람이 있었다. 보면 뻣뻣하게 굳어 죽어 있었다. 매일 한두 사람씩 죽어나갔다. 다 굶어 죽은 거다. 산속이라 죽으면 그냥 가마니에 둘둘 말아 묻어버렸다. 의약품 같은 건 아무것도 없었다. 날짜도 알려주지 않아 언제인지도 모르겠다. 우리 중대에서만 열댓 명이 죽었다. 다른 중대는 잘 모른다. 그런데 밥 훔쳐 먹다 맞아 죽은 사람도 있다. 상상도 못한다. 소가 똥을 싸면 김이 모락모락 나는데, 얼마나 배가 고프면 그 냄새가 그렇게 구수했다.

잘 먹는 소가 그렇게 부러울 수 없었다.”

당시 김해읍장이던 허성룡은 김해 교육대의 상황을 이렇게 진술했다.

“김해에 도착하던 날 밤 두 명의 국민방위군이 죽었다. 마을 사람들은 너무 불쌍해 널을 사다가 공동묘지에 안장해 주었다. 막걸리와 북어, 과일 몇 개를 사다 제를 지낸 뒤 상여가 나갔다. 하지만 꽃상여는 아니었다. 리어카에 널 두 개를 싣고 흰 보자기를 덮었을 뿐이었다. 이것이 국민방위군의 죽음에 널을 쓴 장례로는 처음이자 마지막이었다. 매일 두세 명씩 장정이 죽어나가니 널을 살 돈도 없었다. 그래서 막걸리와 북어를 올리던 제마저 치워버렸다.

장정들이 몰려드니 사망자도 늘어났다. 어떤 날은 열 명 넘게 죽었다. 일일이 장사를 지낼 수 없어 막사 옆에 거적으로 덮어 두었다가 날이 어두워지면 한꺼번에 리어카에 실어 공동묘지에 묻었다. 처음에는 봉분도 만들었지만 그것도 곧 중단했다. 그날 죽은 인원이 몇 명이든 한 구덩이에 몽땅 묻었다. 깊이 파려면 힘이 드니 시신이 안 보일 만큼만 파고 슬슬 흙을 덮어버렸다.”

영양 부족으로 대부분 사망

당시 구포 교육대 위병소 조장이었던 이동영은 이렇게 증언했다.

“1950년 12월 무렵 약 9천 명을 수용하고 있었는데, 구포다리 옆 생선 창고를 비워 수용했다. 식량과 의약품 사정이 나빠 사망자가 많았다. 하루에 소량의 주먹밥만 제공됐고, 병이 들면 환자끼리 한곳에 모아 놓았다. 이삼일에 한 명꼴로 죽어 나갔던 것 같다. 영양 부족으로 대부분 사망한 듯하다. 죽은 시체를 매장하는 곳이 따로 있었던 것 같은데 나는 잘 모른다. 트럭에 실어 어디 먼 곳으로 가져가는 것 같았다."

창녕읍 주민으로 당시를 목격한 한태원은 이렇게 말했다.

"그때 경기도, 강원도 사람들이 겨울에 무더기로 내려와 창락국민학교에 꽉 차게 수용되어 있었다. 거기서 전염병이 나 무더기로 거의 다 죽었다. 학교 너머가 공동묘지인데 거기다 막 실어다가 묻었다. 이듬해 봄이 되니 개가 시체 일부를 물고 오기도 하고 온갖 것을 다 물어왔다. 그 후 몇 해 동안 동네가 환경적으로 큰 고통을 겪었다. 누가 찾아오지도 않고 누가 죽었는지도 모른다. 표지를 꽂아 놓은 것도 아니라서 누가 찾을 수가 없다."

경산시 압량면 당리리 주민 이산희는 당시 상황을 이렇게 회상했다.

"1·4 후퇴 즈음 국민방위군이 이 동네에 마구 몰려들었다. 동네 몇몇 창고에 50~100명씩 수용했는데, 밥을 못 줘 봄이 되자 창고에서 기어 나와 '밥 좀 줘요, 밥 좀 줘요' 했다. 우리도 살기가 굉장히 곤란해 도와주기가 쉽지 않았다.

창고는 일본 사람들이 지은 함석집이었다. 거기서 살아 나간 사람이 얼마 없었다. 거의 다 죽었다. 내려올 때는 멀쩡했는데 좀 있으니 죽기 시작했다. 다 죽어 가는데 누가 그걸 치우겠나. 시체 처리를 우리 마을 반 단위로 배정했다. 그래서 우리 마을 공동묘지나 개울가에 죽은 사람들을 가마니에 싸서 묻었다. 봉분 같은 것은 생각도 못 하고 그냥 묻고 덮었다. 처음에는 표지를 해 놓았지만 나중엔 비가 오고 그러니다 쓸려 내려갔다. 내가 중학교 다니던 때 장마가 지면 시신이 드러나곤 했다."

너무 배가 고파 돌멩이라도 먹을 것 같았다

김봉수는 경주 교육대 상황을 이렇게 진술했다.

"거기서 내가 장질부사에 걸렸다. 의약품을 제대로 먹은 것은 없고 물을 끓여서 계속 마셨다. 다행히 병은 나았지만 나를 도와주시던 분이 오히려 병이 들었다. 그런데 그 병이 퍼지게 된 것은 그곳 장교들이 귀향하던 장정들을 또 끌고 왔기 때문이다. 그중에 병든 사람을 함께 수용하니 병이 퍼질 수밖에 없었다. 그러다 사람들이 죽으면 연병장에 시신을 덮어 두곤 했던 기억이 있다. 한 스무 명가량의 죽음을 목격했다. 어디에 묻었는지는 잘 모른다.

공장이 엄청 커서 수백 명이 함께 있었다. 부대 편성은 하지도 않고 돼지처럼 우리를 몰아넣고 수용했다. 장소가 좁고 사람이 너무 많아 제대로 잘 수도 없었다. 배가 고프면 저녁에 몰래 나가 동네에서 얻어먹곤 했다. 소금에 절인 작은 주먹밥 하나씩을 세 끼로 나눠 주었는데 너무 배가 고파 돌멩이라도 먹을 것 같았다. 밥을 훔쳐 먹다 걸린 사람이 있었는데 식기를 입에 물고 연병장을 돌게 하던 기억이 있다."

전 국정원장이었던 임동원은 자인 교육대에서의 당시 경험을 이렇게 회고했다.

"열일곱 살이던 1950년 12월 말 노량진에서 국민방위군으로 거리 징집을 당했다. 기차로 남하해 자인 교육대에 수용되었다가 1951년 5월 중순 해산했다. 수용된 곳은 바닥에 가마니가 깔린 창고였다. 창고마다 예순에서 일흔 명 정도 수용됐다. 그해 겨울은 몹시 추웠지만 난방 기구가 전혀 없어 내내 추위에 떨어야 했다. 낮에는 훈련을 받는 것도 아니고 양지바른 곳에 모여 앉아 햇볕을 쬐며 이를 잡던 기억이 난다.

식사는 처음엔 주로 보리밥에 소금국이 나왔으나 점점 사정이 악화되어 소금물을 뿌린 주먹밥으로 대체되었다. 입대 때부터 환자인 대원들도 있었는데 추위와 기아로 환자가 날로 늘어났다. 의료진이나 약은 없었고 가끔 지방 의원에서 진찰을 받기도 한 것 같지만 역부족이었다. 밤새 환자들의 신음 소리를 들으며 지냈고 병들어 죽어 가는 이들도 생겼다. 사망자를 어떻게 처리했는지는 모르겠다. 피해가 컸다는 것만은 분명하다."

이승만이 1950년 12월 무리하게 모집한 국민방위군은, 이듬해 4월 30일 국회에서 '국민방위군 설치법 폐지안'이 가결되면서 넉 달 만에 해체되었다. 해체 뒤 국방부는 국민방위군 68만여 명을 소집해 질병·동상 등에 의한 낙오 및 도망자를 제외하고 약 30만 명을 수용했으며 사망자는 1,234명이라고 발표했다. 그러나 나머지 38만여 명의 행방에 대해서는 아무런 설명도 내놓지 않았다.

넉 달에 5만여 명이 죽다

국방부 발표와 달리 국민방위군으로 5만여 명이 사망했다는 부산일보 보도가 있었다. 당시 국민방위군 피해 상황에 대한 국회 보고서는 "팔십 퍼센트의 귀환 장정이 노동 취업이 불가능하며, 그중 대다수는 생명을 보존하기 어렵다"고 적었다. 진실화해위원회는 국민방위군 사건으로 수만 명이 사망 또는 실종된 것으로 추정했다. 불과 넉 달 만에 이승만 정권은 부패와 관리 부실로 자국민 장정 수만 명의 목숨을 앗아간 것이다.

또한 국민방위군 해체 후 귀향 장정에게 쌀과 광목을 지급하기로 했으나, 이마저도 지급하지 않고 횡령하는 사례가 빈번했다. 강제 소집 후 사망하거나 실종된 이들의 가족은 대부분 정부로부터 아무런 통보도 받지 못했고, 희생자들은 국가로부터 어떤 예우도 받지 못했다.

1951년 7월 19일 재심 군사재판정은 국민방위군 사령관 김윤근, 부사령관 윤익헌 등 관련자 5인에게 사형을 선고했고, 이들은 그해 8월 13일 처형되었다.

국민방위군 사건을 조사해 진실 규명 결정을 내린 진실화해위원회는 2010년 다음과 같이 국가에 권고했다.

"국가는 1950년 11월부터 1951년 8월까지 국민방위군의 소집·수용 과정에서 발생한 사망·실종 등 전반적 실태를 조사할 필요가 있다.

국가는 조사 결과에 따라 사망자·실종자와 그 가족에게 공식 사과, 위령제 실시, 가족관계등록부 정정 및 전사 또는 순직자에 준하는 국가유공자로서의 예우 등 화해를 위한 적절한 조치를 취할 필요가 있다.”

그러나 지금까지도 국가는 이 권고에 대해 아무런 후속 조치를 취하지 않고 있다.

억울하게 학살된 엄마, 푼돈으로 해결됩니까

김덕임 여사는 일제강점기인 1914년에 태어났다. 1934년 개성 호수 돈여고를 졸업하고 의학 공부까지 했던, 당시로서는 인텔리한 현대 여성이었다. 그는 1936년 경성사범을 졸업한 교육자인 서정구 선생과 결혼해, 1938년에 태어난 딸 서영선을 포함해 슬하에 여섯 남매를 두었다.

해방 후 서정구 선생은 교장과 장학사를 지내며 교육자의 길을 걸었다. 1950년 한국전쟁만 아니었다면 두 사람은 자녀들과 단란하고 행복한 삶을 이어 갔을 것이다. 그러나 전쟁은 이 다정한 부부의 둘째 딸, 당시 열세 살 소녀 서영선에게 감당하기 어려운 비극을 안겼다.

1·4 후퇴가 막 시작되던 1951년 1월 6일, 살을 에는 겨울. 여섯 남매의 엄마이자 서른대의 가정주부였던 김덕임 여사는 강화도 갑곶나루터에서 향토방위대 청년들에게 끌려가 모진 고문 끝에 돌이 겨우 한 살인 젖먹이 아들과 함께 뒤에서 쏜 총에 맞아 죽었다. 그 추운 겨울밤, 그녀와 아기의 몸은 차디찬 바다에 던져졌다.

왜 이런 끔찍한 일이 일어났을까

그로부터 약 열흘 전, 1950년 12월 27일 밤으로 돌아가 보자. 전쟁 중의 어수선함 속에서도 김덕임 여사는 여섯 남매와 단칸방에서 오순도순 이야기를 나누고 있었다. 전쟁 중 실종된 남편 걱정에 잠을 제대로 이루지 못한 지 오래였다.

그날 밤, 집 밖에서 유난히 쿵쾅거리는 소리가 들렸다. 열세 살 서영선은 알 수 없는 불안에 몸을 웅크렸다. 이윽고 흙 묻은 신발을 신은 검은 복면의 건장한 남자 셋이 방문을 박차고 단칸방으로 들이닥쳤다. 그들은 방 안을 마구 뒤졌지만 아무것도 나오지 않았다.

그러자 그들은 한 살배기 아기를 업고 불안하게 서 있던 어머니 김덕임을, 아이들이 지켜보는 앞에서 거칠게 끌고 나갔다. 그녀는 한겨울, 부모도 없이 차디찬 방에 남겨질 다섯 아이의 앞날을 걱정했지만 어쩔 수 없었다.

그날 밤 강화도의 작은 마을에서 영문도 모른 채 끌려간 사람들은, 김덕임 같은 부녀자 열다섯 명을 포함해 모두 예순 명가량이었다. 복면을 쓴 남자들은 이들을 강화의 한 양조장에 가두었다가, 며칠 뒤 옛 곡물검사소 건물로 옮겨 감금했다.

바닷가 가까이에 있던 그 건물은 웃풍이 심했다. 한겨울의 추위 속에서 난방은커녕 이불 한 장도 없었고, 화장실조차 없었다. 열흘 남짓 갇혀 있는 동안 먹을 것을 가져다주는 이도 없었다. 그들은 문자 그대로 춥고 배고픈 공간에서, 주먹밥 하나 먹지 못한 채 기아 상태로 고문을 당했다.

 한 살배기 아기가 배가 고파 울어도, 엄마 김덕임이 할 수 있는 일은 아무것도 없었다. 그녀는 그 와중에도 한겨울 냉방에서 다섯 아이가 어떻게 지낼지를 걱정했다. 당시 아이들의 나이는 열네 살, 열두 살(서영선), 아홉 살, 여섯 살, 네 살, 그리고 한 살이었다. 그곳은 생지옥이었다.

 그래도 학살은 계속됐다

 1·4 후퇴 이후 두 달 가까이, 강화 향토방위 특공대에 의해 강화 전역에서 민간인 학살이 이어졌다. 한 살배기 갓난아이부터 부녀자와 노인에 이르기까지, 약 500명에서 700명에 달하는 사람들이 목숨을 잃은 것으로 알려졌다. "개가 갯벌에 나가면 사람 다리 하나를 물고 온다"는 말이 돌 정도였다.

 이들이 학살당한 이유의 대부분은, 이승만 정권이 서울을 비우고 도망간 사이 인민공화국 치하에서 인민군을 도왔다는 이유로 '부역자'로 몰렸기 때문이었다. 인민군이 총을 들이대고 밥을 하라고 하는데, 그것을 거부할 수 있는 사람이 과연 얼마나 있었겠는가. 그러나 그것은 곧 부역 행위가 되었고, 그 결과 그들은 한겨울에 어린 자식들을 남겨둔 채 고문당하고 학살되었다. 학살은 이른바 부역자 개인에 그치지 않고 가족에게까지 이어졌다.

 1950년 12월 말 전황이 나빠지자, 강화 우익 특공대는 인민군을 따라 월북했거나 실종된 사람들의 가족을 강화 읍내 양조장 건물에 잡아 가두었다. 서영선의 어머니 김덕임도 그렇게 끌려간 뒤 학살되었다. 그리고 아이들은 평생 '빨갱이 자식'이라는 연좌제의 쇠사슬 속에서, 반세기가 넘도록 감시와 불이익, 탄압을 견디며 살아야 했다.

강화도는 휴전선과 가까운 지역이었다. 갑작스러운 전쟁 발발로 서영선 가족을 비롯한 많은 강화 주민들은 피난 갈 틈조차 없었다. 그녀는 학교에서 전쟁을 맞았다. 피난을 가지 못한 아버지 서정구는 인공 시절, 지식인을 가만두지 않던 인민군의 총칼에 위협을 받았고, 어쩔 수 없이 부역을 했다. 자신과 가족의 목숨을 지키기 위한 선택이었다. 그렇게 석 달을 보낸 뒤 그는 실종되었다. 9·28 수복 이후, 어머니와 여섯 남매는 '빨갱이 가족'으로 몰렸다.

서영선에게 평생 지워지지 않는 한은, 학살 전 곡물창고에 갇혀 있던 어머니를 한 번도 면회하지 못하고 따뜻한 밥 한 끼 해 드리지 못한 일이다. 창고 앞까지 갔다가도 가슴이 떨려 발길을 돌렸고, 검은 복면의 낯선 이들이 무서워 다시 찾아가지 못했다.

어머니와 한 살배기 남동생이 한밤중 끌려가 학살당하고, 서영선을 포함한 다섯 남매는 순식간에 고아가 되었다. 다섯 남매를 데리고 가던 일흔일곱 살의 할머니마저 강화 외포리고개에서 우익 특공대에 의해 무참히 학살되었다.

전쟁은 이렇게 한 살배기 아기도, 여섯 남매의 엄마도, 일흔일곱의 할머니도 '빨갱이'라는 이름으로 때려죽였다. 사상가 함석헌은 "우리 민족은 착하고 남을 괴롭힌 적도 없다"고 썼지만, 나는 언젠가부터 그 말에 더는 동의할 수 없게 되었다.

끝나지 않은 비극, '빨갱이 자식'

열두 살 소녀 서영선과 열네 살 언니가 전쟁 통에 세 동생을 돌보는 일은 사실상 불가능했다. 여섯 살배기 여동생은 영양실조로 숨졌고, 서영선은 배고파 죽어 가는 여동생을 그저 지켜볼 수밖에 없었다. 어린 남동생은 경찰이 학교에 찾아온 뒤 '빨갱이 자식'이라며 심한 따돌림을 당했고, 집으로 돌아오던 중 의문사했다.

그 뒤 서영선은 언니, 동생들과 어쩔 수 없이 흩어졌다. 친척 집을 전전하거나, 낯선 집에서 머슴처럼, 하인처럼 일하며 겨우 먹고살았다. 막내동생은 보육원으로 보내졌다. 성장 과정에서 서영선과 남매들이 '빨갱이 자식'이라는 이름으로 연좌제 아래서 겪은 수모와 고통은, 이 책에 모두 옮기기조차 어렵다.

훗날 서영선은 연좌제의 공포에도 불구하고 목숨을 걸고 어머니와 가족에게 총을 쏜 가해자들을 찾아가 이유를 물었다. 돌아온 대답은 허망했다.

"위에서 시켜서요. 안 하면 나도 빨갱이로 몰리니까 그냥 죽였습니다."

당시 우익 치안대에서 일하던 한 사람은 서영선에게 이렇게 말했다.

"너희 아버지는 굉장히 똑똑한 사람이었어."

장학사였던 아버지가 교사 인사 과정에서 누군가의 미움을 사, 그로 인해 빨갱이로 고발당했을 가능성을 서영선은 짐작할 뿐이다.

서영선은 인터뷰에서 이렇게 울먹였다.

"엄마가 복면을 쓴 사람들에게 끌려가던 그날 밤, 너무 무서워서 '엄마!' 하고 목놓아 부르지 못한 것이 지금까지도 천추의 한으로 남아 있어요."

어머니와 한 살배기 동생이 학살되기 전 갇혀 있던 그 양조장은 지금도 강화에 그대로 남아 있다. 그곳을 지날 때마다 가슴이 쿵쾅거리고, 미어지는 슬픔 때문에 며칠씩 잠을 이루지 못한다고 했다.

당시 강화의 우익 유격대들은 부녀자와 노인, 어린아이들을 바다 쪽으로 내몰아 등 뒤에서 총을 쐈다. 이유는 단순했다. '부역을 했다', '가족이 좌익이다.' 강화 곳곳에서 무고한 민간인들이 이렇게 죽어 갔다. 그러나 그 학살의 실체와 진실은 최근까지도 은폐되어 왔다.

천대와 차별, 몇 푼 돈으로 풀어집니까

2008년 7월, 진실화해위원회는 다음과 같이 발표했다.

"강화·석모도·주문도 지역에서 430여 명 이상, 그중 신원이 확인된 139명을 포함한 민간인이 한국전쟁 기간 중 북한 점령 시기의 부역 혐의자 및 그 가족이라는 이유로, 1951년 1·4 후퇴 전후 강화향토방위특공대에 의해 강화경찰서와 면지서 등으로 연행·구금되어 고문당한 뒤, 갑곶나루·옥림리 갯벌·월곶포구·돌모루포구·철산포구·온수리 사슬재·선원 대문고개·매음리 어류정 등지로 끌려가 집단 학살된 사실이 확인됐다.”

이어 2009년 3월, 진실화해위원회는 “강화 교동도 지역 민간인 희생 사건의 신원 확인 희생자는 모두 183명”이라며 진실규명 결정을 내렸다.

2011년 7월, 서영선을 포함한 강화 민간인 학살 사건 유족들은 진실 규명 결정 3년 만에 국가를 상대로 소송을 제기했다.

2012년 11월 9일, 서울중앙지법 민사32부는 서영선 씨 등 한국전쟁 당시 우익 단체에 의해 학살된 피해자 자녀 등 유족 10명이 낸 손해배 상 청구소송에서, 서 씨 등 9명에게 “국가는 피해자 및 유족에게 5억 3천만 원을 배상하라”는 원고 일부 승소 판결을 내렸다. 재판부는 피 해자에게 8천만 원, 배우자에게 4천만 원, 자녀에게 8백만 원씩 지급 하라고 선고했다.

재판부는 판결문에서 이렇게 밝혔다.

“당시 우익 단체인 강화향토방위특공대 등이 경찰의 지시 또는 묵 인·방조하에 민간인을 희생시킨 사실이 인정된다. 적법한 절차 없이 비 무장 주민을 총살했으므로, 국가는 희생자와 유족이 겪은 정신적 고 통에 상응하는 손해를 배상할 의무가 있다.”

학살 발생 61년 만에, 국가 책임이 법적으로 인정된 순간이었다.

그러나 서영선의 마음은 조금도 가벼워지지 않았다.

“그동안 말 못 할 고통과 걱정 속에서 살았는데, 뒤늦게나마 명예가 회복되어 기쁩니다. 어머니가 학살당했을 때가 1월이었어요. 엄동설 한에 온기 하나 없는 찬 시멘트 바닥에서 얼마나 고통의 나날을 보내

셨을지 생각하면, 지금도 밥이 넘어가지 않고 잠도 잘 수 없습니다.

 저는 너무 어리고 무서워서 굶주린 어머니께 밥 한 끼라도 해 드릴 생각조차 못 했습니다. 이불 한 장 없이 겨울 추위에 떨던 어머니께 따뜻한 옷 한 벌 가져다 드릴 생각도 못 했습니다. 아, 이 천추의 한을 어찌하나요. '빨갱이 자식'이라 불리며 반세기 넘게 받은 천대가 몇 푼 돈으로 풀리겠습니까. 국가배상금이 너무 어이가 없어, 유족들과 항소 여부를 검토했습니다." (서영선)

  진실은 규명됐지만, 가해자의 반성은 없었다

 당시 진실화해위원회 안병욱 위원장은 이 판결에 대해 이렇게 말했다. "가해자가 반인륜적 행위를 부인하거나 여전히 정당화하는데도, 사법부가 이번 판결을 통해 가해 행위를 인정한 데 큰 의미가 있습니다. 그런데도 가해자는 여전히 반성하지 않고 변명으로 일관합니다. 지금도 강화에서는 민간인 유해 매장지를 알리는 표지판이 훼손되고 있습니다. 이런 갈등이 남아 있는 상황에서, 사법부의 판결을 기쁘게 생각합니다."

 실제로 2012년 4월, 강화에서는 한국전쟁 당시 집단 학살된 민간인 유해 매장지를 알리는 표지판이 크게 훼손되는 사건이 발생했다. 길상면 산 중턱에 세워진 높이 2미터, 가로 1.2미터 크기의 안내판이 심하게 파손되자, 유족들은 강화군청과 경찰에 수사를 요청했다.

 '강화도 민간인 집단 학살 희생지'라고 적힌 이 표지판은, 진실화해위원회가 "1951년 1·4 후퇴 당시 강화 주민 400여 명이 억울하게 집단 학살돼 암매장됐다"는 결정을 내린 뒤인 2008년 11월에 세워진 것이다. 유족들의 항의로 강화군청이 표지판을 다시 설치했지만, 그것마저 곧바로 또 훼손됐다.

서영선은 "진실화해위원회와 강화군청이 세운 시설물을 훼손하는 행위는 국가폭력 희생자와 가족의 가슴에 또다시 대못을 박는 일"이라며, "철저한 수사로 재발을 막아야 한다"고 말했다. 그러나 표지판은 지금도 훼손된 채 방치되어 있다.

지금도 잠을 이루지 못한다

서영선은 지금도 잠에서 깨어나면 다시 잠들지 못한다.

"잠에서 깬 순간부터 1951년 1월의 추운 겨울밤, 어머니가 잡혀가던 모습이 떠오릅니다. 왜 나는 '엄마!' 하고 부르지 못했나, 밥이라도 싸다 드리지 못했나, 누구라도 찾아가지 못했나 하는 생각이 밀려오며 속에서 금방 미쳐 버릴 것 같은 열이 올라옵니다. 그러다 '아니다, 아직 할 일이 많다. 병들면 안 된다. 자야 한다'고 스스로를 다독이며 겨우 눈을 붙입니다. 병치레도 많고 여기저기 아프지만, 해야 할 일을 다 하고 떠나야지 하고 생각합니다."

그는 "남과 북 모두 한국전쟁의 피해자"라고 말한다.

"기막힌 일이 얼마나 많았나요. 그래서 우리 젊은이들이 역사를 제대로 알아야 합니다. 학살의 역사는 교과서에도 제대로 나오지 않아요.

전쟁의 역사를 올바로 알아야, 앞으로는 절대 전쟁이 없는 세상이 될 수 있습니다."

손자 셋을 둔 그는 이렇게 덧붙였다.

"내가 살았던 악몽 같은 세상을 손자들이 다시 살지 않기를 바랍니다. 그래서 우리가 대통령을 잘 뽑아야 하고, 동족끼리는 평화롭게 살아야 합니다."

그는 자신이 쓴 시 한 편으로 이야기를 마쳤다.

침묵

서영선

지리산 봉우리

엄마의 젖무덤 같은

부드러운 능선

넘고 넘어 보아도 그 비극

간 데 없고

계곡에 흘렀던 핏빛

저녁노을처럼 물들고

사운대는 나뭇잎

육십일 년 전의

그 비극 어이 모르는가

총성은 구름에 가리고

쏟아지는 노도에 말은

묻혀 버리는데

노고단 천왕봉은

침묵만 지키는구나

서영선(1938-)

서울방송통신대학교 국어국문학과 졸업, 숙명여자대학교 사회교육원 문예창작과
수료

　1988년 『순수문학』 시 등단

　한국문인협회·양천문인협회 회원

　시집 『하얀 눈 위에 첫 발자국』 외 2권

　자서전 『한(恨)과 슬픔은 세월의 두께만큼』

　영랑문학상·양천문학상·민족평화상·평생학습상

　강화 민간인희생자 유족회 회장

　재경 유족회 고문

　민간인학살 명예회복을 위한 범국민위원회 운영위원 역임

피해자의 입장에서 본 역사

사물을 보는 눈, 역사를 바라보는 시각은 크게 세 가지로 나뉜다. 첫째는 피해자의 시각이고, 둘째는 가해자의 시각이다. 셋째는 '중립'이라는 이름을 쓴 겁쟁이 혹은 방관자의 시각이다.

피해자의 입장에서 보면 광주민주화운동이고 제주 4·3 항쟁이지만, 같은 사건을 가해자는 광주민중반란, 공산주의자들이 주도한 폭동으로 기록하고 규정한다.

내가 노무현 정부 시절 대통령 소속 의문사진상규명위원회와 진실화해위원회에서 '직장 동료'로 만난 신기철은, 피해자의 입장에서 사물을 보고 역사를 기록해 온 사람이다. 사실 피해자의 시선에서 역사를 기록하는 일은 배고프고 고달프다.

'독재자의 딸'이 대통령을 지낸 국가에서 가해자의 입장을 대변하고, 가해자의 시각으로 현대사를 기록하는 일은 지나치게 쉽다. 정부의 막대한 재정 지원과 어엿한 자리가 보장되기 때문이다. 반면 피해자의 입장을 고집하는 기록자는 언제나 주변부에 머문다.

그러나 신기철은 그런 달콤한 권력의 유혹을 뿌리치고, 지난 10여 년간 피해자의 자리에서 한국 현대사를 조사하고 연구하며 기록해 왔다. 2010년 말 진실화해위원회가 문을 닫은 이후에만도 12권의 한국 현대사 관련 저서를 펴냈다. 대학교수에게도 10여 년에 12권을 쓰는 일은 '하늘의 별 따기'라는데, 그는 들판에서 그만한 연구서를 써냈다. 처음 두 권은 거의 실업자 상태에서 집필한 것이었다.

『아무도 모르는 누구나 아는 죽음: 한국전쟁과 이승만의 거대한 적들』은, 이승만 정권기 억울하게 학살당한 열 명의 이야기를 담담하게 기록한 책이다. 그들은 민주주의 혁명가였고, 숙청된 군인이었으며, 항일운동가였고, 지극히 상식적인 시민들이었다. 그렇다면 이승만은 왜 이런 사람들을 '적'으로 규정하고 제거했을까. 이 질문은 지금도 이어지는 우리 현대사의 비극이자 풀리지 않은 수수께끼다.

신기철은 2000년 의문사위에서 2010년 진실화해위원회에 이르기까지, 고문·학살·실종이라는 국가범죄의 생생한 사례들이 규명되는 과정을 지켜보았다. 그러나 동시에, 그 진실들이 수십 권의 보고서 속에 묻혀 봉인되는 느낌도 받았다. 과거사가 문제가 되는 이유는, 그것이 곧 현재의 과제이기 때문일 것이다.

애국과 반공의 이름으로 자행된 국가범죄

이 책의 부제는 『한국전쟁과 이승만의 거대한 적들 이야기』다. 그렇다면 신기철이 말하는 '이승만의 거대한 적들'은 누구인가. 왜 그는 학살 희생자들을 '거대한 적들'이라 불렀을까.

얼마 전, 6·25 전쟁 중 이승만 정권이 저지른 경기도 고양 금정굴 민간인 학살 희생자를 두고 한 시의원이 그들을 "김일성의 앞잡이", "죽창을 든 부역자"라고 부르며, 총살은 학살이 아니라 처형이었다고 주장한 일이 있었다. 그는 "재판 없이 민간인을 죽인 것은 맞지만, 죽을 죄를 지은 것은 사실"이라고까지 말했다. 유족들은 명예훼손 소송에서 승소했지만, 소송의 결과와는 별개로 전쟁 발발 70년이 지난 지금까지도 이런 인식이 공공연히 존재한다는 사실은 심각하다.

결국 이른바 보수 집단은 애국과 반공의 이름 아래, 국제사회가 오래전부터 민간인 학살로 규정해 온 반인륜 범죄를 여전히 범죄로 인식하지 않는 것이다.

신기철은 책에 등장하는 학살 희생자들이 과연 보수 집단의 주장처럼 실제 남로당원이거나 공산주의자였는지를 자료를 통해 검증했다. 결과는 명확했다. 그 사실을 입증한 판결문은 존재하지 않았다. 희생자들을 분류해 보면 민주주의 혁명가, 숙청된 군인, 항일 독립운동가, 그리고 평범한 시민들이었다. 그들은 남로당원이거나 공산주의자가 아니었다. 다만 이승만을 무조건적으로 추종하지 않았을 뿐이다. 바로 그 점 때문에, 이승만 정권에게는 '적'이 되었다. 이것이 그들이 공유한 유일한 공통점이었다.

오랜 해외 망명 생활과 외국인 배우자로 인해 국내 정치 기반이 취약했던 이승만은, 미군정에 절대적으로 의존하며 친일파를 무차별적으로 등용했다. 군 내부 비리를 통해 막대한 정치자금을 확보했고, 친일 경찰과 부패한 군인을 동원해 생존권을 요구하며 거리로 나선 노동자와 농민을 총칼로 진압했다.

1950년 9·28 서울 수복 이후에도 그는 패전의 책임을 자신에게 돌리지 않았다. "국군은 북진 중이며 서울을 사수한다"는 자신의 녹음 방송을 믿고 피난하지 못한 시민들에게 그 책임을 전가했다. 대국민 사과를 해도 모자랄 상황에서, 그는 수복 이후 서울에 남아 있던 시민들을 '잔류파', '부역자'로 몰아 처벌했고, 무차별 학살까지 자행했다. 신기철은 이 지점에서 이승만이 주권자인 국민을 보호해야 할 대상이 아니라, 제거해야 할 '적'으로 인식했다고 해석한다.

이승만 이후 박정희와 전두환으로 이어지고, 오늘날까지 연속성을 보이는 수구 세력은 수십만 민간인 학살 희생자의 억울한 죽음을 알고 있으면서도, 진실을 인정하기는커녕 조직적으로 은폐해 왔다.

2002년, 한국전쟁 중 민간인 학살 위령사업 촉구 결의안이 고양시의회에서 부결된 일이 있었다. 당시 의회 입구에는 "여기서 무너지면 국가유공자가 설 자리는 없습니다"라는 벽보가 붙었다. 민간인 학살을 국가가 인정하는 순간, 국가의 정당성이 흔들릴 것이라는 두려움이 작동한 것이다. 이는 명백한 국가범죄에 대한 공범 심리다.

그러나 나치 독일이 국가범죄를 인정하고 참회한 뒤, 독일이라는 국가의 존립이 흔들렸는가. 결과는 정반대였다. 완벽한 개인도, 완벽한 국가도 없다. 중요한 것은 잘못 이후의 태도다. 잘못을 인정하고 책임을 질 때 공동체는 성숙한다. 이 단순한 역사적 교훈을, 이 땅의 수구 세력은 일본의 극우 정치세력처럼 끝내 외면하고 있다.

신기철은 이러한 태도를 "가해자의 범죄 은폐 심리"로 규정한다. 국가폭력의 진실이 드러날 때마다 반공과 애국을 앞세워 태극기를 흔들며 덮어 왔고, 반인륜 범죄에 대한 공범 의식을 감춘 채 부정과 비리를 은폐해 왔다는 것이다.

더 심각한 문제는 현대사에 대한 일반 시민의 무관심이다. 그것이 생계의 고단함 때문이든, 무감각이 일상이 되었기 때문이든, 한국 현대사의 비극과 참상은 여전히 많은 이들의 관심 밖에 놓여 있다. 무한 경쟁과 각자도생을 미덕으로 떠받드는 사회는, 결국 생명의 가치를 하찮게 만든다. 범죄를 용인하고, 수단과 방법을 가리지 않는 자를 성공 신화로 포장하는 병든 사회로 나아가는 것은 아닌지, 우리는 스스로에게 물어야 한다.

김창룡조차 "엉뚱한 사람들도 많이 죽었다"

한국전쟁 당시 민간인 학살의 희생자는 누구였을까. 그들은 어떤 삶을 살았을까. 기록과 증언을 따라가면, 희생자의 대다수는 우리 주변의 보통 사람들, 가까운 이웃이었고 길에서 스쳐 지나갈 수 있는 상식적인 시민들이었다.

해방 이후 친일파가 다시 권력을 잡고 남북은 분단되었다. 쌀값은 폭등했고, 친일 경찰의 감시 아래 부정 선거가 자행되었다. 사병의 부식비까지 착복하는 장교들이 존재하는 한편, 오히려 청렴하고 실력 있는 장교들이 숙청되는 일이 벌어졌다. 이런 사회적·정치적 혼란은 1950년 5월 총선 결과로 이어졌다. 신기철은 이러한 부정부패가 없었다면, 이승만이 제2대 대통령이 되는 일은 쉽지 않았을 것이라고 본다.

 이런 맥락에서 6·25 전쟁은 이승만에게 위기이기보다 '기회'였다. 평소 제거하고 싶었던 정치적 반대자와 비협조 세력을 일거에 정리할 수 있는 계기였기 때문이다. 특히 9·28 서울 수복 이후 벌어진 '부역자' 학살은 쉽게 이해하기 어렵다. 희생자의 다수는 정치적 반대자조차 아니었고, 문자 그대로 정치와 무관한 평범한 시민들이었다. 당시 군·검·경 합동수사본부장을 지낸 대표적 '반공 투사' 김창룡조차 "엉뚱한 사람들도 많이 죽었다"고 시인했을 정도다. 신기철은 이 지점을 이후 한국 사회를 지배해 온 '묻지 마 범죄'의 원형으로 본다.

 국방부가 펴낸 『한국전쟁사』에 따르면, 전쟁 직전 국군 병력은 약 9만 8천 명이었고 그중 약 5퍼센트가 남로당 관련 혐의로 군복을 벗거나 총살당했다. 신기철은 이 과정에서 억울하게 숙청된 군인이 상당수였다고 본다. 일부 친일 고급 장교를 제외하면, 병사 대부분은 평범한 민중의 자식들이었다. 이른바 숙군은 미군정과 이승만 세력이 군을 장악하기 위해 벌인 친위 쿠데타에 가까웠다. 숙군이 반란을 낳고, 반란이 다시 숙군을 부르는 악순환이 반복되었다.

 이승만 정권은 고문 끝에 재판에서 무죄를 선고받은 군인조차 석방하지 않고 학살했다. 이상수 대위의 사례가 이를 보여 준다. 그는 1948년 12월 7일 해군 고등군법회의에서 반란 조직 '해상의 용군' 가입 혐의로 기소되었으나 무죄를 선고받았다. 그럼에도 석방되지 못한 채 마산형무소에 수감되어 있다가, 전쟁 발발 이후인 1950년 7월 5일 마산 앞바다의 무인도에서 학살되었다. 이는 명백히 법 위에 군림한 지시였다.

 해상의 용군은 1946년 11월부터 1948년 8월까지 활동했고, 해상인민군은 1948년 8월부터 11월까지 활동했다. 병조장 이항표는 1948년 5월부터 의심을 받다가 8월에 체포되었다. 논리적으로 해상의 용군은 체포 이전의 조직이고, 해상인민군은 체포 이후 만들어진 조직이다. 체포되어 교도소에 수감된 인물을 통해 두 조직이 동시에, 혹은 이후에 구성되었다는 주장은 성립하기 어렵다.

 국가보안법 아래에서 북한 관련 단체로 낙인찍히는 순간 처벌은 예정된 수순이었다. 헌법이 보장한 결사의 자유는 이승만 정권 아래에서 사실상 무의미했다. 이 사건이 시작된 1948년 5월은 대한민국 정부 수립 이전이었고, 북한 역시 아직 성립되지 않은 시점이었다. 논리적으로 '반국가단체'가 존재할 수 없는 때였다. 그럼에도 이승만은 논리를 넘어, 법 위에 존재하는 권력처럼 행동했다.

 전쟁기 학살의 최대 희생자는 이념과 무관하게 하루하루 생계를 이어가던 농민과 민중이었다. 왜 죄 없는 민중이 가장 큰 희생자가 되었을까. 신기철은 그 이유를 특권층 중심의 정치 철학과 통치 방식에서 찾는다. 양녕대군의 후손이라는 '왕족' 의식을 지녔던 이승만은 국민을 민주 공화국의 주권자로 보기보다, 통치의 대상이자 필요하면 제거할 수 있는 존재로 인식했다.

 신기철은 이승만을 자국민을 무차별 학살한 '점령자'에 가깝다고 평가한다. 6·25 발발 직후 그는 몰래 한강 다리를 건너 도주했고, 그 와중에 전국 곳곳에서 죄 없는 국민이 대량 학살되었다. 이유는 단순했다. 적에게 협력할 가능성 때문이었다. 국민 개개인의 생명은 그의 계산 속에서 거의 고려되지 않았다. 미국에서 자유민주주의를 배웠다는 대한민국 박사 1호였지만, 자국민을 보호해야 한다는 국가의 기본 책무에 대한 인식은 찾아보기 어렵다. 그런 인식이 있었다면 국민보도연맹 사건과 같은 대규모 민간인 학살은 일어나지 않았을 것이다.

서울 수복 이후에도 상황은 달라지지 않았다. 이승만 정권은 '부역자' 명부를 작성해 시민들을 연행하고 무차별 학살했다. "서울을 사수한다"는 그의 방송만 믿고 피난하지 못한 시민들이, 인민군이 총을 들이대며 밥을 하고 짐을 나르라 요구할 때 이를 거부할 수 있었겠는가. 수복 이후 이승만은 이런 시민들까지 '부역자'로 규정해 처벌했다. 그래서 신기철은 서울 수복을 해방이 아니라 '재점령'으로 해석한다.

피해자가 싸우지 않으면 누구도 대신해 주지 못한다

지난 반세기가 넘도록, 왜 우리 사회와 정부는 억울하게 학살된 민간인들의 삶과 죽음을 기억하려 하지 않았을까. 신기철은 이를 '역사 지우기', '현대사 지우기'의 결과로 본다. 학살 가해자들과 그 후손들이 시도해 온 은폐와 왜곡이 상당 부분 성공했다는 것이다. 반면 피해 집단은 여전히 가해자에 대한 애착을 완전히 끊어내지 못한 모습도 보인다.

그는 이 현상을 스톡홀름 증후군에 비유한다. 인질이 인질범에게 동화되어 호감과 지지를 보내는 심리, 고문을 당한 피해자가 오히려 가해자에게 애착을 느끼는 무기력의 심리와 닮아 있다는 것이다. 태극기를 흔들며 종합부동산세 완화나 부자 감세를 환영하는 이들 가운데 다수가 실제로는 재벌이 아닌 평범한 서민이라는 현실도, 그는 같은 맥락에서 바라본다.

가혹하게 들릴 수 있지만, 신기철은 해결의 출발점은 피해자 스스로의 결단이라고 말한다. 피해자가 싸우지 않으면 누구도 대신 싸워 줄 수 없다. 피해자가 목소리를 낼 때 비로소 정의로운 시민이 가세하고, 여론이 형성되며, 가해자가 책임을 묻고, 사회 정의가 세워진다.

법치 국가에서 고문에 의해 얻어진 자백은 법정에서 증거가 될 수 없다. 그렇다면 이승만 독재 시절 야만적인 고문과 강압에 의해 '빨갱이'로 몰려 생명을 잃거나 삶이 파괴된 수많은 희생자들의 명예는, 왜 지금까지도 회복되지 않았는가. 정확히 말하면, 왜 국가는 이를 회복시키지 않았는가. 위헌과 불법을 알면서도 "어쩔 수 없다"는 논리가 한국 사회를 지배해 왔다.

1995년 7월 18일, 전두환의 5·17 쿠데타 사건을 수사하던 서울지검 공안1부장 장윤석 검사는 "성공한 쿠데타는 처벌할 수 없다"는 입장을 공개적으로 밝혔다. 그는 이후 그런 판단에도 불구하고, 혹은 그런 판단 덕분에 2004년부터 영주 지역에서 보수 정당 소속으로 3선을 지냈다.

사법부가 말하는 법적 안정성의 논리, 즉 "성공한 쿠데타는 처벌할 수 없다", "무엇으로 가도 서울만 가면 된다", "남을 가차 없이 짓밟아도 내가 1등이면 된다", "엎질러진 물은 다시 담을 수 없다"와 같은 냉

혈한 격언들이 오늘의 대한민국을 지배해 왔다. 더 놀라운 사실은 피해자 집단 내부에서도 이러한 가해자의 논리에 동의하는 경우가 적지 않다는 점이다. 실제로 많은 국가폭력 피해자 집단이 선거 때마다 보수 또는 수구 정당을 지지해 왔다.

김동춘의 지적처럼, "한국 현대사에서 국가폭력의 희생자이자 사회적 약자들은 자신의 억울함과 처지를 알릴 수단이 없었고, 그래서 오히려 자신을 그런 처지로 몰아넣은 세력에 기대어 생존을 도모하려 했다." 한국 현대사의 결정적 비극은 바로 여기에 있다.

신기철은 학살 가해 집단이 스스로 범죄를 고백할 가능성은 거의 없다고 본다. 결국 진실 규명과 명예 회복은 피해 집단의 결단과 단결에서 비롯될 수밖에 없다.

신기철은 현재 재단법인 금정굴인권평화재단 인권평화연구소장으로, 새롭게 드러난 사건은 물론 이미 규명된 사례들까지 인권의 관점에서 심층적으로 재구성하고 있다. 한국전쟁의 진실 역시 그의 핵심 연구 대상이다. 주요 저서로는 『진실, 국가범죄를 말하다』, 『국민은 적이 아니다』, 『전쟁범죄』, 『멈춘 시간 1950』 등이 있다.

교회에서 목격한 싸늘한 장면

최태육 목사는 1965년 경기도 여주에서 태어나 서울에서 자랐다. 서대문구 감리교신학대학과 신학대학원을 졸업한 뒤, 1992년 1월부터 2000년 2월까지 강화군 교동면에서 목회했다. 그곳에서 보낸 8년 동안 그는 주민들 사이, 그리고 교인들 사이에 또렷한 경계선이 존재한다는 사실을 깨달았다.

한국전쟁 시기 벌어진 민간인 학살의 기억이 교인들의 신앙과 일상 깊숙이 남아 있었기 때문이다. 그는 같은 교회 안에서 학살의 가해자와 피해자가 원수처럼 마주 앉아, "싸늘한 표정으로" 함께 예배하고 찬송하는 장면을 목격했다.

화해와 사랑을 말하는 교회에서, 가해자와 피해자가 이웃으로 살아가며 같은 교회를 다니면서도 끝없는 분열과 갈등을 반복하는 현실은 그에게 깊은 상처로 남았다. 오랜 고민 끝에 그는 2007년 목회를 접고 국가기관인 진실화해위원회 조사관으로 들어가 민간인 학살의 참상을 보다 심층적이고 체계적으로 마주했다.

그러나 사건을 조사하는 과정에서 그는 극심한 정신적 고통과 트라우마를 겪었고, 결국 중도에 진실위를 떠났다. 이후 2015년 목원대학교에서 「남북 분단과 6·25 전쟁 시기(1945~1953) 민간인 집단 희생과 한국 기독교의 관계」를 주제로 박사 학위를 받았다.

그의 논문은 해방 정국과 전쟁기 민간인 집단 희생 사건이 한국 기독교와 어떻게 얽혀 있었는지, 또 그 과정에서 일부 기독교인들이 학살에 어떻게 가담했는지를 분석한다. 이후 그는 『어떻게 그럴 수 있는가: 학살의 문화에 대한 어느 목회자의 수기』를 펴냈다. 논문이 학문적 정리라면, 이 책은 진실위 조사관이자 목회자였던 한 개인이 트라우마와 경험을 10년 넘게 성찰하며 기록한 결과물이다. 이 책은 인간이 어디까지 잔인해질 수 있는지, 그리고 용서란 얼마나 어려운 문제인지를 독자에게 묻는다.

이 책을 쓰는 과정에서 최 목사는 피해자와 가해자, 그리고 유족 등 400여 명의 증언을 심층적으로 들었다. 그 과정에서 그는 학살의 구체적인 방식에 대한 수많은 이야기를 접했다. 부하에게 친구의 머리를 호박돌로 내려치게 한 일, 쇠스랑으로 찍어 죽인 일, 윤간 뒤 학살한 일, 스무 명이 넘는 부녀자를 죽창으로 찌른 뒤 총을 난사한 일, 칼빈과 M1 소총으로 뒤통수를 쏜 일, 총살 후 참나무 몽둥이로 머리를 깨 '확인 사살'한 일, 경찰이 지적장애인에게 술을 먹인 뒤 주민들을 총살하게 한 일, 같은 동네 사람을 참나무 몽둥이로 패 죽인 일, 어린 중학생이 사람을 총살한 일, 한 살배기와 아홉 살 아이가 희생된 일 등이었다.

또 서른여 명의 주민에게 기관총을 난사한 뒤 꿈틀거리면 수류탄을 던져 폭사시킨 일, 한 사람을 잡겠다며 며칠 전에는 친척을, 사흘 전에는 사촌을, 이틀 전에는 아내를, 하루 전에는 아들을 차례로 죽인 일, 계선주 위에 사람을 올려놓고 사격 연습하듯 쏴 죽인 일, 자신이 쏜 사람이 흘린 피를 손가락으로 만지며 "빨갱이 피를 봐라"라고 외친 일, 얼굴에 권총 여섯 발을 쏴 형체를 알아볼 수 없게 만든 일, 중학생이 사람을 쏘고 친구에게 자랑한 일, 백여 구의 시신을 불태운 일 등도 있었다.

전쟁은 인간의 광기를 끝없이 끌어올렸다. 최 목사는 "인간이 어떻게 이럴 수 있나라는 생각이 끊이지 않았다"며, "학살을 직접 겪은 세대는 인간에 대한 신뢰 자체가 무너졌을 것"이라고 말했다.

그가 특히 가슴 아파한 사건은 복부에 총상을 입고도 살아남은 여인을 다시 학살한 일이었다. 여인은 현장에서 살아남아 200미터가량을 기어가고 있었다. 경찰과 치안대원이 다가와 아무 감정도 없이 총 두 발을 쏘고 떠났다. 마치 기계처럼. 두 청년의 눈앞에서 신음하던 여인은 더 이상 인간도, 동물도 아니었다. 그저 제거해야 할 무생물, '빨갱이'였다. 최 목사는 "아무 느낌 없이 기계적으로 사람을 죽이는 장면이 가장 선명하게 남아 있다"고 회고했다.

2007년, 진실위 조사관으로서 충남 태안군 민간인 학살 사건을 조사하며 주민들을 만났을 때 그는 "뾰족한 유리 파편이 수없이 박힌 두터운 장벽을 마주한 느낌이었다"고 했다. 이는 그가 1992년부터 2000년까지 강화 교동면에서 목회하며 보았던 주민들 사이의 경계선과도 같았다. 학살이 남긴 상처와 불신, 그리고 적대의 문화였다.

어떻게 그렇게 사람들을 죽일 수 있지?

그는 진실화해위원회 근무 당시 「서산·태안 부역 혐의 희생사건 보고서」를 작성했다. 그러나 그는 이 보고서에 대해 "사건의 존재 여부와 경과, 그리고 진실위의 입장을 담은 것에 불과했고, 정작 중요한 무엇인가가 규명되지 않았다는 생각을 금할 수 없었다"고 말했다.

최 목사가 느낀 '정작 규명되지 않은 것'은 무엇이었을까. 그는 진실위 조사관 신분으로 민간인 학살 사건을 조사하며 질문을 던질 때, 유족과 가해자, 목격자들이 서로 전혀 다른 각도에서 답한다고 했다. 가해자들은 "애매한 사람도 많이 죽었어. 억울한 사람 많아"라고 말한다. 반면 피해자와 목격자들의 답변에는 늘 "어떻게 그렇게 사람들을 죽일 수 있지?"라는 질문이 전제되어 있다는 것이다.

학살을 겪은 사람들은 감당할 수 없는, 끝내 치유되지 않은 깊은 상처를 안고 평생을 살아간다. 이 상처는 학살 경험자들이 눈을 감는 마지막 순간까지도 사라지지 않는다. 최 목사는 이를 '상처를 치유해 달라'는 피해자들의 들리지 않는 목소리로 이해한다. 그래서 그는 사건의 원인을 규명하는 방식 또한 '치유의 관점'에서 다시 설정되어야 한다고 본다.

그에 따르면 민간인 학살 사건은 단순히 가해 사실을 밝히는 데서 끝나서는 안 된다. 왜 그런 일이 가능했는지, 그 구조와 문화가 무엇이었는지를 함께 규명해야 한다. 그래야만 사건의 진실이 현재의 삶과 연결되고, 치유와 화해로 나아갈 수 있다. 그렇기에 민간인 학살에 대한 진실 규명은 더욱 철저하고 명백해야 하며, 그 해결책 또한 피해자의 치유와 사회적 화해를 위해 실질적이고 구체적이어야 한다고 그는 강조한다.

58년 동안 가해자와 이웃으로 살았던 할아버지

6·25 전쟁이 오늘의 한반도에 남긴 가장 큰 유산은 무엇일까. 민간인 학살 문제는 한국전쟁기라는 과거에만 머무는 사건이 아니라, 지금 이 순간에도 살아 있는 역사라고 나는 확신한다. 최 목사 역시 한국전쟁이 남긴 가장 큰 유산을 '불신과 적대의 프레임'으로 본다. 이런 의미에서 그는 전쟁 전후의 학살을 "아직 끝나지 않은 역사"라고 말한다. "매주 열리는 태극기 집회가 이를 상징적으로 보여 준다"는 것이다.

2008년 6월, 서산·태안 지역 조사가 거의 마무리될 즈음, 최 목사는 서산 고북면의 한 집에서 80대 노인을 만났다. 노인은 집에서 50여 미터 떨어진 밭 한가운데 서서, 58년 전의 일을 어제 일처럼 증언했다. 3~4명의 치안대원이 집을 나서던 삼촌에게 말을 걸던 모습, 줄로 손을 묶던 장면, 논 아래로 끌고 가던 순간, 그리고 다음 날 발견한 삼촌의 시신까지 또렷하게 기억하고 있었다.

그러다 그는 갑자기 길 위의 다른 집을 가리키며 호소하듯 외쳤다. "저 사람이야. 저 사람. 내가 모를 거라 생각하지만, 우리 아버지와 삼촌을 체포한 사람이 바로 이 윗집 사람이야."

그 노인은 그렇게 58년 동안 가해자와 이웃으로 살아왔다. 최 목사가 직접 발로 뛰며 조사한 서산 고북면·해미읍·지곡면·팔봉면과, 태안

태안읍·고남면·안면읍·남면·원북면·이원면·근흥면·소원면의 거의 모든 마을에서 비슷한 사례를 확인할 수 있었다. 이것이 그가 본 부역 혐의 학살 사건의 가장 큰 특징이었다.

가해자와 피해자가 수십 년 동안 같은 마을에서 함께 살아야 하는 운명. 함께 살 수밖에 없는 현실. 이런 조건에서 이웃 간 불신과 적대감이 생기는 것은 지극히 자연스러운 일이었다. 최 목사는 오늘날 한국 사회 곳곳에 존재하는 배타적 경계와 적대적 편 가르기의 뿌리가, 바로 이승만 정권 시기의 이러한 경험에서 비롯되었다고 본다.

전쟁 당시 이승만 정권은 전국적으로 군·검·경 합동수사본부를 통해 '부역자심사위원회'를 설치했다. 치안국장은 각 경찰서와 지서를 통해 마을마다 심사위원회를 조직하고 운영하게 했다. 지서장과 읍·면 단위의 민간인으로 구성된 이 위원회는 누가 죽고 누가 살아야 하는지를 결정했다. 이승만은 자신의 정권을 지키기 위해 주민들을 학살에 적극적으로 가담시키는 구조를 만든 것이다. 결과적으로 그는 전 국민적 갈등과 적대감을 제도적으로 조장했다.

전쟁세대는 권력과 기득권 세력이 자신의 안전과 생존을 위해 국민과 이웃을 학살하는 모습을 직접 목격했다. 그런 경험을 한 사람들이 국가와 이웃을 어떻게 신뢰할 수 있었겠는가. 그리고 그들은 후대에 무엇을 '유전'했겠는가. 최 목사는 이 질문을 우리 사회 전체에 던진다.

6·25 전쟁을 거치며 남과 북은, 두 살이나 열 살도 채 되지 않은 어린 아이들까지 학살했다. 어른들이 이념이 무엇인지조차 모르는 아이들

까지 죽음으로 몰아넣은 이유는 무엇이었을까. 최 목사가 조사한 증언들에 따르면, 부모와 가족이 처형되는 자리에서 아이들 또한 같은 장소에서 함께 학살된 경우가 적지 않았다.

그는 이를 전쟁 상황에서 비롯된 생존 강박으로 해석한다. 자신의 생존과 안전을 위해, 모든 잠재적 위험을 제거해야 한다는 강박관념. 전쟁은 상식과 규범뿐 아니라 인간성 자체를 파괴한다. 한국전쟁 전후 이승만 정권이 자행한 민간인 학살은, 바로 그 파괴의 극단적 사례였다.

기독교인들은 적극적인 가해자로서 학살에 가담했다

최 목사는 피해자에게 철천지원수인 가해자까지 용서하고 사랑하며 포용하라고 요구하는 것은 또 다른 폭력이라고 말한다. 피해 유족의 상처가 충분히 치유되고, 학살로 인해 형성된 병리적 구조가 드러나고 바로잡힌 이후에야 비로소 용서를 말할 수 있다는 것이다. 그 과정 없이 던져지는 '화해'와 '사랑'은 피해자에게 침묵을 강요하는 폭력일 뿐이라는 판단이다.

그는 특히 한국의 기독교인들에게는 용서와 화해를 말할 자격이 없다고 단언한다. 6·25 전쟁과 그 전후에 벌어진 민간인 학살의 실상을, 피해자 유족의 고통을 정확히 알고 있는 기독교인이 과연 얼마나 되느냐는 것이다. 그럼에도 많은 기독교인들은 학살의 역사 대신 '순교 논리'를 앞세워 스스로를 피해자처럼 서사화해 왔다. 그런 태도로 피해자에게 용서를 요구하는 데 대해 그는 냉소적일 수밖에 없다고 말한다.

최 목사에 따르면 대구 10·1 사건, 제주 4·3 사건, 여순 사건, 그리고 6·25 전쟁 과정에서 기독교인들은 단순한 방관자가 아니라 적극적인 가해자로 학살에 가담한 사례가 적지 않았다. 그럼에도 자신들이 저지른 범죄는 철저히 은폐한 채, 70여 년 동안 일관되게 '순교'의 서사만을 반복해 왔다면, 과연 어떤 낯으로 용서를 말할 수 있느냐는 것이다.

"내가 무슨 낯으로 피해자들에게 용서를 하라 마라 하나. 그저 잘못했다고 빌고, 회개할 뿐이다."

최 목사의 이 말은 비난이 아니라 고백에 가깝다.

그는 태극기 집회를 보며, 학살이 배태한 적대 문화가 여전히 살아 있다고 느낀다. 삼성의 노조 탄압과 '무노조' 경영, 한기총과 이를 지지하는 기독교인들의 강경한 북한 적대 인식, 기독교 내부에 광범위하게 퍼진 순교 담론 역시 같은 맥락에 놓여 있다고 본다. 오늘의 대한민국 사회·경제·종교·문화 전반에서 적대와 편 가르기의 문화가 강력하게 작동하고 있다는 점에서, 학살의 문화는 여전히 현재형이며 사회 속에 유전되고 있다는 확신이다.

원수와 함께 예배를 드린 할머니

목사가 '전공'도 아닌 민간인 학살 문제에 깊이 천착하게 된 계기는 무엇이었을까. 그는 학살이 교회에 남긴 흔적 때문이라고 말한다. 화해와 사랑을 말해야 할 교회 안에서조차, 끝없는 분열과 갈등이 반복되는 현실을 목격했기 때문이다.

그가 강화 교동면에서 목회하던 시절, 교인이었던 황씨 할머니가 1998년에 세상을 떠났다. 임종을 앞두고 장로들과 교인들이 함께 그의 집에서 예배를 드렸다. 힘껏 찬송하던 할머니는 어느 순간 몸을 돌리며 표정이 싸늘하게 굳었다. 당시 최 목사는 그 이유를 알지 못했다.

나중에야 알게 된 사실이 있다. 할머니의 남편은 6·25 전쟁 당시 민간인 학살로 희생되었는데, 그 남편을 체포하는 데 가담했던 인물이 바로 그 예배 자리에 함께 있었다는 것이다. 할머니는 자신도 모르게, 남편을 죽음으로 몰아넣은 사람과 함께 예배를 드리고 있었던 셈이다.

그 사건은 최 목사에게 결정적인 계기가 되었다. 그는 그때서야 교회 안에 덮여 있던 학살의 침묵과, 치유되지 않은 상처의 실체를 직면하게 되었다. 그리고 민간인 학살 문제를 본격적으로 연구하기로 결심했다.

지난 10여 년 동안 이승만 정권기 민간인 학살을 조사하고 연구하며, 목회자로서 그가 느낀 가장 큰 고통은 무엇이었을까. 그는 학살을 여전히 '현재 진행형'이라고 말한다. 상호 불신과 편 가르기, 적대 프레임이 지금도 한국 사회와 정치 전반을 지배하고 있기 때문이다.

"생존과 기득권 수호가 곧바로 경쟁과 적대로 이어지는 문화 속에 우리는 살고 있습니다. 학살이 과거에 한 번 발생한 사건이라면 극복의 길이 있을 것입니다. 하지만 학살을 낳은 불신과 적대의 구조가 지금도 그대로 유전되고 있다고 생각합니다. 그 속에 저 역시 포함되어 있다는 사실이 가장 힘듭니다."

최 목사는 이렇게, 비통한 표정으로 말을 맺었다.

공주형무소 재소자 학살 사건

 1950년 한국전쟁 발발 당시, 충청남도 공주시 교동에 위치한 공주형무소에는 약 1천여 명의 재소자가 수감되어 있었다. 형무소 수용 인원은 1948년 여순 사건 이후 급격히 늘어났다. 보도연맹원과 여순 사건 관련자 수백 명이 추가로 수감되며 형무소는 이미 포화 상태였다. 수용 공간이 부족해 일부 재소자들은 공장 건물까지 감방으로 사용해야 했다.

 재소자들은 이불조차 지급되지 않아 가마니를 깔고 덮으며 생활했다. 수용 환경은 극도로 열악했고, 식량과 의약품도 심각하게 부족했다. 굶주림과 질병으로 사망하는 경우가 잦았으며, 형무소에 수감되기 전 경찰서에서 가혹한 고문을 받은 탓에 이미 건강이 크게 악화된 상태인 이들도 많았다. 고문 후유증으로 형무소 안에서 사망한 경우도 적지 않았다. 위생 상태가 극히 불량해 전염병이 돌았고, 형무관들조차 감염으로 고생할 정도였다.

 관제 조직이었던 국민보도연맹은 원래 좌익 활동 경력이 있는 이들을 대상으로 한 조직이었다. 그러나 실제 모집 과정에서는 이승만 정권의 할당제가 적용되었다. 면장이나 통장들이 농민들에게 쌀이나 비료를 미끼로 가입을 권유했고, 단순히 생계를 위해 보도연맹에 가입한 농민들도 많았다. 다른 용도의 서류에 도장을 빌려주었다가 본인도 모르게 보도연맹원으로 등록된 경우도 있었다.

한국전쟁 발발 이후 공주 지역에서는 공주 CIC(방첩대)가 형무소에 상주하며 실질적인 지휘권을 행사했다. 당시 공주형무소 형무관 김아무개는 2009년 진실화해위원회 조사에서 이렇게 증언했다.

"CIC는 군복을 입고 있었지만 계급장은 없었다. 이들이 날뛰는데 형무소 소장도 꼼짝 못했다."

전쟁이 터지자 이승만 정권은 군과 경찰에 공주형무소 재소자와 보도연맹원에 대한 처리를 지시했다. 당시 공주경찰서 소속 경찰 신아무개는 진실위 조사에서 이렇게 회고했다.

"좌익과 보도연맹원에 대한 처리는 위에서 내려왔다. 명령이 없으면 할 수 없다."

그 결과 1950년 6월 28일부터 7월 17일 새벽 사이, 공주형무소 재소자들은 약 50명씩 나뉘어 2~3대의 트럭에 실려 이송되었다. 이송 과정은 이미 학살의 일부였다. 재소자들은 트럭에 오르자마자 고개를 숙여 머리를 양 무릎 사이에 넣은 자세로 앉아 있어야 했다. 머리를 들면 트럭 네 귀퉁이에 서 있던 이송 담당자들이 소총 개머리판으로 내려쳤다. 그 자리에서 머리가 깨져 중상을 입거나 즉사하는 경우도 있었다.

머리가 계란처럼 으깨졌다

당시 유엔한국위원단 소속으로 유엔과 한국군 사이의 연락장교로 복무하던 호주군 피치 소령과 랜킨 중령은 이 이송 과정을 직접 목격했다. 진실화해위원회는 조사 과정에서 피치 소령의 다음 증언 기록을 확인했다.

"바로 내 눈앞에서 2~3명이 즉사하는 것을 보았다. 그들은 소총 개머리판으로 머리를 맞아, 머리가 계란처럼 으깨졌다."

이런 상태로 공주형무소 재소자들과 보도연맹원들은 공주 왕촌의 이른바 '살구쟁이'라 불린 학살지로 이송되었다. 학살은 오전 10시경 시작되어 해질녘까지 이어졌다. 공주 CIC의 지휘 아래 공주파견헌병대와 공주경찰서가 총살을 집행했다.

당시 마을 주민 이아무개는 2009년 진실위 조사에서 이렇게 증언했다.

"오전 10시쯤 따발총 소리가 나기 시작했고, 한 시간 간격으로 트럭 소리와 총소리가 해질 때까지 계속 들렸다."

공주경찰서 소속 경찰 한아무개 역시 진실위에서 다음과 같이 진술했다.

"공주형무소 재소자들과 보도연맹원들을 앉혀 놓고, 뒤에서 총을 쐈다. 특히 왕촌에서 가장 많은 사람들을 죽였다."

공주 CIC 분견대와 공주파견헌병대에 의해 동원된 청년방위대는 학살에 앞서 구덩이를 파 놓았다. 그러나 희생자 수가 너무 많아 미리 파 둔 구덩이로는 부족했다. 그 결과 재소자들과 보도연맹원들에게 스스로 구덩이를 파게 했고, 그들이 파 놓은 구덩이 앞에서 총살이 이루어졌다.

그날, 이렇게 자신의 무덤을 직접 파고 학살당한 희생자는 약 400여 명에 이르렀다. 이들은 누구였을까. 어떤 이유로, 국민의 생명과 재산을 보호해야 할 국가의 군과 경찰에 의해 죽임을 당해야 했을까.

이제 그날 이승만 정권 아래에서 학살된, 대한민국 국민이었던 희생자들의 일부 모습을 살펴보고자 한다.

언쟁했던 경찰이 좌익 집안이라고 모함

김주현은 해방 후 군 복무 중 신원조회에 걸려 체포되었다. 그는 복무 중 고향 안동으로 휴가를 나왔다가 안동경찰서 소속 경찰과 언쟁을 벌였다. 이후 군에서 실시한 신원조회 과정에서, 당시 언쟁을 했던 그 경찰이 김주현의 집안을 '좌익 집안'이라고 모함했다. 그 결과 김주현은 체포되었고, 1949년 공주형무소에 수감되었다. 그는 수감 사실을 집으로 편지로 알렸고, 모친은 면회를 다녀왔다. 그러나 한국전쟁 발발 직후, 김주현은 공주 왕촌에서 학살되었다.

윤상순은 1949년 충청남도 청양군 정산면 자택에서 경찰에 체포되어 공주경찰서에 구금되었다. 당시 정산국민학교 교원이었던 그는 학교에서 사용하던 등사기를 좌익 인사에게 빌려주었다. 이 등사기가 삐라 제작에 사용되었다는 이유였다. 윤상순은 1949년 3월 4일 대전지방법원 공주지원에서 포고령 제2호 위반으로 징역 3년 6월을 선고받고 공주형무소에 수감되었다. 그는 한국전쟁 발발 직후 같은 장소에서 총살되었다.

정두환은 1948년 5월 21일 포고령 제2호 위반으로 징역 10월을 선고받아 복역한 뒤 출소했다. 이후 정부의 권고로 보도연맹에 가입했다. 한국전쟁 발발 직후 그는 공주시 유구면 자택에서 연행되어 공주형무소에 수감되었다. 공주시내에 살던 사촌이 1950년 7월 5일 면회를 다녀왔으나, 정두환은 곧 공주 왕촌에서 학살되었다.

김윤선은 여순 사건 이후 여수 종산국민학교에서 경찰에 연행되었다. 당시 그의 가족은 여수 시내 화재로 인해 종산국민학교에 피신해 있었다. 김윤선은 누군가의 지목으로 연행되어 여수경찰서에 구금되었고, 이후 공주형무소로 이감되었다. 처가 면회를 다녀왔지만, 한국전쟁 발발과 함께 그는 같은 장소에서 학살되었다.

최정태는 여순 사건 당시인 1948년 11월, 진압군에 의해 마을회관으로 소집되었다가 마을 청년들과 함께 연행되어 여수 중앙국민학교에 구금되었다. 그의 동생은 당시 14연대 소속 군인이었으나, 여순 사건 발생 후 겁이 나 고향집에 숨어 있다가 체포되었다. 이 일로 최정태와 부친은 조사를 받았으나 무혐의로 풀려났다. 그러나 이후 마을 구장집 방화 사건의 누명을 쓰고 다시 체포되었다. 여수 중앙국민학교에서 조사를 받은 뒤 형을 선고받아 공주형무소에 수감되었고, 부친은 여러 차례 면회를 다녔다. 마을 주민들의 서명을 받은 탄원서까지 제출했지만, 한국전쟁 발발 후 그는 공주 왕촌에서 학살되었다.

손용암은 여순 사건 진압 과정에서 마을 사람들과 함께 체포되어 여

수 종산국민학교에 구금되었다. 먼 친척이 좌익 활동으로 조사를 받는 과정에서 손용암의 이름을 언급한 것이 이유였다. 이후 공주형무소로 이감되었고, 모친이 면회를 다녀왔다. 한국전쟁 발발 직후 그는 같은 장소에서 학살되었다. 모친은 뒤늦게 그의 머리카락과 부러진 이를 유물로 받았다고 한다.

정선영은 여순 사건 당시 반란군에 협조했다는 누명을 쓰고 도피하다가 경찰서에 자수했다. 이후 대전형무소를 거쳐 공주형무소에 수감되었고, 처를 비롯한 가족들이 면회를 다녀왔다. 한국전쟁 발발 직후 그는 공주 왕촌에서 학살되었다. 당시 가족들은 그의 출소가 임박했다는 말을 믿고 새 옷을 준비해 두고 있었다.

박인원은 여순 사건 이후 거주지였던 여천군 삼산면에서 경찰에 연행되어 여수경찰서에 구금되었다. 반란 가담자에게 배를 빌려주었다는 이유였다. 그는 집에 숨어 있다가 "자수하면 용서한다"는 말을 믿고 자수했으나, 결국 공주형무소로 이감되었다. 모친이 면회를 다녀왔고, 그는 한국전쟁 발발 직후 공주 왕촌에서 학살되었다.

마을의 중학생들은 다 연행

김태근은 여순 사건 이후 고흥군 두원면 자택에서 경찰에 연행되어 경찰서에 구금되었다. 당시 그는 고흥읍 명륜중학교 3학년이었다. 마을의 중학생들은 너나없이 연행되었다. 김태근은 경찰서에서 가혹한 고문을 받고 공산주의자를 도왔다는 허위 진술을 했다. 이후 공주형무소로 이감되었고, 공주형무소에서 보낸 엽서를 받은 부친이 면회를 다녀왔다. 그는 한국전쟁 발발 후 위의 장소에서 학살되었다.

김귀삼은 여순 사건 이후 경찰이 반란군 동조자를 색출하는 과정에서 "죄가 없다"며 스스로 자수했다. 이후 공주형무소에 수감되었고, 처가 딸을 데리고 면회를 다녀왔다. 김귀삼은 한국전쟁 발발 후 위의 장소에서 총살되었다.

이렇게 학살된 공주형무소 재소자와 보도연맹원의 일부 유족들은 학살 이후 시신이나마 수습하려고 학살지인 왕촌 살구쟁이를 찾았다. 그러나 현장에는 시신들이 줄줄이 묶인 채 심하게 부패해 있었고, 그 수가 너무 많아 끝내 시신을 수습하지 못했다.

진실위는 2009년 6월 12일부터 7월 20일까지 충남 공주시 상왕동 29-19(왕촌 살구쟁이)에서 유해 발굴을 실시했다. 그 결과 모두 세 개의 구덩이에서 약 317구의 유해를 발굴했다. 이 과정에서 민간인을 사살하는 데 사용된 것으로 추정되는 M1 탄피 527개와 카빈 탄피 107개, M1 탄두 82개, 카빈 탄두 4개 등을 수습했다. 그러나 시간과 예산의 한계로 나머지 세 개의 구덩이는 발굴하지 못했다. 이에 따라 발굴하지 못한 구덩이까지 고려하면, 진실위는 약 700여 명이 학살당했을 것으로 추정했다.

한편 발굴 당시 유해 대부분은 구덩이 양쪽 벽을 향해 두 줄로 무릎을 꿇은 상태에서, 손이 뒤로 묶여 있거나 일부는 목 뒤로 깍지를 낀 자세로 발견되었다. 이는 희생자들이 생존한 상태에서 사살되었음을 보여준다. 진실위의 유골 감식 결과, 학살 희생자는 모두 남성이었으며, 연령은 대부분 20대 이상으로 판단되었다.

오전 10시부터 해질녘까지, 1시간 간격의 총살 집행

왕촌 살구쟁이 너머 중동골 주민 이아무개는 당시 상황에 대해 "오전 10시부터 해질녘까지 1시간 간격으로 총살이 집행되었고, 700명이 희생되었다는 말이 돌았다"고 2009년 진실위에서 진술했다.

1950년 7월, 외신에는 공주형무소 재소자들이 두 대의 트럭에 실려 왕촌 살구쟁이로 이송되는 사진이 실렸다. 사진 속 재소자들은 한 트럭에 약 50여 명씩 타고 있었다. 이에 따라 진실위는 한 차례 이송에 약 100여 명이 실렸을 것으로 추정했다. 당시 증언대로 오전 10시부터 해질녘인 오후 7시까지, 1시간 간격으로 총살이 진행되었다면 희생자 규모는 700명 이상에 이를 가능성도 있다고 판단했다.

당시 공주경찰서 경찰들은 헌병대와 함께 왕촌에서 공주형무소 재소자 총살에 동원되었다. 공주형무소 형무관 김아무개 역시 "특별경비대는 이송만 담당했고, 총살은 CIC가 했다"고 2009년 진실위에서 진술했다.

이 같은 조사 결과를 바탕으로, 진실위는 2010년 이 사건에 대해 다음과 같은 진실 규명 결정을 내렸다.

"공주형무소에서는 1950년 7월 9일경 최소 400명 이상의 재소자와 보도연맹원이 살해된 것으로 추정된다. 이들은 공주 CIC 분견대, 공주 파견헌병대, 공주 지역 경찰 등에 의해 법적 절차 없이 공주 왕촌 살구쟁이에서 집단 살해되었다. 이는 국민의 생명과 재산을 보호해야 할 국가가 형무소에 수감된 재소자와 보도연맹원들을 집단 살해한 것으로, 명백한 범죄 행위이다. 비록 전시 상황이었다 하더라도, 국가가 좌익 사범이라는 이유로 수감된 재소자들을 적법한 절차 없이 집단 처형한 행위는 정치적 살해라고밖에 볼 수 없다."

한편 공주형무소 형무관들은 2009년 진실위에서 "한국전쟁 발발 당시 공주형무소에는 사형수가 단 한 명도 없었다"고 진술했다.

국가란 무엇인가!

경산 코발트 광산 학살사건

  한국전쟁 초기인 1950년 7~8월, 경북 경산시 코발트 광산에서 군경이 보도연맹원과 교도소 재소자 등 수천 명을 무차별 학살하는 참상이 벌어졌다.

  지난 2007년, 진실위에 몸담고 있던 당시 민간인 학살 장소인 경산 코발트 광산을 찾았다. 지금은 부경대학교 교수로 재직 중인, 그때 진실위 동료였던 노용석 박사의 안내로 코발트 광산 학살 현장을 둘러보며 차디찬 희생자들의 유골과 마주했다. 무더운 여름이었음에도 학살 현장은 냉기로 가득했고, 오히려 한기에 몸을 떨었던 기억이 지금도 생생하다.

  아무리 전쟁 중이라 하더라도, 왜 우리나라 군경은 자국민을 이토록 무차별적으로 학살해야 했을까.

  이승만 정권이 만든 관변단체인 보도연맹은 할당제를 통해 운영되었다. 마을의 구장이나 읍장 등은 정해진 인원을 채워야 했고, 이를 위해 주변 주민들에게 쌀과 밀가루, 비료 등을 제공하며 가입을 권유했다. 실제로는 좌익 활동과 무관했지만, 어쩔 수 없이 빨치산에게 식량을 제공했거나 오히려 그들로부터 피해를 입었음에도 '협조했다'는 이유로 많은 농민이 보도연맹에 가입되었다.

보도연맹원이었던 변아무개는 "남로당에 가입한 사실이 없는데도, 경찰이 보도연맹에 가입하지 않으면 죽인다고 해 가입하게 되었다. 가입신청서에 서명하거나 도장을 찍기만 하면 되었다"고 2009년 진실위에서 증언했다.

경찰이 강요해 보도연맹에 가입

당시 청도경찰서에 근무했던 손아무개는 2007년 진실위에서 "보도연맹원 가운데에는 사상이 무엇인지도 모른 채 경찰에 의해 가입된 경우가 꽤 많았다. 경찰이 권유하거나 강요해 주민들을 무차별적으로 보도연맹에 가입시킨 사실이 있다"고 증언했다.

결국 대다수가 농민이었던 보도연맹원들은 전쟁 전, 무슨 뜻인지도 모르는 상황에서 단지 쌀과 밀가루, 비료 등을 준다는 권유에 따라 가입했다. 그러나 한국전쟁이 발발하자 보도연맹원들은 예비검속 대상이 되어 경찰서 유치장과 교도소, 창고 등에 구금되었다.

그 무렵 경찰에 예비검속되었다가 풀려난 고아무개는, 예비검속 이후의 과정을 2007년 진실위에서 다음과 같이 진술했다.

"쌀 한 말을 준다고 해서 보도연맹에 가입했는데, 전쟁이 나자 지서로 연행되어 지서 인근 창고에 구금되었다. 얼마 뒤 그곳에 잡혀 있던 사람들과 함께 굴비 엮이듯 몸에 줄이 묶인 채 청도읍 농업창고로 이송되었다. 농업창고에는 이미 100명 가까운 사람들이 잡혀 와 있었고, 산동 지역에서 연행된 사람들도 상당수 있었다. 그곳에서 조사를 받고 풀려났지만, 풀려나지 못한 사람들은 아침에 트럭에 실려 산동 방향으로 끌려갔고, 그중 많은 이들이 곰티재에서 희생되었다."

당시 경산경찰서 직할 파출소에서 경비 근무를 했던 길아무개는, 경산 지역에서 실시된 예비검속에 대해 2008년 진실위에서 이렇게 회고했다.

"전쟁이 발발하자 경산경찰서 관할 지서에서 보도연맹원을 포함해 좌익에 협조한 사람들을 경산경찰서로 연행했다. 연행된 사람들은 경산경찰서 유치장에 구금되었는데, 유치장이 비좁아 약 50평 규모의 무도장에 200~300명가량의 사람들이 수용되었다."

이유도 모른 채 죽어갔다

이렇게 구금된 민간인들은 이후 대구형무소에 수감 중이던 다수의 재소자들과 함께, 1950년 7월부터 8월 중순까지 경산 코발트 광산 등지에서 이유도 모른 채 군경에 의해 집단 학살당했다.

1950년 늦여름, 청도경찰서 소속으로 유치장 경비 근무를 했던 이아무개는 당시 유치장 상황과 선배 경찰들에게서 들은 이야기를 2007년 진실화해위원회에서 이렇게 진술했다.

"어느 날 유치장에 잡혀 있던 사람들 가운데 보도연맹원들만 사라졌는데, 그들은 트럭에 실려 경산으로 간 것으로 알고 있다. 이후 선배

경찰들이 보도연맹원들을 경산 코발트 광산에 집어넣었다고 말하는 것을 들었다."

또한 같은 시기 경북경찰국에 근무했던 노아무개는 "청도 등지에서 잡혀온 보도연맹원들이 대구형무소에 구금되거나, 경산 코발트 광산과 가창골 등으로 끌려가 사살되었다는 이야기를 당시 현장을 다녀온 경북경찰국 사찰계 형사들에게서 들었다"고 진술했다.

당시 대구형무소 간수로 근무했던 하아무개는 2008년 진실위에서 당시 상황을 이렇게 증언했다.

"1950년 7월경 대구형무소는 군 형무소와 함께 사용되고 있었다. 헌병대가 파견되어 있었고, 수용 인원을 초과할 만큼 재소자가 많았다. 어느 날 보도연맹에 가입한 사람들이 형무소로 끌려왔는데, 그들은 형무소에서 하루를 보내고 모두 경산 코발트 광산으로 끌려가 처형당했다고 군인들이 이야기하는 것을 들었다."

그 무렵 경산 코발트 광산 인근 마을인 압량면 갑제동에 거주하던 문아무개는, 당시 코발트 광산에서의 학살 과정을 직접 목격했다며 진실위에서 이렇게 증언했다.

"전쟁이 나고 7월 20일이 지났을 무렵, 산에서 소에게 꼴을 먹이고 있었는데 덮개를 씌운 트럭들이 군인들을 태우고 경산 코발트 광산 쪽으로 올라가는 것을 보았다. 광산에 도착한 트럭에서는 삼베나 모시옷을 입은 사람들이 내려졌고, 약 열 명씩 수직굴로 끌려가 총살되었다. 현장에는 헌병과 경찰이 함께 있었으며, 처형된 사람들은 경산에서 경찰에 예비검속된 사람들과 대구형무소에 구금돼 있던 사람들이었다.”

당시 경산군 청년방위군 교육생이었던 박아무개는 “사건 현장인 코발트 광산 일대는 헌병과 경북지구 CIC 경산 파견대에 의해 철저히 통제되고 있어 접근이 어려웠다. 다만 사람들을 태운 트럭이 광산으로 이동하는 모습을 멀리서 지켜볼 수밖에 없었다”고 회상했다.

또한 당시 경산 안심면에 거주했던 이아무개는, 청년방위대 경산지대 중대장으로 근무하던 매형에게서 코발트 광산 학살에 대한 이야기를 들었다며 2009년 진실위에서 다음과 같이 진술했다.

“매형은 경산 지역 방위장교로, 경산 코발트 광산에서 사람들이 총살될 때 현장에 있었다. 현장에서 누군지는 몰라도 총을 쏘라는 지시가 내려왔지만, 도저히 방아쇠를 당길 수 없었다고 했다. 계속된 총살로 수직굴이 시신으로 가득 차자, 수직굴 옆 골짜기에 구덩이를 파고 총살을 이어갔다고 했다.”

당시 대구형무소에 파견돼 있던 국군 제22연대 헌병대원 박아무개 역시 2008년 진실위에서 이렇게 진술했다.

“전쟁 직후 200~300명 규모의 형무소 재소자들을 본인과 헌병대원들이 직접 인솔해 칠곡 신동재로 데려가 사살했다. 이후 형무소 근무를 교대했는데, 교대한 다른 소대원으로부터 경산 코발트 광산에서도 재소자들이 사살되었다는 이야기를 들었다.”

열흘간 지속된 학살

당시 코발트 광산 학살 현장인 수직굴에서 약 50~100미터 떨어진 곳에서 청년방위대원으로 경비 근무를 했던 김아무개는, 희생자의 규모와 당시 상황에 대해 2008년 진실화해위원회에서 다음과 같이 증언했다.

"1950년 7~8월경 헌병과 경찰들이 대구형무소에서 끌고 온 사람들을 코발트 광산으로 데려와, 물이 차 있던 수직굴 앞에서 처형했다. 당시 처형장 50~100미터 주변에는 본인을 포함해 청년방위대원들이 M1 소총을 소지한 채 경비를 서고 있었다. 대구에서는 30~40명을 태운 트럭이 하루에 많게는 8대 이상 왔고, 군경에 의한 처형은 약 열흘간 계속되었다."

  진실위 조사 결과, 당시 경산 코발트 광산으로 끌려가 사살될 뻔했다가 총탄을 피하고 생존한 사례도 확인되었다. 영동군 학산면에 거주하던 이아무개의 아내 한아무개는 2009년 진실위에서 다음과 같이 진술했다.

"사람들을 나란히 앉혀 놓고 군인들이 '발사'라고 외치며 사살을 시작했는데, 남편은 총에 맞지 않아 숨어 있다가 구덩이에서 빠져나와 대구로 도주했다."

  또한 2007년 충북 영동군 양강면 가동리에 거주하던 최아무개는, 남편 정아무개의 생존 경험을 이렇게 회고했다.

"남편은 보도연맹원으로 끌려간 것은 아니었지만, 대구에서 검거돼 수직굴이 있는 광산으로 끌려갔다. 각이 선 모자를 쓴 군인 복장 같은 사람들이 수직굴 앞에서 총격을 가했는데, 다행히 줄이 풀렸고 치명적인 총상을 입지 않아 살아나올 수 있었다."

경산 코발트 광산에서의 학살 이후 약 10년이 지난 1960년, 4·19 직후 이 지역에서는 유해 발굴이 이루어졌다. 당시 발굴 작업에 참여했던 경북유족회 이복녕은 2006년 진실위에서 이렇게 증언했다.

"그때 현장에는 지금보다도 훨씬 많은 시신이 있었다. 인근 대원골 골짜기에는 시신에서 흘러나온 피로 인해 주민들이 큰 고통을 겪었다."

이후 진실위가 실제 발굴을 실시한 결과, 코발트 광산 내부뿐 아니라 인근 골짜기인 대원골에서도 수십 구의 유해가 추가로 발견되었다.

피해자 측 참고인들은 진실위 조사 과정에서 한결같이 이렇게 호소했다.

"이 사건의 희생자 대부분은 농사를 지으며 평범하게 살던 사람들이었다. 살기 위해 어쩔 수 없이 좌익에 단순 협조했을 뿐, 적극적으로 좌익 활동을 한 사람들은 아니었다."

더욱이 당시 경산경찰서 소속으로 근무했던 경찰들조차 "이 학살 사건의 희생자 대다수는 억울하게 죽은 사람들"이라고 진실위에서 진술했다.

경산 코발트 광산 학살 사건 당시 청도경찰서에 근무했던 손아무개는 2007년 이렇게 증언했다.

"빨갱이들 때문에 민간인 피해가 많았는데, 당시에는 빨갱이로 몰려 억울하게 죽은 사람들이 정말 많았다."

같은 시기 청도경찰서에 근무했던 이아무개 역시 "보도연맹원들은 재판도 받지 못한 채 불법적으로 사살되었으며, 재판을 받았더라면 대부분 살아남았을 사람들"이라고 회고했다.

또한 학살 당시 경산경찰서에 근무했던 신아무개는 2009년 진실위에서 "경산 지역에서 희생된 사람들 대다수는 실제 좌익 활동과는 무관한 사람들이었고, 억울하고도 아까운 죽임을 당했다"고 증언했다.

경산경찰서 직할 파출소에 근무했던 길아무개 역시 "당시 경찰서로 잡혀온 많은 사람들이 억울한 죽음을 맞았을 것"이라고 진술했다.

당시 청년방위대원으로 경산에 다녀온 이선희와 강태석은 2008년 진실위에서 이렇게 증언했다.

"경산에서 희생된 사람들은 실제로 좌익 활동을 하지 않았던 사람들이었다. 좌익이 무엇인지도 모른 채 보도연맹에 가입되어 억울하게 죽은 이들이었다."

이처럼 여러 증언을 종합하면, 경산 지역 보도연맹 희생자들의 다수는 순박한 농민들이었다. 그들은 생존을 위해 어쩔 수 없이 빨치산에게 단순 협조하거나 심부름을 했다는 이유로 보도연맹에 가입되었고, 한국전쟁 직후 억울하게 학살되었다.

당시 청도경찰서 외근계에 근무했던 이아무개는 2008년 진실위에서 "선배 경찰들이 보도연맹원들을 경산 코발트 광산으로 끌고 가 밀어 넣고 왔다는 이야기를 직접 들었다"고 진술했다.

또한 코발트 광산 현장에서 교도소 재소자와 보도연맹원 학살 당시 경비를 맡았던 청년방위대원 김아무개는 "대체로 군인들이 처형을 주도했지만, 군이 물러난 이후에는 경찰들이 사람들을 처형했다"고 회상했다.

코발트 광산 인근 갑제동 뒷산에서 총살 장면을 목격한 문아무개 역시 "광산으로 끌려온 사람들에 대해 경찰과 군이 함께 총살을 집행했다"고 증언했다.

진실위 조사 결과, 경산 코발트 광산 학살의 직접적 가해 기관은 각 지역 경찰서, 경북지구 방첩대(CIC)와 그 파견대, 국군 제22헌병대로 밝혀졌다. 이들은 내무부 치안국—경북지방경찰국—각 경찰서, 그리고 육군본부와 경남·경북지구 계엄사령부로 이어지는 지휘·명령 체계 아래에서 민간인 학살을 자행했다.

이승만 정권하의 경찰은 이름만 대한민국 경찰이었을 뿐이었다. 이승만의 비호를 받은 친일 경찰은 일제강점기 일본 순사들보다 더 악독했다고 해도 과장이 아니다. 일제강점기 민족을 억압하며 일본의 앞잡이 노릇을 하던 이들은 해방 후에도 그대로 경찰복을 입었고, 일본 순사에게서 배운 잔인한 고문 기술을 해방된 국민에게 그대로 되풀이했다.

이승만 정권이 저지른 불법 학살

2009년 진실화해위원회는 경산 코발트 광산 사건에 대해 다음과 같이 진실규명 결정을 내렸다.

"이 사건은 국민의 생명과 재산 보호라는 일차적 임무를 수행해야 하는 군과 경찰이, 관할 지역의 국민보도연맹원 등 예비검속자들과 대구형무소에 미결 또는 기결 상태로 수감되어 있던 사람들을 불법 사살한 민간인 집단 희생 사건이다. 비록 전시였다고 하더라도 민간인들을 예비검속해 적법 절차를 거치지 않고 사살한 것은 명백한 불법 행위이다."

한국전쟁 이후 유족들은 조금씩 유해를 수습하기 시작했고, 2005년 진실위 출범 이후 국가 차원의 발굴이 2007년부터 약 3년간 진행되었다. 그러나 아직도 천여 구 이상의 유해가 묻혀 있을 것으로 추정되는 코발트 광산 일대에는 요양병원과 골프장이 들어섰다. 지금까지 발굴된 유해는 560여 구로, 현재 세종시에 보관 중이다.

진실위는 경산 코발트 광산 등지에서 발생한 민간인 학살의 전체 희생자 수를 최소 1천8백 명 이상으로 추정했다. 그들의 유골은 여전히 습기 가득한 굴 속에 방치되어 있다.

"나 안 죽었어요, 다시 한 방 쏴주세요"

대전 골령골 학살사건

진실위 조사 결과, 1950년 6월 28일부터 7월 17일 사이 수천 명의 대전형무소 재소자와 보도연맹원이 재판이나 법적 절차 없이 대전 동구 산내면 골령골에서 집단 학살되었다. 방첩대, 헌병대, 경찰이 동원되었고, 주민과 청년방위대는 사전에 구덩이를 파는 작업에 강제로 동원되었다. 구덩이는 깊이 약 1.5미터, 폭 3미터, 길이 50미터에 달했다.

총살은 헌병 심용현 중위의 지휘 아래 진행되었다. 재소자들은 구덩이 앞에 무릎을 꿇은 채 세워졌고, 헌병과 경찰이 등을 발로 누른 상태에서 뒤통수에 사격했다. 움직임이 있으면 권총으로 확인 사살했다. 시신은 쌀가마니처럼 차곡차곡 쌓았고, 그 위에 돌을 굴려 눌렀다. 일부는 나무기둥에 묶은 채 사살되었으며, 소방대가 시신을 모아 화장하기도 했다.

당시 대전형무소에는 사형수가 없었다는 형무관들의 증언에 비추어 볼 때, 이는 '사형 집행'이 아니라 임의적 집단 학살이었다.

현장에는 미 육군 연락장교들이 있었고, 이들은 학살 장면을 사진으로 촬영하고 보고서를 작성했다. 해당 보고서에는 "처형 명령은 최고위층에서 내려온 것으로 보인다", "대전에서만 사흘간 1,800여 명이 학살되었다"는 취지의 내용이 담겨 워싱턴으로 송부되었다.

추가 학살은 7월 중순까지 이어졌다. 영등포와 청주 등지에서 이감된 재소자와 보도연맹원이 연일 트럭에 실려 왔다. 산내 주민들은 "아침부터 해거름까지, 막판에는 밤에도 총성이 들렸다"고 기억했다. 당시 대전형무소 경비대장은 이렇게 진술했다.

"총알을 맞고도 숨이 붙어 있던 재소자가 '부장님, 나 안 죽었어요. 다시 한 방 쏴주세요'라고 말했다."

잔혹한 절차는 일상이었다.

한편 1·4 후퇴 이후 대전형무소는 과밀, 기아, 질병으로 사망자가 급증했고, 혹한기 부산형무소로의 이감 과정에서도 다수가 동사하거나 아사했다. 유엔 민사처 보고서에는 경찰 유치장의 고문 관행과 형무소 내부의 참상이 반복적으로 기록되어 있다.

2010년 진실위의 결정은 다음과 같다.

"대전형무소에서는 1950년 6월 28일경부터 7월 17일 새벽 사이 최소 1,800여 명 이상의 재소자와 보도연맹원이 살해된 것으로 추정된다. 이들은 충남지구 CIC, 제2사단 헌병대, 대전 지역 경찰 등에 의해 법적 절차 없이 대전 산내 골령골에서 집단 살해되었다."

정부는 뒤늦게 골령골 평화공원 조성을 추진했고, 2027년 조성이 예상된다. 그러나 추모공원보다 앞서 이뤄져야 할 일은 학살 전모의 공식 확인, 가해자에 대한 서훈 박탈, 국가의 사과와 배상이다.

"학살자의 목에서 훈장을 거두고, 그들이 누운 자리를 현충원에서 치워버려야 한다"는 유가족과 종교계의 요구가 지금도 현재형으로 남아 있는 이유다.

함석헌과 조봉암

함석헌(1901~1989)과 조봉암(1898~1959)은 1950년대 냉전기 한반도에서 평화통일을 공론화한 대표적 지성인이었다. 조봉암은 진보적 정치가였고, 함석헌은 종교사상가로서 각자의 자리에서 '평화통일'을 말했다.

1956년 대통령 선거에서 조봉암이 216만 표를 얻자, 이승만 정권은 1958년 '진보당 사건'을 조작해 당 간부들을 구속하고 당 등록을 말소했다. 재판 과정에서 대부분의 혐의가 허위로 드러났지만, 조봉암에게는 사형이 선고되었고 1959년 7월 31일 형이 집행되었다. 그의 명예 회복은 반세기가 지난 뒤에야 가능했다.

같은 시기 함석헌은 『사상계』 1958년 8월호에 「생각하는 백성이라야 산다」를 발표하며 북진통일 구호 일변도의 정권을 비판했다. "칼로는 나라를 살릴 수 없다." 그는 국가보안법 위반으로 구속되고 구타를 당했지만, 정치 조직을 거느리지 않은 '비정치적 지성'이었기에 정권의 직접적 제거 대상에서는 비켜갔다. 달리 말해, 권력의 업신여김이 역설적으로 그의 생존과 발언의 공간을 남겼다.

해방 공간과 전쟁기 권력이 제거한 인물들의 목록을 떠올려 보라. 김구, 여운형, 장덕수, 송진우. 모두 조직과 세력을 가진 '정치'였다. 함석헌은 그 바깥의 자리에서 오래 버텼고, 그 시간 동안 평화주의와 통일론은 문익환 같은 후대의 실천으로 이어졌다. 김대중의 2000년 6·15 공동선언의 사상적 원류를 더듬어 올라가면, 1989년 문익환의 평양 합의와, 더 멀리 함석헌의 사유가 놓여 있다.

정치가의 생애가 짧게 끊길 때, 사상가의 언어는 더 멀리 번진다. 그러나 이것이 우리 시대의 자랑일 수는 없다. 사유가 아니라 생명이 먼저 존중받는 민주공화국이었다면, 조봉암의 생애 역시 함석헌의 언어만큼 오래 지속되었어야 했다.

평화와 인권, 민주주의와 국민주권.

과거의 진실을 바로 세우는 일은 결국 오늘을 위한 최소한의 약속이다.

자주와 통일을 온 몸으로 외치신 당신이

민족주의는 못마땅하셨죠

국가주의는 더욱 질색이었고요

그것은 평화의 적이었으니까요

당신이 자유만큼 사랑한 것이 있다면

그것이 평화였죠

주의가 싫어 무교회주의마저 떠나신 당신이지만

비폭력 평화는 당신의 신조였죠

　- 문익환, "우리의 멋쟁이, 겨레의 어버이, 만인의 벗, 함석헌 선생님!" 중 -

　정치인이 아니었던 함석헌이 20세기 한반도에서 평화통일을 위해 행사한 정치적 영향력에 대해, 혹자는 회의적인 평가를 내릴 수도 있다. 함석헌은 비록 지금은 사라진 표현인 '재야의 지도자'로 불렸지만, 그가 살아 활동하던 당시 제도 정치의 범주에 포함된 인물은 아니었다. 정치적 좌표로 보자면 그는 오히려 번번이 좌절을 겪은, 처절한 의미에서의 '실패자'였다.

　그러나 한국의 민주화와 평화통일을 향한 역사적 흐름 속에서, 어떤 방식으로든 그가 한국 사회에 미친 영향력이 막대했다는 사실만큼은 부인하기 어렵다. 그는 권력을 쥔 정치인이 아니었지만, 사유와 언어로 시대의 방향을 흔들었다. 제도 밖에서, 그러나 결코 주변부에 머물지 않은 채, 그는 한국 현대사의 중요한 갈림길마다 평화와 인간 존엄이라는 질문을 집요하게 던졌다.

박
정
희
정
권

"나라는 독립했다는데 독립운동 한 백범은 암살당하고, 광복군 장교
출신인 나는 감옥에 있고, 일본군 장교 출신 박정희는 대통령을 하고
있다."
  - 장준하

남의 인생을 소모품처럼 ;

　군에서 평생을 보낸 장군 출신인 박정희에게 민주주의는 낯선 개념이었다. 민주공화국의 국민은 나라의 주권자가 아니라, 지휘에 복종해야 할 군대의 사병에 가까웠다. 말 잘 듣지 않는 국민은 군기가 빠진 졸병처럼 보였을 것이다. 장군이 명령하는데 감히 "제 생각은 다릅니다"라고 말하는 야당과 시민은, 그의 시야에서는 명령 불복종죄로 처벌해야 할 대상에 불과했다.

　박정희는 자신이라는 '장군'을 위해 누군가는 희생되어도 된다고 믿었다. 그 신념 아래 그는 민족일보 사장 조용수를 간첩으로 조작해 사형에 이르게 하고도 아무런 주저를 보이지 않았다.

　1973년 서울법대 최종길 교수가 중앙정보부(이하 중정)에서 참혹하게 맞아 죽은 사건은, 박정희 정권의 인권 감수성이 어디까지 무너져 있었는지를 적나라하게 보여준다. 당시 최종길 교수의 동생 최종선은 이른바 '끗발 좋은' 중정 감찰실에 근무하고 있었다. 그럼에도 형의 억울한 죽음 앞에서 최종선은 물론, 서울법대 동료 교수들, 가족들 누구도 박정희 정권에 맞서 할 수 있는 일이 없었다.

　그 절망 속에서 최종선은 이렇게 절규했다.

　"저명한 교수의 현실이 이 정도인데, 하물며 평범한 시민의 경우는 어떠하겠는가."

박정희는 자신의 독재에 저항하는 민주 세력과 국민을 위협하기 위해, 수많은 간첩 사건을 조작했다. 그에게 간첩 조작은 야당과 민주화를 요구하는 시민을 제압하기 위한 하나의 군사작전과도 같았다. 그래서 중앙정보부 요원을 동생으로 둔 서울법대 교수조차, 정권을 공고히 하기 위한 '희생양'이 될 수밖에 없었다.

박정희는 정권의 위기 국면이 도래하거나 공안정국이 필요할 때마다, 순박하기 이를 데 없는 어부나 모국을 찾아온 재일동포를 간첩으로 둔갑시켜 고문하고 그들의 인생을 파괴했다. 박정희에게 그들의 삶은, 적과 싸우기 위해 소모되는 탄약과 다를 바 없는 존재였다.

이러한 박정희식 간첩 조작의 관행은 이명박 정권에서도 되풀이되었다. 당시 진실화해위원회 조사관들은 납북귀환어부 사건과 재일동포 간첩 사건을 조사하며 "이제 남은 건 탈북자를 가장해 간첩으로 침투했다고 주장하는 것뿐"이라며 씁쓸한 농담을 나누곤 했다. 그런데 얼마 지나지 않아, 서울시 공무원 유우성 씨가 탈북자를 가장해 침투한 간첩이라고 발표되었을 때, 모두가 놀랐다. 이 사건 역시 이후 국정원의 조작으로 드러났다. 이는 이명박의 세계관이 박정희와 본질적으로 다르지 않음을 보여주는 사례라 할 수 있다.

1975년 박정희 정권하에서 의문의 죽음을 맞은 장준하 사건은, 한국 현대사의 비극을 압축적으로 보여준다. 1974년 4월, 반유신운동의 지도자였던 장준하는 박정희가 선포한 긴급조치 1호 위반 혐의로 구속되어 징역 15년을 선고받았다. 그는 수감 중 다음과 같이 탄식했다.

"나라는 독립했다는데 독립운동 한 백범은 암살당하고,

광복군 장교 출신인 나는 감옥에 있고,
일본군 장교 출신 박정희는 대통령을 하고 있다."

지병으로 인해 1974년 12월 석방된 장준하는, 1975년 8월 20일로 예정된 '제2의 100만인 개헌 서명운동'을 준비하던 중이었다. 그러나 거사 예정일을 불과 사흘 앞둔 8월 17일, 그는 경기도 포천 약사봉에서 주검으로 발견된다.

내가 몸담았던 대통령소속 의문사진상규명위원회는 장준하 사건을 조사했다. 심증과 정황은 충분했지만 결정적 물증이 없어, 의문사위는 2004년 이 사건에 대해 '진상규명 불능' 결정을 내릴 수밖에 없었다. 그 배경에는 기무사의 조직적인 비협조가 있었고, 국정원이 장준하 사건 관련 추가 존안자료 814쪽을 은폐하다가 조사 종료를 불과 한 달 앞둔 2004년 5월 1일에야 제출한 사실이 있었다. 결국 이 자료에 대한 조사는 조사 기간 만료로 전혀 이루어지지 못했다.

'민족자주통일'을 외치다 사형당한 조용수

  1961년 12월 21일, 당시 가장 진보적인 신문이었던 《민족일보》의 사장 조용수(1930~1961)는 박정희 정권에 의해 형장의 이슬로 사라졌다. 5·16 군사쿠데타로 집권한 지 불과 7개월 만에, 한 언론사 사장은 국가 권력에 의해 처형되었다.

  박정희는 왜 쿠데타 직후, 그것도 이처럼 이른 시점에 한 언론인의 목숨을 앗아갔던 것일까.

  부정선거 원흉보다 진보 인사를 더 가혹하게 처벌한 박정희

  쿠데타로 정권을 장악한 직후부터 그해 연말까지, 불과 반년 동안 박정희 정권은 피비린내 나는 탄압을 자행했다. 평소 '레드 콤플렉스'가 강했던 박정희는 진보 인사들을 불법 정권의 정당성을 강화하기 위한 희생양으로 삼았다. 이는 과거 남로당원이었던 자신의 전력을 의심하던 미국을 향한 과잉 충성의 결과이기도 했다.

  역설적이게도 쿠데타로 집권한 박정희는, 이승만 정권의 3·15 부정선거 원흉이나 대규모 부정 축재자들보다 오히려 진보 인사들을 훨씬 더 가혹하게 처벌했다. 그는 남북 평화통일운동과 한국전쟁기 민간인

학살 유족회 활동 등을 '특수 반국가 행위'로 규정했다.

그 결과는 명확했다.

"3·15 부정선거 원흉들은 사형 등 중형을 선고받았더라도 최인규 내무장관이 사형당한 것을 제외하면 거의 모두 2~3년 내 석방되었다. 그러나 혁신계 인사와 청년·학생들은 다수가 장기 복역했고, 민족일보 사장 조용수와 사회당 간부 최백근은 처형되었다."

— 서중석, 『한국현대사 60년』

강준만은 이를 이렇게 요약했다.

"박정희의 빨갱이 경력을 세탁하기 위한 용도로 수많은 사람들이 희생되었고, 그 어이없는 게임의 최대 피해자 중 한 사람이 바로 민족일보 사장 조용수였다."

— 강준만, 『한국현대사 산책』

조용수는 4·19 혁명 직후 혁신정당인 사회대중당 후보로 민의원 선거에 출마했으나 낙선했다. 이후 1961년 2월 13일, 그는 진보신문《민족일보》를 창간했다. 이 신문은 당시 혁신계 인사들이 주장하던 남북협상, 중립화 통일, 민족자주통일 등의 논지를 집중적으로 보도했다.

그러나 불과 석 달 뒤인 1961년 5월 18일, 5·16 쿠데타 직후 이틀 만에 박정희 정권은 조용수를 연행·구금했다. 조용수가 이른바 간첩 혐의자 이영근으로부터 자금을 받아《민족일보》를 창간하고 "국민을 선동하며 북한을 고무·동조했다"는 것이 그 명목이었다.《민족일보》는 즉시 폐간되었다.

하지만 곧 밝혀졌듯, 이영근은 간첩이 아니었고 조용수가 그에게서 자금을 받은 사실도 없었다. 그럼에도 이미 결론이 정해진 재판의 방향은 바뀌지 않았다.

더욱 아이러니한 사실은, 1990년 5월 14일 이영근이 사망하자 대한민국 정부가 "민족지《통일일보》를 창간해 조총련 투쟁과 재일교포의 법적 지위 향상에 기여했다"며 국민훈장 무궁화장을 수여했다는 점이다.

그럼에도 1961년 7월 12일, 박정희가 설치한 이른바 '혁명검찰부'는 같은 달 23일 조용수 등《민족일보》관계자들을 혁명재판소에 기소했다. 혁명재판소 1심 심판부는 1961년 8월 28일, 소급입법으로 제정된 「특수범죄처벌에 관한 특별법」을 적용해 조용수에게 사형을 선고했다. 이유는 "사회단체의 주요 간부로서《민족일보》사설 등을 통해 북한의 활동을 고무·동조했다"는 것이었다.

이 재판부에는 훗날 한나라당 총재가 되는 이회창이 배석해 있었다.

국제언론인협회와 세계신문인협회 등 국제 언론단체들은 즉각 구명운동에 나섰다.

그러나 박정희 정권은 눈 하나 깜짝하지 않았다.

그해 10월 31일, 상소심판부(2심)는 "사회단체 간부 적용은 잘못이지만 정당의 주요 간부였다"며 조용수에 대한 사형을 확정했다.

언론사 사장을 사형시킨 박정희

사형 집행을 앞두고 국제펜클럽과 국제신문인협회는 항의 전문을 발표했고, 일본에서도 구명운동이 벌어졌다. 그러나 국내 언론은 침묵했다.

1961년 12월 20일, 박정희 국가재건최고회의 의장은 조용수의 사형 집행 문서에 결재했다. 그리고 단 하루 뒤인 12월 21일, 서대문형무소에서 조용수는 형장의 이슬로 사라졌다.

그의 나이, 겨우 서른한 살이었다.

사형 집행을 앞두고 그는 이렇게 유언했다.

"민족을 위해 할 일을 못하고 가는 것이 억울하고, 신문을 만들기 위해 동지에게 꾼 돈을 갚지 못한 것이 미안하다."

그로부터 반세기가 흘렀다.

조용수의 동생 조용준은 2006년 1월 10일 진실화해위원회에 진실 규명을 신청했다. 1961년 5월 18일 체포 당시 조용수 등에게 적용된 「특수범죄처벌에 관한 특별법」은 같은 해 6월 22일 제정되기 이전의 법으로, 명백한 소급입법이었다. 또한 당시 형사소송법상 구속 기간은 수사기관 10일, 검찰 10일이었지만, 조용수는 체포된 지 무려 66일 만에 기소되었다. 불법으로 집권한 군사정권은 재판 과정에서도 아무런 문제의식 없이 또 다른 불법을 저질렀던 것이다.

"혁명 정당성 확보를 위한 희생양"

당시 국가재건최고회의 법사위원장이던 이석제는 회고록에서 이렇게 적었다.

"미국이 박정희와 김종필의 배경을 조사하고 있다는 정보를 입수했을 때, 미국의 사상 공세를 일거에 역전시키기 위해 '비상한 조치'가

필요하다고 판단했다. 혁명군이 강력한 반공국가 건설을 목표로 한 만큼, 이를 미국에 보여줘야 혁명의 정당성을 확보할 수 있다고 생각했다."

그는 결국 '희생양'을 필요로 했고, 그 대상은 보도연맹원과 진보 인사들이었다. 전국의 군·경·헌병대에 비상이 걸렸고, 체포 명령이 하달됐다. 혁명재판소는 조용수에게 '정당 주요 간부로서 북한을 고무·동조했다'는 혐의를 적용해 사형을 확정했다. 국가재건최고회의 의장이던 박정희는 감형 없이 이를 승인했다.

2006년 11월 28일, 진실화해위원회는 다음과 같이 결론 내렸다.

"민족일보 조용수 사장에게 북한을 고무·동조한 혐의로 사형을 선고한 혁명재판부의 판단은 잘못됐다. 중앙정보부 수사관들이 가족 3명을 간첩 혐의로 불법 감금하고 고문한 사실이 인정된다. … 조용수 사건은 당시 5·16 주도 세력이 반공 입장을 미국에 과시하고, 대내적으로 쿠데타의 장애 요인을 제거하기 위해 조용수를 희생시킨 사건이다. 단지 신문 논조만으로 언론인을 사형에 처한 것은 문명국가에서 결코 용납될 수 없는 비인도적·반민주적 인권 유린이다."

진실 규명 2년 뒤인 2008년 1월 16일, 법원은 재심을 통해 "북한 활동에 동조했다"는 혐의로 사형당한 조용수에게 무죄를 선고했다.

그가 형장의 이슬로 사라진 지, 47년 만이었다.

간첩 조작사건, 왜 어부가 단골 대상이었을까

　대법원은 2011년 11월 13일, 북한에 납치됐다 귀환한 뒤 간첩행위를 했다는 혐의로 옥고를 치른 서창덕(당시 64세) 씨가 제기한 손해배상 청구소송에서 "국가가 6억2000여만 원과 이자를 지급하라"며 원고 일부승소 판결을 내렸다.

　서씨는 진실화해위원회 조사 결과를 토대로 재심을 청구해 사건 발생 24년 만인 2008년 무죄를 선고받았고, 이후 국가를 상대로 손해배상 소송을 제기했다. 재판부는 판결문에서 "보안부대 군 수사관들이 서씨를 불법 체포한 뒤 고문과 협박으로 허위 자백을 받아내고, 증거를 조작해 유죄판결을 받게 한 불법행위를 저질렀으므로 국가는 손해배상 책임이 있다"고 밝혔다.

　서씨 사건은 1967년 서해에서 조업 중 북한 경비정에 피랍됐다가 124일 만에 귀환한 이후 시작됐다. 그는 1969년 반공법 위반 혐의로 남한 정부에 의해 처벌받았고, 17년 뒤인 1984년에는 '대남 공작원의 지령을 받아 국가기밀을 탐지하고 북한을 찬양했다'는 혐의로 다시 기소돼 징역 10년을 선고받았다.

1기 진실위는 이 사건을 포함해 태영호, 정삼근, 강대광, 백남욱, 임봉택, 이상철, 최만춘, 정영 사건 등 총 9건의 납북귀환어부 간첩조작 사건을 접수했고, 모두 진실규명 결정을 내렸다. 그러나 피해자 다수는 이미 세상을 떠난 뒤였다. 사후에나마 명예를 회복한 것은 다행이지만, 너무 늦은 정의였다.

2009년 진실위는 직권조사를 위한 사전조사를 통해 총 103건의 납북귀환어부 간첩조작 의혹사건을 파악했다. 그러나 인적 사항이 불명확한 경우가 많아 47건만 판결문을 확보할 수 있었고, 이 가운데 본인 또는 가족과의 면담이 가능한 29건 중 25건에 대해서만 조사 개시를 시도했다.

하지만 이명박 정부 시절, 뉴라이트 성향의 이영조 위원장 체제하에서 진실위는 관련 안건 상정을 반복적으로 미뤘다. 결국 조사기간 만료로 다수 사건이 종결됐고, 진실규명 또는 일부규명 결정을 받은 사건은 7건에 불과했다.

서창덕 씨는 무죄판결과 함께 6억 원이 넘는 배상을 받았지만, 24년에 걸친 고통과 파괴된 삶을 보상하기에는 턱없이 부족한 금액이었다. 납북어부 강대광의 경우, 그를 오랫동안 지켜본 김영석 선생은 억울한 옥살이 끝에 "한 달만 더 있었으면 화병으로 죽었을 것"이라고 증언했다.

피해자 가족들의 삶 역시 파괴되었다. '간첩과 결혼했다'는 이유로 강제 이혼을 당하거나, 자녀들이 학교에서 '간첩 자식'이라 불리며 따돌림을 당한 사례도 적지 않았다. 심지어 한 피해자의 아들은 입대를 앞두고 아버지를 찾은 뒤, "간첩의 자식으로는 더 이상 살 수 없다"며 한강에 투신했다.

국가는 이 모든 피해에 대해 책임을 묻지 않았다. 가해자에게 구상권을 청구하거나 형사 처벌을 한 사례도 없었다. 그 결과 오늘의 대한민국은 피해자는 넘쳐나지만 가해자는 존재하지 않는 나라가 되었다.

이렇듯 납북귀환어부 간첩조작사건의 희생자들은 평생 한 많은 삶을 살아야 했다.

박노자는 『당신들의 대한민국』에서 이 문제를 이렇게 지적했다.

"우리는 대한민국이 '선진국'이 됐다고 기뻐한다. 그러나 그보다 먼저, 위로부터의 권위주의적 근대화 과정에서 피해를 본 사람들부터 떠올려야 한다. 약자와 피해자, 희생자의 역사를 정확히 기록하고 기억할 때에만 우리는 다시 마녀사냥과 국가폭력이 없는 세상에서 살 수 있다."

어부와 재일동포 유학생은 왜 조작 간첩단의 단골이었나

납북어부사건을 보면, 주로 1960년대 박정희 정권에 의해 처벌받은 이들이 10여 년 뒤인 1970~80년대 전두환 정권에 의해 다시 이중 처벌을 받았다. 국가는 왜 아무 죄도 없는 피해자들을 반복적으로 처벌했을까.

1960년대 납북귀환어부들을 반공법과 수산업법 위반으로 처벌한 이유는, 김신조 일당의 청와대 습격 사건이나 울진·삼척 무장공비 침투

사건이 납북귀환어부들과 연관되어 있다고 본 탓이었다. 정부는 그들이 북한에서 남한의 지리, 관공서 위치, 군부대 위치 등을 알려주었다고 단정하며 억울한 처벌을 내렸다.

박정희 정권은 어부들이 대한민국 해상에서 북한 경비정에 의해 피랍되었다는 사실을 알고 있었다. 그럼에도 귀환한 어부들을 외면한 채 수십 일, 때로는 수백 일 동안 불법 감금과 고문을 가해 허위자백을 받아냈다. 이들은 "북한 해역에서 월선 조업했다"는 거짓 자백을 강요당했다.

1기 진실위 조사에 따르면, 당시 중앙정보부는 경찰에 "혐의 없는 자라도 입건하라"고 지시했고, 검찰은 법원에 "국가 시책에 의한 사건"이라며 기소를 강행했다. 이후 납북귀환어부들은 무자비한 고문 끝에 간첩으로 조작되어 처벌받았다. 그 배경에는 철저히 정치적 목적이 있었다.

필자가 초등학교 때였던 1970년대 초, "옆집에 온 손님, 간첩인가 살펴보자", "이상하면 신고하자" 같은 표어가 전국의 건물 벽과 버스정류장마다 붙어 있었다. 박정희는 국민에게 '옆집 손님도 간첩일 수 있다'는 극단적 반공심리를 주입해 정권에 대한 반대 여론을 차단하고자 했다. 이를 위해 정권은 언론을 통해 "간첩을 검거했다"는 뉴스를 지속적으로 내보냈고, 실제 남파간첩이 부족해지자 '국가정책으로' 간첩을 만들어내기 시작했다. 납북귀환어부는 그래서 박정희 정권과 공안기관에게 '간첩 생산의 최적 재료'였다.

박정희 정권이 그렇게 판단한 이유는 세 가지였다.

첫째, 납북귀환어부 대부분은 초등학교도 졸업하지 못했거나 겨우 졸업한 사람들이라 논리적 자기 방어 능력이 부족했다. 따라서 정권의 위기 때마다 이들은 '간첩 완제품'으로 만들기 쉬운 대상이었다.

둘째, 피랍 기간 동안 북한에서 사회주의나 북한 체제의 우월성 등에 대한 교육을 받은 이력이 있었다. 남한에 돌아와 "북한의 산업시설이 좋았다", "쌀밥과 고깃국을 먹었다"는 말을 했다는 이유만으로도 '북한 고무·찬양죄'가 적용되었다.

셋째, 이들은 대부분 경제적으로 취약해 변호인을 선임할 여력조차 없었다. 그 결과 수사기관은 별다른 증거 없이 허위자백만으로 '완제품 간첩'을 만들어낼 수 있었다.

1979년 10·26 사건으로 박정희가 사망한 뒤, 잠시 '서울의 봄' 시기에는 간첩 사건이 거의 발생하지 않았다. 그러나 1980년 5월 18일, 광주를 유혈 진압하며 등장한 전두환 정권은 국민의 분노를 잠재우고 공안정국을 조성하기 위해 다시 납북귀환어부들을 대거 간첩으로 조작했다.

재일동포 유학생들도 예외가 아니었다. 일본에서는 공산당이 합법이었고, 재일동포들은 조총련계와 민단계 구분 없이 자유롭게 교류했다. 이런 환경은 박정희·전두환 정권에게 "조총련과 접촉해 포섭됐다"는 식으로 조작하기에 더없이 편리했다. 이들은 일본에서 공부하다 귀국했지만 한국어가 서툴러 재판 과정에서 "예"만 반복해 답한 경우가 많았고, 그조차도 '간첩의 자백'으로 이용됐다.

이명박 정부 시절에도 1기 진실위 조사관들은 "이제 남은 건 탈북자를 간첩으로 만드는 일뿐이겠네"라며 농담하곤 했다. 그런데 실제로 얼마 지나지 않아 서울시 공무원 유우성 씨가 '탈북자를 가장한 간첩'이라고 발표되자, 조사관들은 충격을 받았다.

납북귀환어부나 재일동포 유학생 간첩사건의 증거는 대부분 피해자의 '자백'이었다. 그러나 이 자백은 불법 구금과 고문으로 만들어진 것이었다. 수사기관은 미리 농약병, 링거병, 잉크병 등을 묻어두고 피해자에게 직접 파게 한 뒤 사진을 찍어 '간첩 증거'로 제출했다. 이른바 공안기관의 '짜고 치는 고스톱'이었다.

심지어 북한에서 받은 공작금의 잔액이라며 제출된 저축통장까지 증거로 사용됐다. 그러나 이런 통장들 역시 자백에 근거한 허구였다. 납북귀환어부 판결문에 등장하는 '군사기밀' 또한 대부분 "예비군 초소 위치, 지서 위치, 경부고속도로는 길다, 소고기 값이 얼마다" 같은 상식 수준의 정보에 불과했다. 북한에서 "쌀밥과 고깃국을 먹었다", "평양냉면이 맛있다"는 일상적 표현을 한두 번 했다는 이유만으로도 '북한 찬양'으로 둔갑했다.

필자는 당시 납북어부사건을 조사했던 정광호 1기 진실위 조사관에게 가장 어려웠던 점을 물었다. 그의 대답은 이랬다.

"정부기관의 비협조로 기록이나 수사관 인적사항을 확보하지 못할 때가 가장 힘들었다. 가해자들이 조사를 거부해도 진실위법으로는 아무런 조치도 취할 수 없었다. 또 진실위의 존재를 몰라 신청하지 못한 피해자들이 너무 많았다. 추가 조사를 하지 못한 점이 늘 아쉽다. 납북귀환어부 사건이 조작된 사실은 역사적으로 어느 정도 정리되었지만,

이명박 정부 들어 직권조사를 거부하며 미신청 사건을 외면한 것은 너무나 안타까웠다."

이준호·배병희 간첩조작사건

　이준호(1950~)는 강화도 양도면 건평리에서 조부모, 모친 배병희, 숙부·숙모 등과 함께 살았다. 1969년 3월 서라벌예술대학 연극영화과에 입학한 그는 평범한 대학생이었다.

　1972년 3월 중순 어느 밤, 시계가 밤 10시 30분을 가리킬 무렵, 이준호는 집 안의 웅성거림에 잠에서 깼다. 가족들은 뜻밖의 인물을 맞고 있었다. 한국전쟁 중 부친과 함께 월북했던 숙부 이한수가 집에 찾아온 것이었다. 속옷 차림으로 잠에서 깬 그는 생전 처음 보는 숙부 앞에서 당황해 제대로 인사조차 하지 못했다. 조부모는 북에서 온 아들을 반가워했지만, 모친과 친척들의 얼굴에는 당황과 긴장감이 역력했다.

　숙부는 약 30분가량 머물다 어둠 속으로 사라졌다. 그날 밤 가족들은 모여 조용히 회의를 했다. "경찰에 신고해야 하지 않겠느냐"는 의견이 나왔지만, 조부모는 단호히 반대했다. "부모를 보러 온 아들을 어떻게 신고하느냐"는 것이었다. 결국 가족들은 그날 일을 누구에게도 말하지 않기로 약속했다.

그 뒤로는 아무 일도 없었다. 1973년 2월 이준호는 대학을 졸업했고, 같은 해 10월 방위병으로 소집되어 복무하다가 1974년 5월 의가사 제대를 했다. 제대 후 모친과 함께 인천으로 이사해 전자제품상을 운영하며 살았고, 결혼한 뒤에는 1979년 대우자동차에 입사해 평범한 직장인의 삶을 이어갔다.

그러던 1985년 1월 11일, 회사로 다급한 전화 한 통이 걸려왔다.

"어머니가 경찰에 끌려갔어요!"

놀란 그는 곧바로 퇴근해 집으로 향했다. 집에 도착하자마자 경찰로부터 연락이 왔다. "서울역 파출소로 나오라"는 지시였다.

서울역에 도착하니 건장한 형사들이 기다리고 있었다. 형사들은 아내에게 "근처 다방에서 기다리라"고 말하더니, 이준호를 갑자기 경찰차에 밀어 넣었다. 머리를 바닥으로 눌러 외투로 덮고, 팔을 꺾은 채 팔꿈치로 등을 내리쳤다. 그는 고통으로 숨조차 쉬기 어려웠다.

차는 적막 속에 달렸고, 나중에서야 그는 자신이 도착한 곳이 서울시경 옥인동 대공분실임을 알았다. 그날 이준호와 그의 어머니 배병희는 불법 연행되었고, 구속영장이 발부되기 전까지 무려 39일 동안 불법 감금된 채 가혹한 고문을 받았다.

조사 과정에서 모자는 각목과 주먹, 발길질에 시달렸고, 잠을 재우지 않는 고문을 당했다. 결국 이준호는 고통을 견디지 못하고 자신이 '간첩'이라고 허위 자백을 하고 말았다.

1985년 4월 23일, 서울형사지방법원 1심 공판에서 그는 이렇게 증언했다.

"모친과 함께 고문을 당했고, '시키는 대로 하면 내보내주겠다'는 말에 허위 진술을 했습니다."

검찰 조사에서도 그는 "검찰보다 상급 기관인 안기부에서 이미 결재된 일이라, 여기서 부인해도 소용없다"는 협박을 받았다고 밝혔다.

그해 9월 23일 제출한 항소이유서에서도 그는 "경찰의 48일간 감금과 고문으로 인한 억압과 고통 속에서 거짓 진술을 했다"고 주장했다. 이어 10월 30일 열린 서울고등법원 항소심에서도 "39일간 어머니와 함께 구타를 당했고, '자백을 해야 어머니와 함께 나갈 수 있다'는 회유에 속아 허위 자백을 했다"고 다시 증언했다.

그러나 이준호의 고백은 끝내 받아들여지지 않았다. 그와 어머니 배병희에게 씌워진 '간첩' 누명은 이후 오랜 세월 동안 그들의 인생을 짓눌렀다.

가장 괴로운 것은 어머니를 볼모로 한 고문

이준호와 그의 어머니 배병희는 구속영장도 없이 39일간 불법 구금된 채, 수사관들로부터 각목과 손발을 이용한 구타, 잠을 재우지 않는 방식의 고문을 당했다.

이준호는 당시의 상황을 이렇게 증언했다.

"조서를 쓰는 동안 매일 손과 발로 구타를 당했습니다. 수사관이 시키는 대로 조서를 작성하지 않으면 '틀'을 가져오라며 협박했고, 주먹이나 손바닥으로 때려 넘어뜨리면 다른 수사관이 목이나 허리, 등을 짓밟았습니다. 잠을 재우지 않고 의자에만 앉게 했고, 서치라이트 같은 강한 불빛을 사흘 동안 얼굴에 비췄습니다.

1974년의 2차 접촉 사실을 조작할 때는 며칠째 잠을 못 자 정신이 몽롱한 상태에서 진술서를 써야 했습니다. 39일 동안 외부와 완전히 차단된 채 '너 하나쯤 죽어나가도 아무도 모른다'는 협박 속에서 고문은 계속됐습니다."

결국 그는 전쟁 중 월북했던 숙부가 두 차례 고향집을 찾아와 지령을 내렸고, 자신이 국가기밀을 탐지했다는 허위 자백을 하고 말았다.

그는 말한다.

"가장 괴로웠던 건 어머니를 볼모로 삼은 고문이었습니다. '네 어머니를 무사히 돌려보내려면 우리 말 잘 들어야 한다'는 말을 도저히 거역할 수 없었습니다."

그를 때리던 수사관은 나이키 운동화를 신고 있었다. 그 사내는 계속 그를 발로 차며 "빨갱이"라고 욕했다. 이준호는 그 운동화를 붙잡고 "살려달라"고 애원했다. 강한 불빛을 눈앞에 비춰 잠을 재우지 않았고, "어머니가 빨리 풀려나길 원하면 부르는 대로 받아 적으라"고 했다.

1985년 4월 11일과 22일의 접견 기록에는, 이준호가 수사 과정에서 강한 불빛을 쏜 후유장애로 눈의 통증을 호소한 내용이 남아 있다.

그의 어머니 배병희(1927년생)는 "이준호보다 약간 먼저 연행돼, 구속영장이 발부될 때까지 구금 상태에 있었다"고 진술했다. 그녀는 1심 공판(1985년 4월 23일)에서 "수사기관이 시키는 대로 하면 내보내준다고 해서 진술했다"고 증언했다. 같은 해 12월 18일 열린 항소심에서도 "아들이 이미 자백했고, 아들의 말과 똑같이 진술해야 나갈 수 있다고 해서 사실이 아닌 것을 시인했다"고 밝혔다.

  아들을 살리기 위해 거짓 자백한 어머니

  한글을 더듬더듬 읽던 배병희는 옆방에서 들려오는 아들의 고문 소리를 들으며 울었다. "시키는 대로 해야 아들과 함께 풀려날 수 있다"는 수사관의 말을 믿고, 그들이 써온 진술서를 그대로 베껴 썼다.

  이후 이준호의 누나, 매형, 숙부, 숙모까지 줄줄이 연행됐다.

"네 동생, 조카, 어머니를 살리려면!"이라는 협박에 그들 역시 '간첩'이라는 허위 자백을 할 수밖에 없었다.

  숙모 이명금은 1심 공판(1985년 5월 17일)에서 "남편과 함께 1월 14일부터 28일까지, 14일간 영장 없이 감금된 채 조사를 받았다"고 증언했다.

  숙부 이한순 역시 "이준호와 배병희가 연행된 며칠 뒤, 아내와 함께 인천 자택에서 영장 없이 연행돼 각기 다른 방에서 2주간 조사를 받았다"고 말했다. 그는 당시를 이렇게 기억했다.

"첫날부터 벽에 물구나무서기를 시켰습니다. 인정하지 않으면 얼굴과 가슴을 주먹과 발로 때렸습니다. 수사 기간 내내 강한 불빛을 얼굴에 비춰 눈이 타들어 가는 고통을 줬습니다.

  6·25 때 월북한 형을 만나기 위해 입북했다는 허위 사실을 조서에

적으라고 강요했고, 거부하면 물구나무 세우기, 물고문, 구타가 이어 졌습니다."

이 같은 고문 조사가 이어진 끝에 경찰은 1985년 2월 17일 구속영장을 청구해 발부받았고, 2월 27일 사건을 서울지방검찰청으로 송치했다.

검찰은 한 달간 조사를 거쳐 3월 26일, 검사 고영주(1949~)가 기소했다. 고영주는 훗날 이명박·박근혜 정부 시절 국가정상화추진위원회 위원장, 방송문화진흥회 이사장 등 요직을 맡았고, 문재인 대통령을 "공산주의자"라 비난해 기소되기도 한 인물이다.

법정에서 외친 '조작된 간첩'

1심 재판에서 이준호는 이렇게 호소했다.

"고문과 협박, 회유에 못 이겨 허위 자백을 했습니다. 1972년 숙부가 고향집을 찾아와 30분 머문 일은 있으나, 지령을 받거나 간첩행위를 한 적은 없습니다."

그의 변호인 오제도(1917~2001)는 보수 성향의 전직 반공검사이자 국가보안법 제정에 참여했던 인물이었다. 그는 법정에서 이렇게 말했다.

"신고하지 않은 잘못은 있을지라도 간첩은 조작된 것입니다. 내가 보안법을 만든 사람인데, 이렇게 쓰라고 만든 게 아닙니다. 이것은 모진 구타와 회유로 만들어진 허위 진술입니다."

그러나 재판부는 이를 받아들이지 않았다. 서울형사지방법원(재판장 안문태, 판사 이동영·권순일)은 1985년 7월 23일 "고문에 의한 자백이라는 점을 인정할 자료가 없다"며 이준호에게 징역 10년, 배병희에게 징역 4년을 선고했다. 항소심인 서울고등법원(재판장 이원배, 판사 곽동효·박장우)은 같은 해 12월 18일, 이준호에게 징역 7년, 배병희에게 징역 3년 6개월을 선고했다.

1986년 3월 25일, 대법원(판사 김형시·정태균·이정우·신정철)은 상고를 기각하며 원심을 확정했다.

남편 이준호와 시어머니 배병희가 '간첩죄'로 수감돼 있던 동안, 아내는 딸들과 시할머니를 부양하며 삯바느질로 생계를 이었다. 그녀는 낮에는 악착같이 일했고, 밤이면 홀로 울었다.

애들이 우리 아빠 간첩이래

어느 날, 어린 딸들이 집에 와서 물었다.

"엄마, 간첩이 뭐야? 애들이 우리 아빠 간첩이래."

그 말을 들은 순간, 그녀는 눈앞이 캄캄해졌다. 그날로 짐을 싸 이사를 해야 했다. 그러나 새로 이사한 집에서도 오래 버틸 수 없었다. 남편과 시어머니가 '간첩'이라는 사실을 알게 된 집주인이 전세금을 올려달라고 요구했기 때문이다. 결국 가족은 또다시 떠나야 했다.

이준호와 배병희 모자는 각각 1992년 4월 30일과 1988년 10월 31일, 7년과 3년 6개월의 형기를 마치고 만기 출소했다. 출소한 이준호는 가장으로서의 책임을 다하려 애썼다. 그러나 그를 받아주는 직장은 어디에도 없었다. 어렵게 취업해도 며칠 지나지 않아 경찰이 찾아와 사장에게 속삭였다.

"이 사람, 간첩 출소자입니다."

그 말 한마디면 끝이었다. 그는 다시 거리로 내몰렸다. 보안관찰법에 따른 신고 의무는 또 하나의 감옥이었다. 어느 날 그는 담당 경찰에게 이렇게 말했다.

"내 사건은 조작된 겁니다. 너무 억울합니다."

그 한마디 때문에 그는 '재범의 우려가 있는 보안관찰 대상자'로 분류됐다.

그로 인해 딸들의 삶도 무너졌다. 취직은커녕 결혼조차 쉽지 않았다. 큰딸은 결혼을 앞두고 남자친구 부모로부터 "헤어지라"는 말을 들었다. 결국 그는 딸의 등을 떠밀 수밖에 없었다.

"이 땅에서는 간첩의 딸로는 살 수 없다. 외국으로 가라."

그렇게 딸은 한국을 떠났다.

출소 후에도 이준호는 죄인처럼 살아야 했다. 대한민국 하늘 아래, 어디에도 그를 받아주는 일터는 없었다. 그는 아내와 함께 공사장에서 하루하루 막노동으로 버텼다. 열 살 난 딸을 학교에 보내놓고, 삯바느질과 노가다로 생계를 이어갔다. 10여 년의 노동 끝에 부부는 병을 얻었다. 그 후에야 그는 트럭으로 화물을 운반하며 겨우 생계를 이어갈 수 있었다.

고문하고 진급한 경찰 김현창

이준호를 고문하던 당시 서울시경 옥인동 대공분실 소속 경찰 김현창은, 이 사건의 '공로자'로 1985년 12월 경장에서 경사로 특진했다. 불과 4년 뒤인 1989년에는 청룡봉사상을 수상하며 경위로 승진했다.

고문 피해자는 폐인이 되었고, 가해자는 승진했다.

24년 만의 무죄

2006년, 필자가 몸담았던 진실·화해를 위한 과거사정리위원회(이하 진실위)는 이 사건에 대해 다음과 같은 결정을 내렸다.

"자백 외에 증거가 없는 사건에 대해 검찰은 경찰의 수사 결과를 그대로 받아들여, 합리적 의심을 배제해야 한다는 형사소송의 원칙을 저버리고 기소하였다. 법원은 고문과 가혹행위에 의한 허위 자백이라는 호소를 외면하고 유죄를 선고하였다. 그 결과 피고인들은 오랜 세월을 감옥에서 보내고, 출소 후에도 간첩으로 낙인찍혀 고통받았다. 이 사건은 전형적인 간첩 조작 사건으로 평가된다."

이 결정에 따라 이준호는 재심을 청구했다. 그리고 3년 후인 2009년 7월 10일, 서울고등법원에서 재심 재판이 열렸다.

이날 그는 최후진술에서 이렇게 말했다.

"국가가 한 번 간첩이라고 한 이상, 아무리 바르고 곧게 살아도 우리 가족은 간첩의 가족이고, 대한민국의 불가촉천민입니다. 헌 누더기 같은, 그러나 제 힘으로는 벗어날 수 없는 이 억울한 덫을 벗겨주십시오.
우리 가정의 행복은 1985년 1월 11일, 어머니와 제가 끌려가던 그날
에 멈춰 있습니다."

그날, 법원은 이준호와 배병희 모자에게 24년 6개월 만의 무죄를 선
고했다. 판결문 낭독은 이렇게 이어졌다.

"평범한 시골의 한 가정이 간첩으로 지목되어 자백을 강요받았고, 억
울함을 호소했으나 아무도 들어주지 않았다. 피고인들과 가족이 견뎌
온 고통은 결코 가벼운 것이 아니며, 이번 판결이 그 상처를 모두 치유
할 수는 없겠지만 조금이나마 위안이 되기를 바란다. 부당한 공권력
에 의해 억울함을 안고 살아야 하는 피해자가 다시는 생기지 않기를
희망한다."

이날 법정에서 이준호와 어머니 배병희는 서로의 얼굴을 감싸며 울
었다. 오랜 세월의 억울함이, 그날 처음으로 목소리를 얻었다.

살아남은 실미도 공작원 4명이 남긴 유언은

　안김정애 박사는 인하대, 한양대, 육군사관학교 등에서 정치학, 국제관계론, 여성정치를 강의했다. 그는 국방부 과거사위원회, 제1기 진실·화해를 위한 과거사정리위원회, 군사망사고진상규명위원회 등에서 조사과장과 팀장을 역임했다. 특히 제1기 진실위에서 거창학살사건을 조사하던 중 '뉴라이트' 성향의 이영조 위원장 체제에서 진실누설죄로 해임되는 고초를 겪었다.

　그 후에도 그는 굴하지 않고 실미도 공작원 사형수의 암매장지를 추적하고, 미군 위안부 피해 여성의 명예 회복을 위해 당사자들과 연대했다. '실미도 사건' 연구자이자 전문가인 그는 사건 50주년이던 2021년, 『실미도의 아이히만들』을 펴냈다.

　위키백과는 실미도 사건을 이렇게 정의한다.

　"실미도 사건은 1971년 8월 23일, 실미도에서 북한 침투 작전을 훈련받던 중 가혹한 대우를 견디지 못한 684부대원들이 무장 탈영해 인천을 경유하여 서울로 진입하던 중 군·경과 교전을 벌이다가 숨진 사건을 말한다."

나는 '실미도 사건의 진실은 무엇일까'를 알고 싶었다. 아래 내용은 김안김정애 박사와의 인터뷰를 바탕으로 정리한 것이다.

2003년 영화 〈실미도〉가 개봉해 천만 관객을 돌파하며 큰 반향을 일으켰다. 그러나 영화와 실제 사건 사이에는 중요한 차이가 있다. 실제 실미도에 모집된 공작원들은 사형수나 무기수가 아니었다. 그들은 우리가 길에서 만날 수 있는 평범한 사람들이었다. 분단과 전쟁의 후유증 속에서 태어난 전쟁고아, 소농의 아들들, 소매치기 등 경범죄자, 곡예사, 요리사 등이었다.

영화에서는 '총살로 전멸'하는 장면이 등장하지만, 이에 대한 실제 기록은 없다. 실제 실미도 교육대장이었던 김순웅(영화 속 안성기 역)은 공작원들에게 평판이 좋지 않았고, 영화 속처럼 자결하지도 않았다. 그는 공작원들에 의해 피살되었다.

김 박사는 '악의 평범성'을 떠올렸다.

"비극은 악한 사람의 아우성이 아니라, 선한 사람의 소름끼치는 침묵에서 비롯된다."

한나 아렌트가 『예루살렘의 아이히만』에서 말했듯, 유대인 대학살의 책임은 아이히만 한 사람에게만 있지 않았다. 독일 관청과 군, 사법부, 경제계, 심지어 유대인 지도층까지도 공범이었다.

김 박사는 이렇게 말했다.

"우리 모두는 악의 공범이 되지 않기 위해 늘 깨어 있어야 합니다. 불의에 침묵하지 않기, 남의 불행을 못 본 척하지 않기, 연대하기. 이 세 가지는 지금을 사는 우리에게 절실히 필요한 태도입니다."

그의 책『실미도의 아이히만들』은 2부 구성으로 되어 있다. 1부는 관계자들의 증언을 중심으로 실미도 부대의 창설과 모집, 사건 발생, 그리고 유해 발굴까지의 과정을 담았다. 2부는 해제된 비밀문서인 '실미도 재판기록'에 수록된 공작원 4명의 사형 집행 관련 문건을 모두 실었다.

중앙정보부는 실미도 요원을 공군 정보부대 공작과를 통해 모집했다. 처음에는 우범지대를 중심으로 대상자를 찾았으나 모집이 어려워지자, 중정의 지원 아래 부산, 광주, 전주, 대구 등 교도소 재소자를 탐색했다. 그러나 법무부의 반대로 난관에 부딪혔다.

시간이 촉박해지자 모집관들은 경기도 파주와 문산, 대전과 옥천, 서울 인근 등지에서 급히 사람을 모았다. 대상자는 대부분 전쟁고아나 무연고자였고, 미군부대나 한국군 첩보부대 근처, 혹은 기지촌 주변에서 살아가던 남성들이었다.

옥천에서는 초등학교 동창 7명을 납치하듯 검은 지프에 태워 보내기도 했다. 그들은 출신지에 따라 서로를 '파주패', '옥천패', '대전패'라 불렀다. 옥천패는 고향 친구 7명, 파주패는 미군부대 인근에서 자란 청년들, 대전패는 대전역 일대에서 모집된 사람들이었다.

그리고 그들 중 살아남은 네 명의 공작원은 사형장으로 끌려가며 이렇게 말했다.

"억울하다."

"국가와 민족을 위해 싸웠다."

"애들 셋이 제일 불쌍하다, 보고 싶다."

누군가는 애국가를 불렀고, 누군가는 "대한민국 만세"를 삼창했다. 대한민국이라는 국가는 그들의 인생을 파괴하고 생명을 앗아갔지만, 그들은 최후의 순간까지 애국가를 부르고 대한민 만세를 외쳤다.

사형수 4명의 유해 발굴, 아직도 이행되지 않고 있어

살아남은 네 명의 실미도 공작원은 변호인 선임은커녕 가족에게도 알리지 않은 채, 군의 불법적이고 탈법적인 비밀재판을 거쳐 1972년 3월 10일 사형당했다. 그러나 국방부는 지금까지도 그들의 암매장지를 공개하지 않았다. 유가족들은 반세기가 지난 지금까지도 망자들의 유해를 인도받지 못한 채 기다리고 있다.

2007년 국방부 과거사위원회는 해산 직전, 국방부에 실미도 사형수 4명의 유해 발굴 활동을 지속하라고 권고했다. 그러나 국방부는 여전히 이 권고를 이행하지 않고 있다.

김 박사는 그 이유를 이렇게 분석한다. 사형수 4인의 재판 과정에는 회유와 협박, 군 수사기관의 사건 축소와 은폐, 가족에게 구속 사실과 변호인 선임권을 통보하지 않은 점, 비공개 재판, 항소 기각과 상고 미제기, 사형 집행 미통보 및 사체 미인도 등 불법과 탈법이 복합적으로 얽혀 있었다. 이러한 전모가 공개되는 것을 두려워하는 국방부의 무책임이 이행 거부의 본질이라는 것이다.

국방부는 사형 집행 관련자들에 대한 조사 없이 네 명의 시신을 경기도 벽제에 매장했다. 그리고 이후 "1998년 대홍수 때 멸실됐다"는 입장만을 되풀이하고 있다. 유족들은 관련자들을 피의자 신분으로 전환하고 특별수사단을 설치해 '사형수 4인의 암매장지 특별수사'를 실시할 것을 요청했지만, 국방부는 지금까지도 모르쇠로 일관하고 있다.

1971년에 발생한 실미도 사건은 오늘을 사는 우리, 특히 젊은 세대에게 깊은 교훈을 남긴다. 김 박사는 말한다. 국민은 자신이 속한 공동체인 국가권력에 의한 인권침해의 부당성을 최소한 인식할 의무가 있다. 그리고 풀뿌리 시민들은 언제나 깨어 있어야 한다.

국가는 국민의 생명과 재산, 존엄할 권리를 지키기 위해 존재한다. 그렇기에 불의와 부당함에 대해서는 국민 각자가 "아니오"라고 말해야 하고, 고통받는 사람들과 연대해야 한다. 왜냐하면 그 고통받는 사람이 언젠가 곧 나 자신이 될 수 있기 때문이다. 세상에 남의 일은 단 하나도 없다.

김안정애 박사는 현재 평화여성회 대표로 활동 중이며, 이화여자대학교에서 영문학과 정치외교학을 전공했다. 주요 공저로는 『한국전쟁: 누구를 위한 전쟁이었나』, 『한반도의 외국군 주둔사』, 『세계화와 여성안보』, 『끝나지 않은 국가의 책임: 산청·함양 민간인 집단희생 사건』 등이 있다.

1975년 재일교포유학생간첩사건

"김기춘(1939~)은 유신헌법 제정에도 깊이 관여하는 등 역대 독재정권의 기수 노릇만을 계속해온 사람이다."

— 변정수 전 헌법재판관 회고록 중

1972년 유신헌법 선포 이후 박정희는 국민의 반감이 높아질 때마다 조작 간첩사건을 발표하며 남북 간 긴장을 조성해 위기를 모면하려 했다. 중앙정보부와 보안사 등 권력기관은 정권 유지를 위해 자기방어 능력이 약한 재일교포들을 주요 대상으로 삼았다.

일제강점기 수백만 명의 한국인들은 일본 식민정권에 의해 강제징용으로 끌려갔다. 해방 이후에도 경제적 이유로 고국에 돌아오지 못한 재일교포 2세들은 일본 사회에서 차별과 설움을 겪었다. 그럼에도 이들은 정체성을 찾고자 20대 초반의 나이에 조국으로 유학을 왔다.

그러나 조국은 그들을 따뜻하게 맞이하지 않았다. 일본에서 '조센징'으로 차별받던 이들은, 꿈에 그리던 모국에서는 한국어가 유창하지 못하다는 이유로 '반쪽바리'라 불리며 또다시 조롱받았다.

당시 인터넷조차 없던 시절, 재일교포 유학생들은 타국에서 가족과 떨어져 지내고 있었기에 불법 체포와 구금이 용이했다. 박정희 정권은 정권 비판 여론이 거세질 때마다 이들을 붙잡아 고문하고, '재일교포 간첩사건'을 대대적으로 발표했다.

이 같은 맥락에서 '재일교포유학생간첩사건'은 1975년 11월, 서울대·고려대·부산대 등에 재학 중이던 재일교포 학생들이 간첩 혐의로 기소된 사건이다. 유신헌법을 초안하고 검사에서 중앙정보부 대공수사국장으로 진급한 김기춘은 1975년 11월 22일,突如 다음과 같은 발표를 했다.

"북괴의 지령에 따라 모국 유학생을 가장해 암약해온 간첩들이 국내 대학에 침투해 통일혁명당 지도부를 학원 안에 구성했다. 모국 유학생 북괴 간첩이 한국 사회의 자유화와 민주화에 편승해 사회 불안을 조성하고 국가 변란을 꾀했다."

당시 언론의 자유가 얼어붙은 시절, 주요 신문들은 중앙정보부의 발표를 그대로 1면에 실었다. '학원 침투 간첩 14명'이라는 제목 아래 학생들의 사진이 공개되었다. 이어 간첩죄, 간첩방조죄, 반공법 위반 혐의로 백옥광, 김오자, 김철현, 허경조, 강종헌, 김동휘, 노승일 등 총 21명의 재일교포 유학생이 구속 기소되었다.

당시 재일교포 유학생 수가 200~300명 정도였음을 감안하면, 이들 중 약 10퍼센트가 '간첩'으로 몰린 셈이다.

가혹한 고문 끝에 이들은 사형을 비롯한 중형을 선고받았고, 인생의 황금기를 조국의 어둡고 차가운 감방에서 보내야 했다. 이 사건의 수사 책임자가 바로 김기춘이었다.

이 발표가 있기 약 한 달 전, 재일교포 유학생 김동휘(1954년생, 당시 21세), 백옥광, 강종헌 등은 1975년 10월 7일부터 10월 31일 사이 중앙정보부에 체포돼 잔혹한 고문을 받았다. 이후 이들은 간첩, 회합·통신, 잠입·탈출, 고무·찬양, 금품 수수 등 국가보안법 및 반공법 위반 혐의로 기소되었다.

서울형사지방법원은 백옥광에게 사형을, 김동휘와 강종헌 등에게는 징역 10년에서 5년, 자격정지 등의 중형을 선고했다. 서울고등법원은 백옥광의 항소를 기각했고, 나머지 피고인들에게는 징역 5년에서 3년 6월, 자격정지의 판결을 내렸다.

이 판결은 대법원의 상고 기각으로 확정되었다. 김동휘에게는 징역 4년과 자격정지 4년이, 백옥광에게는 사형이 확정되었다. 그러나 백옥광은 특별사면으로 감형돼 수십 년을 복역한 끝에 출소했다.

옷을 모두 벗겨놓고 마구 때렸다

훗날 김동휘는 진실·화해를 위한 과거사정리위원회 조사에서 다음과 같이 진술했다.

"중앙정보부 수사관들은 지하실로 데리고 가자마자 '네 죄에 대해 말해. 너는 여기 온 이유를 알고 있지. 우리한테 할 말이 있지 않느냐'고 했다. 내가 '없다'고 하자 '거짓말하지 말라'며 종이와 펜을 주고 쓰라고 했다. 이틀 동안 추궁당했고, 사흘 동안 잠을 재우지 않은 채 24시간 계속 조사를 받았다.

옷을 모두 벗기고 무릎을 꿇게 한 뒤, 방에 있던 침대에 끼워져 있던 각목을 꺼내 무릎 뒤에 넣고 위에서 밟아댔다. 오랫동안 엎드려뻗쳐를 시켜놓고, 힘이 빠져 쓰러지면 그 각목으로 마구 때렸다.

두 명이 번갈아 가며 가혹행위를 했는데, 한 사람은 스무 살 안팎에 키가 175센티미터 정도 되는 유씨 성을 가진 사람이었고, 다른 사람은 마흔 살가량의 대머리였다. 상사로 보이는 '계장'이라는 사람이 가끔 들어왔지만 이름은 알지 못했다."

김동휘는 검찰 조사에 대해서도 이렇게 증언했다.

"중앙정보부에서 고문과 폭행으로 하지도 않은 일을 허위 자백했다고 말하자 검사는 들은 척도 하지 않았다. 기록을 보더니 무인을 찍으라 해서 거절하자, 기록 뭉치로 머리를 후려치며 '악질 새끼'라고 욕을 했다.

그날 밤 중앙정보부 직원 두 명이 나를 다시 남산으로 끌고 가 새벽까지 두들겨 패며 협박했다. 그 다음 날 새벽, 구치소로 돌아왔다. 당시 스무 살이던 나는 한국말도 서툴렀고, 극심한 폭행과 공포 속에서 견디기에는 너무 어려웠다. 아무도 나를 믿어주지 않았고, 결국 그들이 시키는 대로 할 수밖에 없었다."

그는 재판에서도 같은 사실을 호소했다.

"1심 재판 때 고문을 받았다고 진술하지 못한 것은 중앙정보부의 협박이 계속되었기 때문이다. 재판정 방청석에 중앙정보부 직원이 앉아 있는 것을 보고, 부인하면 다시 끌려갈지도 모른다는 두려움에 아무 말도 할 수 없었다. 변호사는 기소 이후 처음 만났고, 가족들은 1심이 끝난 후에야 볼 수 있었다."

그는 2심 항소이유서에서 "원심의 증거는 모두 중앙정보부와 검찰의 조서뿐이며, 이 모든 것은 수사 과정에서 조작된 것"이라고 주장했다. 그러나 법원은 그의 호소를 외면했고, 결국 1심에서 징역 10년, 2심에서 징역 4년을 선고했다. 대법원은 상고를 기각했다.

허경조는 진실위 조사에서 이렇게 진술했다.

"'여기서 일어난 일은 절대로 말하지 말라'는 협박을 받았다. 벽에 기대어 세워놓고 엉덩이와 복부를 사정없이 구타했다. 특히 허리 끝 요추를 맞았을 때는 정신이 아득해지고 마비되는 듯했다. 온몸이 시퍼렇게 멍들었고, 그 멍이 사라질 때까지 중앙정보부에 있었다."

여대생 김오자는 "한국 사회의 민주화에 도움이 되는 공부를 하고 싶어 일본에서 부산대로 유학을 왔다"고 했다가, 가혹한 고문 끝에 간첩으로 조작되었다. 그는 영장도 없이 중앙정보부 지하실로 끌려가 폭행과 협박, 성고문을 당했고, 결국 간첩이라는 거짓 자백을 했다. 1심에서 사형, 2심에서 무기징역을 선고받은 그는 9년을 복역한 뒤 가석방되었다.

2019년 8월 22일, 그는 44년 만에 재심에서 무죄를 선고받았다. 재판부는 청각장애가 남은 그의 상태를 고려해 청취보조장치를 착용시킨 뒤 선고를 내렸다.

"김오자 씨는 영장 없이 연행되어 장기간 불법 구금되었고, 그 과정에서 폭행과 협박으로 심각한 정신적·신체적 고통을 입었다. 당시 자백은 폭력과 협박으로 심리적으로 위축된 상태에서 이뤄졌을 가능성이 높다. 또한 불법 구금 중 가혹행위를 받으며 강제로 제출된 압수물은 증거로 삼을 수 없다."

김오자는 "10년 전에 돌아가신 어머니가 가장 고생하셨습니다. 가족들에게 이 소식을 전하고 싶습니다"라고 울먹이며 말했다. 그러나 그의 잃어버린 20대의 삶은 아무도 되돌려줄 수 없었다.

재일교포 유학생 강종헌은 서울대 재학 중이던 1975년, 보안사 수사관에게 영장 없이 연행되었다. 1976년 2월 23일 국가보안법 위반으로 기소된 그는 같은 해 7월 7일 1심에서 사형을, 항소심에서 무기징역을 선고받았고, 1977년 3월 15일 대법원에서 상고가 기각되었다. 이후 복역 중 여러 차례 감형을 거쳐 1988년 12월 20일 가석방되었다.

그는 진실위 조사에서 이렇게 증언했다.

"첫날에는 막대기를 들고 구부정하게 세워놓더니, 이틀째부터 무자비한 폭행이 시작됐다. 조사실의 군용 침대에 끼워진 각목을 꺼내 목 뒤부터 종아리까지 보이지 않는 곳만 골라 때렸다. 며칠을 맞다 보니 결국 복종할 수밖에 없었다.

중앙정보부 조사에서 '검찰에서 부인하면 다시 끌고 오겠다'는 협박을 받았다. 구치소 세면장에서 옷을 벗었을 때 목뒤부터 발뒤꿈치까지 멍이 들어 있었지만, 검찰은 가혹행위 여부를 묻지도 않았다."

보안사는 민간인 신분이었던 강종헌에게 간첩 혐의를 수사할 권한조차 없었다. 그는 항소이유서와 상고이유서에서 "50일간의 불법 구금과 폭행, 회유로 강요된 자백이었다"고 밝혔다. 1심에서 부인했다가 재조사와 고문을 다시 받았고, 결국 각서까지 쓰게 되었다. 그는 "담뱃불로 지지고 약을 먹였으며, 몽롱해지는 주사를 맞았다"고 진술했다.

그럼에도 불구하고 법원은 그에게 사형과 무기징역을 선고했다. 그는 사건 발생 39년 만인 2014년 9월 26일, 재심에서 무죄를 선고받았다. 그러나 잃어버린 세월은 결코 보상받을 수 없었다.

핏물을 마시게 했다

서광태는 상고이유서에서 이렇게 진술했다.

"서울역 부근의 어느 지하실에 도착하자마자 무수한 폭행으로 얼굴이 피투성이가 되었고, 그 피를 씻은 핏물을 마시게 했다. 무릎을 꿇고 앉힌 뒤 박달나무 곤봉 같은 나무를 무릎 아래에 넣고는 여러 사람이 번갈아 워커발로 허벅지 위를 짓밟았다. 기절했음은 물론이고 정강이 아래는 피투성이가 되었으며, 나무마저 부러졌다. 손가락 사이에 볼펜을 끼워 누르는 등 무수한 육체적 고문이 가해졌다.

그러나 가장 참기 어려웠던 것은 수많은 수사관이 교대로 들어와 감시하는 가운데, 한 주일 이상 잠을 자지 못한 불면의 고통과 '면도칼로 살껍데기를 벗기겠다', '빨갱이는 삼족을 멸하니 너 하나쯤이야' 같은 말이 난무하던 그 지하실의 전율할 만한 분위기였다."

훗날 진실·화해를 위한 과거사정리위원회 조사에서 그는 이렇게 덧붙였다.

"무수한 폭행에 피투성이가 된 얼굴로 화장실에 갔더니, 바닥에는 내 피가 한 양동이 가득 고여 있었다. 거울을 보니 피에 젖은 해골이 서 있었다. 아무리 맞고 차여도 정신이 아득했다.

　수직으로 거꾸로 서서 팔굽혀펴기를 시켰고, 쓰러지면 기다리는 것은 발길질이었다. 병원에 끌려가서는 큰 주사기에 소바늘만 한 바늘을 끼워 왼쪽 혈관에 직각으로 찔러 넣었다. 주사를 놓기 전 그들은 터무니없이 '부정맥'이라 진단했다. 공판 중에는 수도통합병원에서 정신과 치료라는 명목으로 감금되었는데, 말이 치료지 사실상 또 다른 고문이었다."

　박종렬은 진실위 조사에서 이렇게 진술했다.

"보안사 수사관들은 무릎 사이에 각목을 끼우고 꿇어앉힌 채, 위에서 허벅지를 밟았다. 워커발에 밟히면 입이 벌어지고 다물어지지 않았다. 그런 구타를 여러 차례 당했다. 남영동에 연행되어 여섯 날 동안 한숨도 자지 못한 채 조사를 받았다.

　잠을 못 잔 상태에서 구타를 당하자 모든 것을 포기하게 되었다. 나중에 서빙고로 넘어왔을 때는 수사관들이 말하는 대로 인정하게 되었다. 자술서 내용을 강요당해 같은 내용을 수없이 쓰다 보니, 자신이 실제로 그런 일을 했던 것처럼 착각할 정도였다.

　조사 중 너무 괴로워 수사관들이 잠시 자리를 비운 사이 주먹으로 벽을 쳤는데, 하얀 벽에 피가 튀었다. 그것을 본 보안사 수사관이 '이 미친놈, 세계챔피언이나 하지'라고 했다. 너무 억울해서 밥을 먹지 않았더니 귀에서 고름이 흘러나왔고, 귀가 거의 들리지 않게 되자 수사관들이 욕을 퍼부었다.

교도소에 가서도 다섯 달 정도 기억상실 상태가 되었고, 신경쇠약과 중이염, 소화불량, 불면증으로 약을 달고 살았다."

네가 보는 앞에서 네 여자를 겁탈하는 것을 보고 싶냐

또 다른 피의자였던 재일교포 유학생 이철은 훗날 이렇게 진술했다. "팬티까지 벗기고 무조건 패기 시작했다. 성기를 붙잡고 꼼짝 못 하게 한 뒤 담뱃불로 지지려 했다. '네가 보는 앞에서 네 여자를 겁탈하는 것을 보고 싶냐. 장모까지 하려고 한다'며 협박했다. 그래서 사정했다. '모든 말을 다 하겠다. 그렇게만 하지 말라.'"

그의 아버지는 그가 구속된 날 쓰러져 53세의 나이로 세상을 떠났고, 3년 뒤 그의 어머니도 아들을 그리워하다 병사했다. 약혼녀 역시 '간첩을 신고하지 않았다'는 이유로 구속되었다.

사건 발생 39년 후인 2014년, 재심에서 무죄를 선고받은 그는 이렇게 말했다.

"당연히 무죄인데, 그 말을 듣기까지 40년이 걸렸습니다."

황혜헌은 진실·화해를 위한 과거사정리위원회 조사에서 이렇게 증언했다.

"남영동에 연행되자마자 수사관들이 엎드리게 한 채 몽둥이로 구타했다. 두 명이 큰 각목으로 마흔에서 쉰 대를 때려 엉덩이에 멍이 들어 걷지 못했다. 수사관들은 '여기는 간첩 잡는 방첩대다', '너 하나쯤 물에 빠뜨려도 아무 일 없다'고 협박했다. 옆방에서 들려오는 구타와 비명 소리를 계속 듣게 되자, 그들이 말하는 대로 따를 수밖에 없었다."

당시 보안사 수사관 손○○은 진실위 조사에서 이렇게 진술했다.

"그 시절 어느 정도의 가혹행위는 있었다. 수사관에 따라 과격한 조사를 하는 사람이 있었고, 피의자에게 외상이 남지 않게 하라는 상부 지시도 내려왔다. 보안사 지하실은 옆방의 소리가 들릴 수 있는 구조로, 일부러 비명을 질러 겁을 주기도 했다."

피해자는 있지만 가해자는 없는 대한민국

앞서 언급했듯, 1975년 11월 22일의 이른바 '재일교포유학생간첩사건'은 당시 중앙정보부 대공수사국장이던 김기춘이 주도했다. 그는 훗날 노태우 정권에서 법무부 장관과 검찰총장을, 박근혜 정권에서는 대통령비서실장을 역임했다. 이 사건을 비롯한 다수의 공안사건으로 '성과'를 쌓은 덕분에 김기춘은 권력의 중심으로 향하는 탄탄대로를 걸었다.

1990년 검찰총장으로 재직하던 김기춘에게 수여된 '5·16 민족상'의 수상 사유는 다음과 같다.

"김기춘 검찰총장은 1961년 검찰에 투신한 이래 각종 범죄와 부조리 척결에 모범을 보였으며, 공안사범 수사에 헌신해 자유민주체제 수호와 국가안보에 기여하였다. 특히 1970년대 중반 이후 급증한 북한의 우회 침투 간첩 색출에 수사력을 집중하여, 1975년 국내 대학 유학생으로 위장 침투해 학원 시위를 배후 조종한 재일교포 유학생 간첩단

19명을 검거하고, 1977년에는 재일교포 간첩 강모 등 지금까지 간첩 58명과 반국가·안보 위해 사범 240명을 검거, 북한의 대남 공작 역량을 분쇄하는 데 공헌하였다."

그러나 2010년 진실·화해를 위한 과거사정리위원회는 이 사건을 조작 사건으로 결론 내렸고, 2011년 피해자들은 재심을 청구했다. 이어 2014년 재심에서 무죄 판결이 확정되었다. 사건의 피해자 노승일은 이미 2003년 6월, '민주화운동 관련자 명예회복 및 보상심의위원회'로부터 민주화운동 관련자로 인정받았다.

하지만 피해자는 있어도 가해자는 없는 대한민국에서, 김기춘은 단 한 번도 이 사건의 피해자들에게 사과하지 않았다. 그는 2004년 SBS 〈그것이 알고 싶다〉에 출연해 "인권 침해를 해서 간첩을 잡았다면 내가 오늘 이 자리에 있을 수 있겠느냐"고 당당히 말했다. 이후 피해자들이 잇따라 무죄를 선고받자 그는 "나와는 관계없는 일", "기억나지 않는다"고 말했다.

2019년 10월 5일, 김기춘은 이 사건이 아닌 박근혜 정권의 '화이트리스트' 사건으로 1심에서 법정 구속되었다. 그러나 425일 만인 2019년 12월 4일 출소했다.

한편 같은 해 6월, 문재인 대통령은 재일교포 간담회에서 과거 재일교포 유학생 간첩 조작 사건에 대해 공식 사과했다.

장준하는 추락사가 아니다

  나는 생전에 함석헌(1901~1989)에게서 장준하(1918~1975)에 관한 이야기를 귀에 못이 박히도록 들었다. "우리는 참 아까운 인물을 잃었습니다." 함석헌은 늘 그렇게 말하며 아쉬워하고 가슴 아파했다. 그러나 나는 불행하게도 장준하를 직접 만나본 적이 없다. 그의 자서전 《돌베개》를 사후에 감명 깊게 읽었고, 함석헌과 그 지인들이 쓴 글을 통해서만 그를 알았다.

  지금도 잊히지 않는 이야기가 있다. 장준하의 지인인 통일운동가 이행우 선생(1931~2021)이 들려준 일화다. "한 번은 식사 시간에 우연히 장준하 국회의원 집을 방문했는데 깜짝 놀랐습니다. 명색이 국회의원인데 식탁 위에 반찬이 깍두기 하나뿐이더군요." 당시 장준하는 부인과 다섯 남매의 가장이었다. 그러나 국회의원이 된 뒤에도 그는 남을 돕느라 단 한 번도 월급 봉투를 집에 가져온 적이 없었다고 한다.

  나는 노무현 정부 시절 대통령 소속 의문사진상규명위원회에서 근무하며 '장준하 사건 보고서'를 접했고, 관련 기자회견을 지켜보며 그의 인품을 조금 더 깊이 알게 되었다. 장준하는 어떤 사람이었을까. 그는 왜 1975년 박정희 정권 아래에서 의문의 죽음을 맞이해야 했을까. 그리고 그의 사후 반세기가 가까워 오는 지금까지도 우리는 왜 그의 죽음의 진상을 알지 못하는가.

독립운동가, 언론인, 정치인 장준하

장준하는 일제강점기 광복군 활동을 통해 항일 독립운동에 헌신한 인물이었다. 해방 직후인 1945년 9월, 중국 서안에서 광복군 장교로 있던 그는 일본군 출신 박정희를 우연히 만나 꾸짖었다고 전해진다. 이것이 박정희가 장준하에게 평생 열등감을 품게 된 계기 중 하나였다는 일설도 있다.

해방 후 그는 우리나라 최초의 시사지라 할 수 있는 《사상계》를 창간해 민주화와 언론의 자유에 기여했다. 함석헌은 《사상계》를 통해 당대 민중의 마음을 울리는 글을 쓸 기회를 얻었고, 그때부터 두 사람은 바늘과 실처럼 떨어질 수 없는 관계가 되었다.

1967년 신민당 국회의원에 당선된 장준하는 1969년부터 '3선 개헌 반대 투쟁위원회'의 선전부장으로서 박정희의 3선 개헌 반대 운동을 주도했다. 1972년 박정희는 국회를 무력화시키고 언론을 통제하는 유신헌법을 선포했다.

그 이듬해인 1973년 11월, 장준하는 '민주수호국민협의회' 운영위원으로서 서울 YMCA에서 대표위원 함석헌 등과 함께 "민주 질서의 회복을 위해 총궐기하겠다"는 시국선언문을 발표했다. 이어 12월에는 백낙준, 유진오, 김수환, 한경직, 김재준, 함석헌 등과 함께 "평화적 정권 교체를 위해 1972년 10월 17일 유신 이전으로 헌법을 복원해야 한다"며 개헌을 결의했다. 그리고 '개헌 청원 100만 인 서명운동'을 전개하기로 결정했다.

이에 국무총리 김종필은 12월 26일 전국에 중계된 방송에서 "개헌 서명운동 등 소요 선동을 준엄히 다스리겠다"고 경고했다. 나흘 뒤 박정희는 직접 "현 체제를 전복하려는 불순한 움직임을 즉각 중지하라"고 협박했다.

박정희의 경고에도 불구하고 국민의 반유신 열기가 높아지자, 1974년 1월 8일 그는 긴급조치 1호와 2호를 선포했다. 반유신운동의 선두에 있던 장준하는 즉시 긴급조치 1호 위반 혐의로 구속되어 15년형을 선고받았다. 그러나 같은 해 12월, 심장 협심증과 간경화 악화로 형 집행 정지를 받고 석방되었다. 출감 후에도 그는 개헌운동을 멈추지 않았다. 중앙정보부는 그의 자택을 24시간 감시하며 전화 감청과 미행을 계속했다. 그리고 1975년 8월, 제2의 100만 인 서명운동을 준비하던 그는 거사 예정일을 불과 사흘 앞둔 8월 17일, 경기도 포천 약사봉에서 의문사한 채 발견되었다.

추락사 흔적 없는 추락사 발표

당시 검찰은 장준하가 등산 중 추락사한 것이라고 발표했다. 그러나 사체에서는 추락의 흔적을 조금도 발견할 수 없었다. 시신은 발견 당시 반듯하게 누워 있었고, 입고 있던 의복에도 미끄러지거나 긁힌 자국이 전혀 없었다. 사체 주변에 놓여 있던 안경, 등산모자, 가방, 보온병 등도 깨지거나 긁힌 흔적이 없었다. 당시 보온병의 내부는 지금처럼 스테인리스가 아니라 얇은 유리 재질이어서, 작은 충격에도 쉽게 깨지는 물건이었다.

의문사진상규명위원회 조사에 따르면, 1975년 8월 17일 오후 5시경 중앙정보부 요원 몇 명이 사고 현장에 출동해 포천경찰서 이동지서 소속 순경 이아무개에게 "안 본 것에 대해 쓸데없는 말 하지 말라"고 경고했다. 그뿐 아니라 육군 제5군단 헌병대 수사과 속보병과 수사계장이 현장을 확인한 뒤 상부에 보고했고, 제105보안부대장 역시 보안사령관에게 보고하는 등 군 수사기관과 중앙정보부 요원들이 현장에 잇따라 출동해 사건 정황을 파악했다.

사건 처리 과정도 석연치 않았다. 현장검증을 맡은 의정부지청 서아무개 검사는 검안의의 간단한 진술을 들은 뒤 약 5분 만에 검증을 마쳤고, 부검조차 실시하지 않았다. 사건 다음 날 검찰은 목격자 김용환의 진술만을 근거로 추락사로 내사 종결했다. 장준하 변사 사건은 이렇게 졸속으로 마무리되었다.

의문사위 조사 결과, 목격자 김용환의 진술은 시간과 동선상 성립하기 어려운 내용을 담고 있었으며, 사고 당시의 장면이나 사망 경위에 대해서도 일관성과 신빙성이 없었다. 그는 사고 당일 오후 5시경 현장에서 갑자기 사라졌다가 다음 날 새벽 1시, 검사의 현장검증 때 다시 나타났고, 그 사이의 행적 역시 설명되지 않았다. 그가 부인했음에도 불구하고, 사고 당일 오후 3시경 유족에게 전화를 걸어 사고 사실을 알린 사람도 김용환으로 확인되었다.

더구나 당시 중앙정보부 3계장 박아무개는 장준하 관련 정보를 수집하기 위해 사설 정보원(P/A)을 고용한 적이 있다고 진술했으며, 김용환 역시 그중 한 명이었던 것으로 알고 있다고 말했다. 그러나 그를 직접 관리한 요원에 대한 조사는 2004년 의문사위 조사 기한이 만료되면서 이루어지지 않았다. 따라서 김용환이 실제로 중앙정보부의 정보원으로 활동했는지는 확인되지 않았다.

이 사건에는 중앙정보부 요원 외에도 사설 정보원, 프락치, 밀고자 등 다양한 하수인들이 개입했을 가능성이 있다. 그러나 노무현 정부 시절 의문사위가 국가정보원에 이들의 신상 정보 공개를 요청했을 때, 국정원은 국가안보와 개인 인격권 보호를 이유로 단 한 명의 신상도 공개하지 않았다.

무엇보다 당시 중앙정보부를 비롯한 정보·공안기관에는 박정희 정권에 비판적인 장준하와 함석헌 등을 감시하는 전담팀이 존재했다. 그러나 국정원은 이들의 신상 정보 역시 의문사위에 제출하지 않았다. 반면 김대중 납치 사건의 경우, 관련 공작팀의 책임 부서와 인적 정보는 이미 공개되어 있다. 결국 장준하는 죽어서도 국가기관으로부터 차별을 받고 있는 셈이다.

장준하 추모식도 방해한 박정희 정권

의문사진상규명위원회 조사에 따르면, 1970년대 당시 중앙정보부는 장준하의 행적을 지속적으로 감시하고 있었다. 장준하가 의문의 죽음을 당한 직후, 중앙정보부는 사고 현장에 출동한 경찰관에게 압박을 가하고 포천 이동파출소의 변사 기록을 복사해 갔다. 또한 언론 취재 과정에도 개입해 보도를 중단시키거나, 의혹을 제기한 기자를 긴급조치 위반 혐의로 구속하거나 협박했다.

장준하의 사망 이후에도 중앙정보부는 유족들을 끊임없이 감시하고 협박했으며, 심지어 폭행까지 가했다. 장준하의 추모식조차 방해했다. 이러한 사실들은 당시 중앙정보부가 장준하 사건의 은폐와 조작을 위해 지속적으로 개입했음을 분명히 보여준다.

장준하의 일상은 중앙정보부에 의해 시간 단위로 기록되고 보고되고 있었다. 의문사위는 '장준하 사건은 박정희 대통령 보고 사안이었다'는 증언도 확보했다. 그러나 국가정보원에 요청해 받은 일부 자료에는 장준하 의문사 당일의 기록만 다른 문건으로 바뀌어 있거나, 아예 누락되어 있었다.

중앙정보부는 장준하의 사망 당일인 1975년 8월 17일에 단 한 건, 오후 9시경의 '중요 상황 보고'만을 작성해 보고했다고 밝혔다. 매일같이 그의 동향을 보고하던 기관이 정작 사망 당일의 자료만 부인하며 제출을 거부한 것이다.

이러한 국가정보원의 태도는 당시 장준하의 죽음에 중앙정보부가 직간접적으로 개입했음을 오히려 스스로 입증하는 것과 다름없다. 정말 결백하다면 모든 정보를 공개해 의혹을 해소하는 것이 상식적이다. 증거는 감춘 채 결백을 주장하는 것은 설득력이 없다. 그 단순한 논리를 왜 국가정보원만 모르는 것일까.

  한편 의문사위는 장준하의 사체가 발견된 현장에서 실제로 추락했을 경우 어떤 손상이 발생하는지를 확인하기 위해 홍익대학교 최형연 교수 연구팀에 컴퓨터 시뮬레이션을 의뢰했다. 그 결과, 추락 지점으로 지목된 지형에서 열두 가지 추락 자세를 분석한 결과 두부에는 모든 경우에서 최소 세 차례 이상의 충격이 가해져 좌상과 타박상, 골절이 나타났다. 흉부의 경우 열한 가지에서 좌상과 타박상이, 열 가지에서 골절이 발생했다. 또한 둔부와 상지, 하지 가운데 적어도 한 부위에서 골절이 나타나는 경우가 아홉 가지에 이르렀다.

  장준하 사건 재조사해야

  당시 장준하의 시신을 검안한 조철구 의사의 소견서와 유족이 촬영한 시체 사진에 따르면, 두부에는 직경 2센티미터의 함몰 부위가 있을 뿐 두부나 늑골, 팔다리에 골절이 없었고 흉부에도 외상이 없었다. 이는 앞서 실시된 컴퓨터 시뮬레이션 결과와 현저한 차이를 보인다. 의문사진상규명위원회는 이 점을 근거로 장준하가 추락사했다고 보기 어렵다고 판단했다.

  또한 의문사위는 당시 목격자라고 주장한 김용환의 진술과 달리, 장준하가 현장에서 추락해 사망한 것이 아니라 다른 요인에 의해 사망했을 가능성이 높다고 결론지었다. 장준하는 박정희 독재정권의 감시망 속에서도 반독재운동을 지속하며 정보기관의 표적이 되어 있었다. 이러한 상황에서 중앙정보부 정보원으로 의심되는 김용환과 함께 산행을 나갔다가 사망했으며, 이후 사건 처리 과정에도 중앙정보부가 깊숙이 개입했다고 의문사위는 판단했다.

특히 국가정보원은 814쪽에 달하는 장준하 사건 관련 자료를 은폐하다가, 의문사위 활동 종료를 한 달 앞둔 2004년 5월 1일에 이르러서야 뒤늦게 제출했다. 그 결과 이 자료는 조사 기간 만료로 인해 검토조차 이루어지지 못했다.

의문사위는 또 사건 당시 제105보안부대장이 현장을 방문한 뒤 보안사령부 본부에 16절지 분량의 텔레타이프 보고서를 발송했다는 사실을 확인하고, 기무사령부(전 보안사)에 관련 자료를 요청했다. 그러나 기무사는 해당 문서의 존재 자체를 부인했다. 이로 인해 노무현 정부 시절 의문사위는 국가정보원과 기무사 등 국가정보기관의 비협조로 충분한 조사를 진행하지 못했고, 장준하 의문사에 공권력이 개입했는지 여부를 끝내 밝혀내지 못했다.

의문사위 조사관이자 《중정이 기록한 장준하》의 저자인 고상만은 이렇게 말한다.

"결국 진실·화해를 위한 과거사정리위원회법이 다시 제정되어야 장준하 사건에 대한 재조사가 가능하다. 그래야만 장준하 의문사의 진실을 규명할 수 있다."

부마항쟁, 소멸시효는 왜

부마민주항쟁은 1979년 10월 16일부터 20일까지 부산과 마산 지역을 중심으로 벌어진 반유신 민주화운동이다. 1979년 10월 4일, 박정희 정권이 야당 대표 김영삼의 국회의원직을 강제로 박탈하자 이에 항의한 부산대 학생들이 10월 16일 "유신 철폐"를 외치며 시위를 벌였다. 이 시위는 17일부터 시민들이 동참하면서 확산되었고, 18일과 19일에는 마산 지역으로 번졌다.

박정희 정권은 18일 자정, 부산에 계엄령을 선포하고 시위 참가자 1058명을 연행했다. 마산에서도 18일과 19일 사이에 505명이 체포되었다. 이어 20일 자정에는 마산과 창원 지역에 위수령을 발동해, 연행자들을 민간인임에도 불구하고 군사재판에 회부했다.

이른바 '부마항쟁'으로 불리는 이 사건은 불과 6일 뒤인 10월 26일, 중앙정보부장 김재규가 박정희를 살해함으로써 유신독재의 종말로 이어졌다.

당시 계엄사령관 박아무개는 훗날 진실·화해를 위한 과거사정리위원회 조사에서 "그때 공수특전단 1, 3, 5여단과 해병대 1개 연대가 투입되었다"고 진술했다. 국방부 과거사진상규명위원회 조사 결과에 따르면, 당시 부산 일원에 선포된 계엄령에는 총 6615명의 군 병력 중 특전사 2개 여단 2604명이 시위 진압에 투입되었다.

계엄군의 무차별 폭행과 인권침해

가내수공업자였던 김아무개(24세)는 부마항쟁 당시 계엄군에게 무차별 폭행을 당한 경험을 이렇게 진술했다.

"1979년 10월 19일 퇴근 후 부산 구시청 버스정류장에서 버스를 기다리던 중, 버스가 오지 않아 남포동 방향으로 이동하려 하자 계엄군이 제지했다. 내가 '왜 버스를 못 타게 하느냐'고 항의하자 '이 새끼 우리가 누군데'라며 욕설을 퍼붓고, 무장 군인 두 명이 내 어깨를 뒤로 꺾었다. 다른 군인은 '건방진 새끼'라며 진압봉으로 머리와 어깨를 여러 차례 내리쳤다. 바닥에 쓰러지자 군홧발로 복부를 걷어차고 주먹으로 얼굴을 때렸다. 나는 잠시 실신했고, 깨어나 보니 부산시청 정문 옆 골목이었다. 그곳에서 시민 7~8명과 함께 원산폭격을 당했고, 복부 통증으로 휘청거리자 군인은 '엄살 부리지 마'라며 다시 군홧발과 진압봉으로 나를 구타했다."

당시 금은방 직원 전아무개(29세)는 "1979년 10월 18일 저녁 7시경 부산 서면 로터리에서 시위에 참여했는데, 계엄군이 총 개머리판으로 시위대를 무자비하게 구타했다"고 진술했다.

"나는 한독병원 맞은편 군용 차량 뒤로 피신했지만, 계엄군 6~7명에게 포위되어 머리와 얼굴, 팔, 다리를 무차별 폭행당하고 실신했다. 이후 한독병원 응급실로 후송되었으나 치료가 불가능하다고 해 신경외과로 옮겨져 두개골 부위 대수술을 받았다. 그때의 구타로 두개골 함몰분쇄골절을 입었고, 앞니 여러 개가 뽑히거나 부서졌다."

당시 마산경찰서 전투경찰이었던 서아무개는 "직접 시위대를 구타한 적은 없지만, 특전사와 일반 군인들이 마산 시내에서 시민들을 불심검문하다가 불응하면 무자비하게 구타하는 장면을 여러 차례 보았다"고 증언했다.

경남대 3학년 최아무개(24세, 여)는 이렇게 진술했다.

"1979년 10월 18일 3·15탑에서 300~400명의 학우들과 스크럼을 짜고 구호를 외치던 중, 경찰관들이 '요년들'이라며 달려들었다. 그들은 내 치마를 올려 얼굴에 덮고 머리카락을 잡아끌며 시멘트 바닥 위로 질질 끌고 갔다. 치마가 뒤집혀 속옷이 그대로 드러난 채였다."

같은 학교 3학년 옥아무개(22세, 여)는 다음과 같이 진술했다.

"시위대를 바라보고 있던 나를 형사들이 덮쳐 옷을 찢어 내렸다. 머리채를 잡혀 넘어지자 형사 한 명이 바지 안쪽으로 손을 들이밀어 더듬고는 허벅지 부분을 찢었다. 속살과 속옷이 그대로 드러난 상태에서 머리채를 잡혀 질질 끌려갔다."

부산대 3학년 이아무개(21세)는 이렇게 진술했다.

"온천장 파출소 2층으로 끌려가 양손과 양발을 묶고, 손과 무릎 사이에 긴 막대를 끼운 채 거꾸로 매달렸다. 얼굴에는 젖은 수건을 씌우고, 와사비물이 든 주전자를 코에 부으며 '배후를 말하라. 김영삼이 돈을 줬느냐. 누가 시켰느냐'며 추궁했다. 이후 부산 보안부대로 옮겨져 군복으로 갈아입힌 뒤, 발로 차이고 밟히며 폭행당했다."

석방 후 치료받았더니 정신분열증이라고

당시 서점을 운영하던 노아무개(27세)는 진실·화해를 위한 과거사정리위원회 조사에서 이렇게 진술했다.

"1979년 10월 21일 해군보안부대로 연행되었다. 수사관 세 명이 교대로 남민전과의 관련성을 추궁했다. 옷을 벗기기도 했고, 며칠 동안 잠을 재우지 않았다. 내가 앉은 자리의 좌우에는 착검한 총을 든 병사 두 명이 지키고 있었다. 부인하면 수사관은 손으로 얼굴과 몸을 구타했다. 결국 가혹행위를 견디지 못해 남민전의 일원이라고 허위로 진술했다."

외국어대 휴학생 황아무개(27세)는 이렇게 증언했다.

"1979년 10월 16일 시위에 참여했다가 창선파출소 앞에서 검거되어 부산 중부경찰서로 인계된 뒤 반도호텔로 옮겨졌다. 수사관들은 '서울에서 왜 부산까지 내려와 시위를 했느냐', '누가 시키고 돈은 받았느냐' 등을 캐물었다. 내 양팔을 뒤로 수갑 채운 채 욕조에 눕히고 얼굴에 수건을 얹은 뒤, 샤워기로 물을 코에 뿌렸다. 이어 바닥에 엎드리게 하고 가슴에 목침을 대어 묶인 팔을 위로 꺾으며 고문을 했다."

동아대 법대 3학년 이아무개(25세)는 "1979년 10월 20일 연행되어 부산 영도경찰서에서 수사과장으로부터 파출소 손괴 혐의를 추궁받으며 대나무 몽둥이로 구타당했다"고 진술했다.

"10월 24일 무렵 중앙정보부의 국장이라 불리는 사람이 시위 배후에 북한 세력이 있지 않느냐고 추궁했다. 고문을 견디지 못해 허위 자백했다가 다시 부인하면 통닭구이 고문이 계속됐다. 박 대통령이 사망한 10월 26일까지 고문은 멈추지 않았다. 함께 잡혀온 친구 이용수는 고춧가루 고문을 견디지 못해 투신자살을 시도했다. 우리는 알몸으로 고문을 당했는데, 자백하겠다고 하자 풀어주었고 그 순간 이용수가 불투명한 창문을 향해 몸을 던졌다. 창살이 있어 떨어지지 못했지만, 나는 그 장면을 똑똑히 봤다."

부산대 2학년 전아무개(21세)는 "10월 16일 학내에서 유인물 200장을 제작했다는 혐의로 10월 21일 자택에서 연행되었다"고 진술했다.

"동래경찰서에서 40대가량의 경찰관에게 구타를 당했다. '학생이 공부를 안 하고 이런 짓을 하느냐'며 꿇어앉히더니 발길질을 하고 주먹으로 머리와 귀를 때렸다. 귀가 멍해졌지만 당시에는 정신이 없어 심각성을 몰랐다. 이후 왼쪽 귀에 신경성 난청이 생겼고, 구속 기간 중 오른쪽 귀에는 중이염이 악화되었다. 석방 후 부산대병원에서 수술을 받았지만 완치되지 않았다. 현재 왼쪽은 고도 난청, 오른쪽은 중도 난청으로 보청기에 의존하고 있다."

경남대 3학년 정아무개(22세)는 이렇게 진술했다.

"1979년 10월 18일 마산경찰서로 연행되어 간단한 심문을 받은 뒤 유치장에 있었다. 22일쯤 누군가가 '아는 사람이 찾아왔다'고 해 문을 나서자, 누군가가 검은 띠로 내 눈을 가리고 지하실 같은 곳으로 끌고 갔다.

그들은 나를 발가벗긴 뒤 철봉 같은 것에 양팔과 양다리를 묶어 통닭구이 모양으로 만들고, 얼굴에 수건을 덮은 채 물을 부었다. 그 고문 이후 심한 후유증에 시달렸다. 말할 수 없는 자괴감 속에서, 순식간에 저항도 못 한 채 짐승에게 먹힌 고깃덩어리가 되어버린 기분이었다. 석방 후 치료를 받았지만, 의사는 정신분열증이라고 했다."

고문조사 거쳐 계엄군법회의 회부

경남대 3학년 최아무개(24세, 여)는 진실·화해를 위한 과거사정리위원회 조사에서 이렇게 진술했다.

"지하실로 끌려가 옷을 벗기고 팬티만 입은 채 조사를 받았다. '우리는 간첩을 조사하는 곳이다'라는 말을 들었다. 속옷만 입은 나에게 '지금 누가 옷을 벗고 있다, 누가 할래, 서울에서는 어떻게 했느냐'며 겁을 주었다. 내가 남민전과의 관련을 부인하자 '처녀인지 확인해야겠다, 누구를 불러와라'며 협박했고, 뾰족한 막대기로 팬티 위를 찌르거나 하복부를 때리며 '애를 낳지 못하게 하겠다'고 했다.

연행 과정에서 이미 옷이 찢어져 있었는데, 군인들 사이를 지나갈 때마다 그들이 내 가슴과 몸을 만지며 희롱했다. 조사보다 군인들 사이를 오가며 성희롱을 당하는 것이 더 고통스러웠다. 부마항쟁 당시의 성적 인신공격으로 인해 지금도 외상 후 스트레스에 시달리고, 군인들 속을 통과하는 악몽을 꾸곤 한다."

경남대 3학년 옥아무개(22세, 여)는 "19일 새벽, 자신을 검거한 형사가 최아무개와 한쪽씩 수갑을 채워 1층 사무실로 데리고 갔다"고 진술했다.

"사무실은 아수라장이었다. 곳곳에서 구타와 비명 소리가 들렸다. 경찰이 각목과 구둣발로 학생들을 사정없이 때리고 있었다. 나도 땅바닥에 내팽개쳐졌고, 형사는 최아무개의 어깨와 등을 각목으로 내리쳤으며, 내 무릎을 구둣발로 밟았다.

10월 25일에는 눈을 가린 채 지하실로 끌려갔다. 그곳에서 의자에 앉혀 옷을 마음대로 벗기고 입히며 막대기로 찔렀다. 당시 팬티만 입은 채 상의로 티셔츠 하나만 걸치고 있었는데, 모른다고 하자 몸에 찬물을 끼얹고 쇠뭉치를 두드리며 사실대로 말하지 않으면 죽이겠다고 협박했다. 생리 중이었기에 물과 함께 피가 흘러내렸고, 눈을 가린 채 남자들 앞에서 그런 상태로 서 있어야 했다. 극도의 수치심과 공포가 밀려왔다."

마산 경상고 3학년 이아무개(19세)는 "고등학생 신분으로 호기심에 시위에 참여해 돌을 던지긴 했지만, 북마산파출소 습격을 선동한 적은 없었다"고 진술했다.

"경찰관들이 구타하며 추궁하자 겁이 나서 책상 밑에서 손을 내밀고 지문을 찍었다. 몇 번이나 날인했지만 내용은 읽어보지 못했다. 그저 손을 내밀면 경찰이 알아서 했다. 1979년 10월 19일 북마산파출소에 연행되었을 때, 내 등에 '칼'이라고 쓰고 '흉악범'이라 불렀다.

형사 한 명은 볼펜을 내 손가락 사이에 끼우고 구둣발로 밟으며 구타했다. 결국 친구들의 이름을 말했다. 그 일로 친구들도 잡혀왔다. 경찰은 나를 방화수 드럼통에 거꾸로 넣고 '배후가 누구냐'며 추궁했다. 우리 모두 고등학생임을 밝혔지만, 그들은 막무가내로 고문과 폭행을 계속했다."

이러한 고문 조사를 거쳐 1979년 11월 28일, 계엄군법회의는 시위에 참여했다는 이유로 기소된 민간인 87명에 대한 선고 공판을 열었다. 그 결과 20명에게 긴급조치 위반 등의 죄목이 적용되어 징역 5년에서 2년까지의 형이 선고되었고, 이 가운데 5명은 징역 6개월에서 3년까지의 형을 확정받았다.

같은 사건인데 소멸시효를 다르게 본 사법부

2019년 10월 16일, 문재인 대통령은 경남 창원 경남대학교 운동장에서 열린 제40주년 부마민주항쟁 기념식에서 기념사를 했다. 부마항쟁 발생일인 10월 16일은 국가기념일로 지정되어, 이날 정부 주관의 첫 공식 기념행사가 열렸다.

세월이 흘러 사건 발생 31년 만인 2010년, 진실·화해를 위한 과거사정리위원회는 부마항쟁에 대해 다음과 같은 진실규명 결정을 내렸다. "당시 계엄군은 항쟁 진압 과정에서 항쟁과 무관한 시민들까지 구타해 상해 등 인권침해를 가한 점이 인정된다. 최아무개와 옥아무개의 사례에 비추어 경찰 연행 과정에서도 구타 등의 인권침해가 있었을 개연성이 높다. 시위에 참여해 연행된 시민 및 학생들이 배후 혐의 조사와 방화·시위 참여 혐의 조사 과정에서 구타 등 가혹행위를 받았음이 인정된다.”

그런데 부마항쟁 발생 41년 만인 2020년 3월 12일, 피해자 고(故) 고호석 씨의 국가배상 1심 소송에서 법원은 원고 패소 판결을 내렸다. 고인은 골육종암으로 투병하다 2019년 11월 별세했다. 부산지방법원은 손해배상 청구권의 소멸시효(3년)가 경과해 청구권이 소멸했다고 판단했다.

쟁점은 '소멸시효의 기산점'이었다. 고호석 씨는 1979년 항쟁 당시 체포되어 8일간 고문을 당했고, 2016년 8월 부마항쟁 관련자로 공식 인정받았다. 그러나 재판부는 소멸시효의 기산점을 피해자가 관련자로 인정된 2016년이 아니라, 진실화해위원회가 부마항쟁 피해자 구제 필요성을 결정한 2010년 5월로 보았다. 그 결과 2019년에 제기한 청구는 시효가 만료되었다고 본 것이다.

이에 대해 부마민주항쟁재단 측은 강하게 반발했다.

“2019년 6월 부산지방법원 동부지원은 또 다른 피해자 ㄱ 씨의 손해배상 소송에서 국가의 배상 책임을 인정했다. 해당 판결은 소멸시효의 기산점을 피해자가 부마위원회로부터 관련자로 인정된 시점으로 보았다. 동일한 사건에 대해 법원이 서로 다른 기산점을 적용하는 것은 납득하기 어렵다. 이는 대통령이 약속한 명예회복과 보상의 취지에도 역행한다.”

같은 사건에 대해 법원이 소멸시효의 기산점을 달리 정하는 현실은, 피해자 중심주의의 법리를 제대로 구현하지 못하고 있음을 보여준다.

우리 사법부는 언제쯤 동일한 사건에 대해 일관된 기준으로, 피해자 관점에 충실한 판결을 내릴 수 있을까.

고문실의 국가

금영균 목사는 1979년 11월 24일 서울 YWCA 집회, 이른바 'YWCA 위장결혼 사건'에 참여했다는 이유로 보안사에 끌려가 심한 고문을 당했다. 그는 관악경찰서에서 1차 연행된 뒤, 며칠 후 보안사로 이송되어 또 다른 고초를 겪었다.

금 목사의 진술 일부를 재구성하면 다음과 같다.

"수사관들이 '야, 이 목사 XX야, 무릎 꿇어!' 하며 무릎을 꿇게 한 뒤 여섯 명이 달려들어 허벅지와 등, 목을 군홧발로 차며 사정없이 내리쳤다. 쓰러져 기절하자 '이 간나 XX 엄살 떨지 마. 드러누워 다리 들어!'라고 소리쳤다. 그들은 발바닥을 곡괭이 자루 같은 몽둥이로 수십 차례 내리쳤다."

특히 금 목사는 종교적 지위를 비하하는 욕설로 모욕을 당했다고 증언한다. "야, 이 목사 XX야. 하느님이 크게 대답하라지 않냐" 같은 발언이 반복되었고, 수사관들은 그를 풀어주며 "나가서 맞았다고 말하면 다시 끌고 와 죽일 줄 알아라"라고 협박했다.

(김덕룡, 『고문정치학』, 237~238쪽)

나는 그때 한계상황이었다

한명숙 전 국무총리는 1979년 3월 9일, 이른바 '크리스천 아카데미 사건'으로 중앙정보부에 연행되어 모진 고문을 당했다. 이후 법정에서 무죄 판결을 받았지만, 2년 6개월 동안 옥살이를 해야 했다.

"그 기억을 다시 꺼내고 싶지 않다. 말하고 싶지 않지만 간단히 이야기하겠다."

그는 울먹이며 말을 이었다.

"'공산당이면 죽인다. 너 공산당이지? 남편과 어떻게 접선했느냐? 편지가 암호 아니냐? 암호를 풀어라. 배후를 대라. 조직이 뭐냐?'

따귀를 맞고 구둣발에 몰리고, 야전침대의 각목으로 온몸을 맞았다. 살아날 거라고는 생각하지 못했다. 어디를 어떻게 맞았는지도 기억이 나지 않는다. 나중에 일어나 보니 뼈마다 부어 있었고, 온몸이 피멍이었다. 걷지도 못했다. 지하실로 옮길 때 수사관이 나를 부축했다. 나는 자살하고 싶었다. 그리고 그때 완전히 항복했다. '선생님이 시키는 대로 다 하겠다'며 무릎을 꿇고 두 손을 모아 빌었다."

(《1970년대 민주화운동, 기독교 인권운동을 중심으로 4》, 209~210쪽)

다시는 면회 오지 마세요

연세대학교 신학과 76학번이던 김거성 목사(문재인 정부 당시 청와대 시민사회수석)는 1977년 10월 12일, 긴급조치 9호 위반 혐의로 연행되어 고문을 당했다. 그는 훗날 자신의 경험을 이렇게 기록했다.

"강성구를 통해 연락을 받고 기독학생회 사무실에서 만나 연세대 구국선언서를 받아 예배 후 낭독·배포했다가 구속되었다. 2년 가까이 복역한 뒤 석방되었지만, 1980년 광주민주화운동과 관련해 다시 체포되었다. 경찰의 압박과 고문에 못 이겨 전화를 걸어 약속 장소를 정했는데, 노영민은 나와 만나는 줄 알고 나왔다가 '간첩 잡으러 간다'며 출동한 경찰들에게 체포되었다.

우리는 무박 3일 동안 고문을 당했다. 서대문경찰서에서의 20여 일 동안 아침마다 짓무른 엉덩이에 눌어붙은 속옷을 떼어내야 했다. 내 수첩에 적어둔 습작시 '새가 날아가다 총알에 부딪혀 죽었다'는 글이 유언비어 유포로 몰렸다. 고문 상처를 숨길 시간도 주어지지 않아 다시 구류 20일을 살았다."

(김거성 목사, 페이스북, 2017년 9월 23일)

면회를 온 그의 어머니는 쇠창살 너머에서 아들의 얼굴을 보고 말을 잇지 못했다. 멀쩡하던 얼굴은 폭행으로 알아볼 수 없을 만큼 부어 있었다. 그는 어머니에게 이렇게 말했다.

"복학생들을 다 잡아다 놓고 서로 이간질시키는데, 견딜 수가 없어요. 목사가 되려는 내가 대신 뒤집어쓰고 나갈게요. 다시는 면회 오지 마세요."

그로부터 37년이 지난 2014년 5월 1일, 재심에서 김거성 목사 등은 무죄 판결을 받았다.

신고 있던 슬리퍼로 입을 마구 때렸다

서울대학교와 한신대학교 출신의 김경남(1949~2019) 목사는 1973년 최종길 교수 의문사 사건과 관련해 중앙정보부로 끌려가 혹독한 고문을 당했다.

"아침 식사까지 마치고 뒤늦게 동대문경찰서에 갔더니 이미 난리가 나 있었다. 나중에 알게 된 일이지만, 먼저 연행된 친구들이 내가 잡히지 않은 걸로 알고 전부 나를 주범이라고 진술한 것이다. 밤중에 주범을 잡으러 나간 형사들이 다음 날 늦은 아침이 되어서야 돌아오자 경찰 내에서는 안달이 나 있었다.

간단히 신원 진술을 한 뒤, 이미 전날 밤부터 고생하던 정찬욱 씨와 함께 차에 태워져 어딘가로 향했다. 한참을 달려 어느 산중턱 대문 앞에 섰을 때, 정찬욱 씨가 '여기가 그 유명한 중정이구나'라고 중얼거렸다가 옆에 있던 사람이 무자비하게 구타했다. 그제야 나도 '이제 그 악명 높은 중앙정보부에 끌려왔구나' 하는 생각이 들었다. 하지만 실감이 난 것은 2층 수사실에 들어서면서였다.

그들은 아무것도 묻지 않았다. 군용 침대가 놓인 방에 집어넣자마자 알몸을 만들고, 침대 옆에 세워둔 각목으로 가리지 않고 난타했다. 얼마나 맞았는지, 시간조차 알 수 없었다. 통증이 사라질 정도였다. 무감각해진 몸뚱이는 스펀지처럼 그 많은 매질을 저항 없이 받아들였다.

내가 얼마나 심하게 맞았는지 알게 된 것은 나중에 서울구치소로 이감되고 나서였다. 러닝셔츠를 벗자 옆방의 재소자가 '이 친구는 등이 왜 이렇게 시커멓지?'라고 물었다. 내가 볼 수 없던 등 뒤는 먹물을 들인 듯 새까맸다.

중정이 두려웠던 것은 고문의 공포 때문이었다. 그러나 고문이 시작되고 나면 그 공포는 사라졌다. 고통은 처음 한두 번뿐이고, 이후에는 아무것도 생각나지 않는다. 정작 고통스러웠던 것은 남자들 앞에서 알몸이 되는 굴욕이었다. 그리고 그들이 신고 있던 슬리퍼로 내 입을 마구 때릴 때였다. 수치와 모욕, 그것이 진짜 고통이었다. 인간은 인격이 짓밟힐 때 더 아프다는 것을 그때 알았다.”

(《아직 끝나지 않은 죽음》, 최종길추모모임 편, 277~278쪽)

국회의원 물건이 왜 이 모양이야

박정희 정권의 고문은 목사나 기독교인에게만 향하지 않았다. 국회의원조차 '법보다 주먹이 먼저인 세계'를 경찰과 중앙정보부의 어두운 지하실에서 실감해야 했다.

김영삼(1927~2015) 전 대통령의 측근이자 'YS의 오른팔'로 불리던 야당 의원 최형우(1935~2016)는 유신 직후 헌병대와 중앙정보부에서 극심한 고문을 당했다. 때는 1972년 10월 25일, 유신 선포 일주일 뒤였다. 검은 가죽 점퍼를 입은 사복 경찰들이 그의 집으로 들이닥쳤다. 신발도 벗지 않은 채 집안을 샅샅이 뒤지고 서류를 압수한 뒤, 그를 검은색 승용차에 강제로 태웠다.

긴장한 최형우는 애써 농담을 건넸다.

“형사들은 검은색을 좋아하나 봐요. 차도 옷도 다 검정이네.”

그러자 한 형사가 비웃듯 말했다.

"이 새끼 겁대가리 없는 놈이라더니, 소문이 맞구먼."

그들은 곧장 서울 영등포의 한 헌병대로 데려갔다. 도착하자 기다리던 기관원이 소리쳤다.

"최형우 이 새끼! 그동안 잘도 나불댔지. 네가 야당 의원 중 제일 악질이지!"

기관원은 김영삼의 정치자금 출처를 대라며 고문을 시작했다.

"이놈아, 네놈이 아무리 겁대가리 없어도 그 돈줄을 말하지 않으면 이곳을 나갈 수 없어!"

최형우는 훗날 자서전에서 이렇게 회고했다.

"그들은 나를 발가벗겨 놓고 구둣발로 짓밟았다. 두 손을 깍지 끼게 한 뒤 포승줄로 묶고 얼굴에 물을 들이부었다. 죽지 않으려면 물을 삼켜야 했다. 물을 먹인 뒤에는 전기봉으로 몸을 지졌다. 수치심으로 피가 거꾸로 솟는 것 같았다."

그는 끝까지 '모른다'고 버텼고, 일주일 만에 만신창이가 된 채 풀려났다. 그러나 그것으로 끝이 아니었다. 같은 해 10월, 박정희의 3선 개헌 음모를 폭로한 혐의로 그는 다시 중앙정보부에 끌려갔다.

"10월 25일 밤 11시, 건장한 남자 여섯 명이 들이닥쳤다. 장롱은 물론 여자 속옷까지 모조리 뒤졌다. 그들은 나를 검은색 차에 태워 한강변을 달렸다. 전에 당했던 고문의 공포가 몰려와 다리가 떨렸다."

그가 들어간 방은 시멘트 바닥에 책상 두 개와 의자 몇 개가 어지럽게 놓인 좁은 공간이었다. 벽에는 각목 몇 개가 세워져 있었고, 바닥에는 핏자국이 군데군데 얼어붙어 있었다.

"이 새끼가 최형우야? 악질이라더니 인상 더럽게 생겼네!"

욕설과 함께 옷을 벗기고 구둣발로 짓밟았다. 기절과 의식 회복이 반복됐다.

그들은 "물 좀 먹여야겠다"며 그를 완전히 벗긴 채 거꾸로 매달았다. 통닭구이라는 말이 이런 데서 나왔다. 주전자로 얼굴에 물을 붓고, 타월로 코와 입을 막았다. 숨을 쉬려면 물을 삼켜야 했다. 배가 터질 듯 부풀고, 고통이 극에 달하면 기절했다. 정신을 차리면 다시 시작됐다.

전기 고문이 이어졌다. 물에 젖은 몸 위로 전류가 흐를 때마다 피부가 찢어지는 듯한 통증과 함께 의식이 끊겼다. 고문과 기절, 신문이 끝없이 반복됐다. 살고 싶다는 본능과 양심 사이에서 갈라지는 절망 속에서 그는 스스로에게 말했다.

"이제 더 버틸 수 없다. 차라리 죽어버리고 싶다."

수사관들은 그의 국회 발언 출처를 캐물었지만, 그는 끝내 입을 열지 않았다.

가장 수치스러웠던 것은 성고문이었다.

"그들은 내 국부를 가리키며 '국회의원 물건이 겨우 저거냐', '왜 이 모양이야'라며 핀셋으로 찌르고 잡아당겼다."

분노와 수치심으로 몸이 떨렸지만, 그는 저항할 수 없었다.

그는 3주 동안 외부와 완전히 단절된 채 고문을 당했다. 고통과 기절, 수치와 분노가 반복됐다. 살아 있다는 사실이 오히려 절망처럼 느껴졌다.

"한 번만 더 고문을 받으면 다 말해버릴 것 같았다. 나도 모르게 하느님을 찾았다. 신자는 아니었지만 마음속에 십자가를 세웠다.

'아, 어떻게 해야 합니까. 저는 더 이상 버틸 수가 없습니다.'"

그는 하느님을 향해 울부짖으며 매달렸다. 다행히 끝내 양심을 저버리지 않고 풀려났지만, 몸은 상처투성이였다.

(김덕룡,《고문정치학》, 230~236쪽, 1988)

이것이 박정희 정권 시절 대한민국의 실상이었다.

박정희 독재의 후유증을 고발한다

박정희 독재 정권의 후유증은 한국 현대사에 막대한 피해를 남겼다. 박정희는 친일 세력의 등용 문제뿐 아니라, 지금까지도 한국 사회를 병들게 하고 있는 정치적 지역감정, 그리고 군사독재의 유산인 획일적 사회 풍토를 만들어냈다. 더욱이 박정희 정권기의 '영원한 2인자'였던 김종필(1926~2018)은 1961년 6월 중앙정보부를 창설함으로써, 한국 사회를 민주주의에서 후퇴시키고 개인의 사생활이 철저히 무시되는 통제국가, 경찰국가를 만드는 데 결정적으로 기여했다.

박정희 정권은 처음부터 합법성이 결여된 쿠데타로 집권했으며, 정권의 정당성을 비판하거나 반대하는 세력을 감시와 고문, 협박으로 제압했다. 박정희는 1961년 무력으로 정권을 찬탈하자마자 국회를 해산했고, 일제강점기 이래 처음으로 모든 정치·집회 활동을 금지했다. 같은 해 말에는 3천 명이 넘는 정적이 체포되었다.

그가 일으킨 5·16 쿠데타는 우리 정치에 새로운 국면을 열었다. 그것은 정치와 사회 전반에서 개성과 독창성이 억압되고, 전체주의적·획일적 질서가 강화되는 결과를 낳았다. 박정희는 계엄령 없이는 통치할 수 없는 지도자였다. 오늘날 여러 부조리가 여전히 존재함에도 불구하고, 그 이후의 정권들이 박정희 시대와 비교할 수 없을 만큼 나은 점은, 계엄령이나 '국가원수 모독죄' 없이도 국가를 운영할 수 있다는 사실이다.

언론의 자유와 집회의 자유를 억압한 박정희 정권은 여러 면에서 일제 식민지 통치와 닮아 있었다. 그는 민주주의의 기본 원칙인 시민의 정치 참여와 국민투표를 비효율적인 낭비로 여겼다.

1963년 3월, 박정희는 약속을 깨고 군정을 4년 더 연장하겠다고 발표했다. 이 발언은 국내외적으로 거센 반발을 불러일으켰다. 결국 한 달 뒤인 4월 8일, 그는 군정 연장 계획을 철회하고 자신은 출마하지 않겠다고 밝혔다. 그러나 그는 다시 한 번 국민과의 약속을 저버리고 대선에 출마해 결국 권력을 손에 넣었다.

그가 만든 공화당은 한마디로 독재 정당이었다. 박정희는 문민정부나 국민의 정부, 참여정부 같은 개념 자체를 의심했고, 국민의 대표 기관인 국회를 불신했다. 1967년 대선을 치른 그는 간신히 재선에 성공했지만, 야당과 학생들은 그 선거를 '부정선거'라 규탄했다. 박정희는 결국 전국 31개 대학과 136개 고등학교에 휴교령을 내려 정권을 유지했다.

일제가 식민지 시절 '경제 제일주의'를 내세워 한반도를 통치했던 것처럼, 박정희는 '중단 없는 전진'과 '경제 성장'을 최고의 가치로 삼았다. 일제가 주창했던 군관민 체제, 부국강병, 반공, 서민의 탈정치화라는 이념은 박정희 정권에서 다시 등장했다. 그는 자신의 임기가 4년임을 잊은 듯, 중앙집권적 경제개발 5개년 계획을 밀어붙였다.

 1961년부터 1971년 사이 남한의 GNP는 연평균 8.7% 증가했고, 수출은 매년 36%씩 늘어났다. 1972년부터 1978년까지 남한의 GNP 연평균 성장률은 10%를 웃돌았다. 1961년부터 1978년 사이 국민 1인당 소득은 240% 증가했다.

 박정희 정권기, 성장과 함께 사회 양극화 더욱 심화

 남한의 급속한 경제성장은 동시에 급격한 인플레이션을 동반했다. 1962년부터 1971년 사이 도매가격은 연평균 12% 상승했고, 1972년부터 1979년 사이에는 연평균 18% 증가했다. 성장과 함께 부익부 빈익빈 현상은 더욱 심화되었다. 소득 분배를 살펴보면, 1965년 최하위 30% 근로자의 전체 소득 비율은 19.3%였으나 1975년에는 16.9%, 1980년에는 16.1%로 꾸준히 하락했다. 국가경제는 성장했지만 부의 분배는 이루어지지 않았고, 상대적 빈곤층은 오히려 늘어갔다.

 흔히 1960~70년대 남한의 급속한 경제성장을 '기적'이라 부르며 박정희와 정주영(1915~2001)을 함께 언급한다. 그러나 이 시기에 반드시 함께 거론되어야 할 인물은 전태일(1948~1970)이다. 경제개발계획이 추진되면서 산업구조가 급속히 재편되고 농촌이 붕괴되자 도시

노동자가 폭발적으로 증가했고, 그에 따라 빈부격차와 노사 갈등도 격화되었다. 사회적 불균형이 확대되는 가운데 박정희 정권은 노동 문제에 편파적으로 개입했다. 이에 노동자들은 열악한 근로조건 개선, 민주노조 결성, 임금 인상 등을 요구하며 저항에 나섰다.

1970년대 초반에 발생한 전태일 분신 사건, 동일방직 사건, YH무역 농성 사건 등은 노동 문제에 대한 시민 인식을 근본적으로 바꾸는 계기가 되었다. 청계천 평화시장의 재단사로 일하던 전태일은 피를 토하며 쓰러지는 동료들을 지켜보며 깊은 연민과 분노를 느꼈다. 그는 《근로기준법》을 구해 읽고 노동자의 권리가 법에 명시되어 있음을 확인했지만, 현실에서 법은 존재하지 않는 것이나 다름없었다. 작업환경 개선을 위해 애썼으나, 기업주와 정권의 강고한 유착관계 속에서 모든 시도는 좌절되었다. 결국 그는 자신의 몸에 휘발유를 끼얹고 불을 붙이는 '산 제사'를 올림으로써, 노동자의 현실을 세상에 폭로했다.

1970년대 초, 나의 큰어머니는 동네 앨범공장에서 하루 12시간 이상 일했다. 과중한 노동으로 건강이 악화되어도 쉴 수 없었다. 하루를 쉬면 사장은 사흘 치 임금을 임의로 삭감했다. 그러나 이러한 부당한 노동에 저항할 길은 없었다. 그것이 박정희가 내세운 '조국 근대화'였고, 그가 자랑한 '선진 조국'의 실상이었다. 시민의 권리 신장과 무관한 경제성장은 기득권층과 가진 자들만의 축제였을 뿐이다.

근로자의 노동조건 개선이나 사회복지 제도 도입과 같은 발상은 박정희에게 '좌익적'으로 간주되었다. 그는 반공 이데올로기를 정권 정당화의 핵심 수단으로 삼았다. 박정희를 비판하는 행위는 곧 '자생적 공산주의자', '빨갱이'로 낙인찍혔다. 건전한 비판은 설 자리를 잃었고, 사회는 '적과 동지'로 양분되는 이분법적 흑백논리에 사로잡혔다.

제2 집권기에 들어서자 박정희는 이승만(1875~1965)의 전철을 밟았다. 시민사회의 반대를 무릅쓰고 독자적으로 삼선개헌을 추진한 것이다. 1971년 대선에서 그는 간신히 김대중(1924~2009)을 누르고 승리했지만, 도시 지역에서는 오히려 김대중이 51.4% 대 44.9%로 앞섰다. 박정희는 이 결과에서 국민의 배신을 느꼈던 듯하다. '중단 없는 전진', '경제성장', '민족중흥의 영웅'인 자신을 이렇게 대우하다니, 분노와 배반감이 그의 인식을 지배했을 것이다.

대선 직후인 1971년 4월 27일, 그는 국가비상사태를 선포하고 계엄령을 발동했다. 겉으로는 중국의 유엔 안보리 상임이사국 진입을 이유로 내세웠지만, 실제 목적은 정권 유지였다. 당시 《뉴욕타임스》는 이를 다음과 같이 논평했다.

"미국 국무부와 주한 미 대사관은 박 대통령이 말한 위협의 징후를 전혀 감지하지 못했다. 그가 두려워한 것은 군사적 도발이 아니라, 오히려 국제 간 데탕트(화해 무드)였을 것이다."

(1971년 4월 28일자 《뉴욕타임스》 사설)

국회를 해산한 박정희

〈뉴욕타임스〉의 지적에도 아랑곳하지 않고, 박정희는 1971년 10월 마침내 '국가 안보'를 명분으로 유신을 선포했다. 유신체제는 그에게 사실상 무제한의 권력을 부여했다. 그는 비상계엄을 임의로 선포할 수 있었고, 국회를 해산한 뒤 허수아비 입법기관인 통일주체국민회의를 만들어 입법권을 장악했다.

국회 해산과 동시에 김대중, 김영삼 등 야당 정치인들은 하루아침에 체포·구금되었다. 박정희는 여기에 그치지 않고 통일주체국민회의 대의원 3분의 1을 자신이 직접 임명할 수 있는 권한을 스스로 부여했다. 이어 비상사태를 연속적으로 선포하며 언론의 자유를 억압하고, 학생운동과 지식인의 비판에 족쇄를 채웠다. 급기야 여덟 명의 지식인에게 사형을 선고해, 국가 권력이 고귀한 생명을 직접 앗아가는 사태에 이르렀다.

유신은 박정희 독재 체제를 형식적으로나마 합법화했고, 그에게 영구집권의 길을 열어주었다. 이 과정에서 그가 내세운 통치 이념이 이른바 '충효 논리'였다. 국가는 곧 박정희 자신이었고, 국민에게 요구된 덕목은 무조건적 충성이었다.

1973년에는 야당 지도자 김대중이 중앙정보부 요원들에 의해 일본에서 납치되어 살해 위기를 넘긴 뒤 중정 지하실로 끌려오는, 국제사회에서도 충격을 받은 사건이 발생했다. 1974년 1월에는 긴급조치 1호와 2호가 선포되었다. '국가 안보와 공공의 안녕 질서가 위태롭다'는 이유였다. 이 조치로 정권을 비판한 사람은 누구든 최고 징역 15년형을 선고받을 수 있게 되었다. 당시 긴급조치 위반으로 장준하(1918~1975), 김동길(1928~2022) 등 수많은 인사가 실형을 선고받았다.

정치 토론을 불법화시킨 박정희

박정희는 긴급조치를 이용해 정치 토론 자체를 불법화했다. 역사는 도전과 응전을 통해 발전한다는 민주주의의 기본 원리를 그는 끝내 받아들이지 못했다. 어떠한 형태의 비판도 용납하지 않았고, 반대 의견은 곧 국가 전복 시도로 규정되었다.

함석헌(1901~1989)을 비롯한 재야 인사들은 기도회와 평화행진으로 독재에 맞섰다. 그러나 1975년, 박정희는 긴급조치 9호를 선포했다. 이제는 유신체제는 물론, 박정희 자신이나 긴급조치를 비판하는 행위 자체가 범죄가 되었다.

하늘 아래 완전한 인간은 없다. 그럼에도 한 인간이 비판받을 권리조차 부정한다면, 그것은 개인의 비극을 넘어 사회 전체의 불행이 된다. 1978년에서 1979년에 이르러 박정희는 사실상 "나 한 번 더 하게 해달라"며 4선을 준비했다. 그러나 이에 맞선 시민들의 저항은 오히려 더욱 거세졌다. 권력에 중독된 인간이 얼마나 비루해질 수 있는지를 보여주는 장면이었다. 경제 성장의 논리 아래에서 분배에서 배제된 시민들의 분노는, 이제 그가 어떤 수단을 동원하더라도 통제할 수 없는 수준에 이르렀다.

엎친 데 덮친 격으로, 그는 1979년 김대중을 '빨갱이'로 조작해 사형을 선고했다. 그러나 국내외의 거센 압력으로 판결은 집행되지 못했다. 그해 10월, 박정희는 야당 지도자 김영삼의 국회의원직을 박탈하고 국회에서 강제로 추방했다. 이 조치는 부산과 마산에서 대규모 항쟁을 촉발했고, 그는 다시 계엄령을 선포했다.

당시 그의 최측근이었던 차지철(1934~1979)은 "각하, 탱크로 50만 명을 깔아 죽이더라도 정권을 유지하셔야 합니다" 라는 말을 서슴지 않았다. 그런 인물을 곁에 두고 국가의 비상사태를 논의했다는 사실 자체가, 이미 정권의 말기를 상징한다. 결국 1979년 10월 26일, 박정희는 술자리에서, 차지철은 화장실에서 총탄을 맞고 즉사했다. 한 시대의 종말은 이렇게 추하고도 허무하게 막을 내렸다.

그런데도 독재자 박정희의 추종자들은 여전히 그를 '위인'으로 칭송하며 동상 건립을 추진했다. 그리고 끝내 그의 동상은 세워졌다. 결코 있어서는 안 될 일이었다. 고 노무현(1946~2009) 대통령의 말처럼, "사람이라면 좀 부끄러운 줄 알아야 한다."

그 부끄러움을 잃는 순간, 1979년에 벌어진 비극의 역사는 언제든 다시 반복될 수 있다.

박정희의 오른팔, '독실한' 기독교인 차지철

박정희와 최후의 순간까지 함께한 차지철(1934~1979)의 생애는 극적인 대비로 가득하다. 그는 경기도 이천의 시골 농가에서 주막집 주모의 아들로 태어났다. 어머니 김씨는 '지' 씨 성을 가진 남편과의 사이에서 딸 셋을 낳은 뒤, 인근 마을의 차씨 집으로 재가해 차지철을 낳았다. 가부장제가 절대적이던 1930년대, 딸 셋을 둔 뒤 재가한 여성과 그 자식이 온전한 사회적 존중을 받기란 거의 불가능에 가까웠다.

차지철은 아버지의 얼굴조차 제대로 알지 못한 채 성장했고, 이복형들로부터는 노골적인 냉대와 모욕을 겪었다. 그러나 불과 30여 년 뒤 그는 최연소 국회의원이 되었고, 다시 10여 년 후에는 사실상 국가 권력의 '2인자' 자리에까지 오른다. 외형만 놓고 보면 전형적인 자수성가 신화였다.

하지만 그의 내면에는 끝내 지워지지 않는 '출생의 비밀'과 열등감이 자리하고 있었다. 초등학교와 중학교 시절 그는 또래들과 어울리지 못하고 늘 혼자 지냈으며, 그 고독을 견디기 위해 격투기에 몰두했다. 고등학교 동창 허봉의 증언에 따르면, 그는 말수가 적고 다툼을 피하는 온순한 학생이었다.

용산고등학교 졸업 후 가정형편과 성적 문제로 대학 진학을 포기한 그는, 6·25 전쟁 말기인 1953년 사병으로 입대했다. 이듬해 육군사관학교 12기 시험에 응시했으나 낙방했고, 대신 간부후보생 과정을 거쳐 소위로 임관했다. 이 '육사 낙방'은 그에게 깊은 상처로 남았고, 이후 병적이라 할 만큼 강함과 카리스마에 집착하게 되는 계기가 되었다.

대위 시절, 새벽 산에 올라 일출을 바라보며 부하에게 이렇게 말했다는 일화가 전해진다.

"내가 왜 이렇게 강해졌는지 알아? 고독을 씹으며 자랐기 때문이야. 내 인생엔 아버지도, 형도 없어. 어머니만 있어."

1957년 그는 대위 신분으로 미국 포병학교에 유학을 갔다. 태권도 5단, 합기도 5단, 검도 3단 등 총 13단의 무술 실력을 갖춘 그는, 인종차별적 태도를 보이던 미군 장교를 맨손으로 제압했다는 일화가 있을 만큼 무예에 집착적일 정도로 몰두했다.

1960년 보병학교를 졸업한 그는 공수단 대위로 복무했고, 1961년 박정희의 5·16 군사쿠데타에 적극 가담하면서 인생의 방향이 급격히 바뀌었다. 만 29세의 나이에 박치옥 공수단장의 소개로 박정희의 경호장교가 되었고, 이는 그가 권력의 핵심으로 진입하는 결정적 계기가 되었다.

1962년, 그는 육군 중령으로 예편한 뒤 민주공화당 상임위원을 지내며 정치인의 길로 들어섰다. 이후 차지철은 박정희의 절대적 신임을 받는 '오른팔'로 성장했고, 그 충성과 폭력성은 유신체제 말기의 비극을 상징하는 인물로 남게 된다.

학·석·박사를 3년 만에 취득한 차지철 국회의원

권력, 학위, 그리고 열등감의 보상 심리

박정희의 후광 아래 차지철은 1963년, 서른의 나이에 민주공화당 전국구 후보로 출마해 제6대 국회의원이 되었다. 정치적 성공과는 달리, 그는 자신의 출생 배경과 육군사관학교 12기 낙방이라는 이력을 끝내 극복하지 못했다. 국회의원이 된 바로 그해, 그는 국민대학교 정치학과에 입학했고 같은 해 학사 학위를 취득했다.

행보는 거기서 멈추지 않았다. 1964년에는 한양대학교 대학원에서 정치학 석사 학위를, 1965년에는 다시 정치학 박사 학위를 받았다. 불과 3년 만에 학사·석사·박사 학위를 모두 취득한 것이다. 당시 그는 국회의원 신분을 유지한 채 학업을 병행하고 있었으며, 여당 핵심 인사에게 주어지는 특권이 작용했을 가능성을 배제하기 어렵다.

1964년 3월, 한일회담 반대 시위가 전국적으로 확산되자 경찰은 시위 참가자 180여 명을 연행해 구속영장을 신청했다. 그러나 영장 담당 판사가 일부를 기각하자, 이튿날 새벽 총기로 무장한 수도경비사령부 1공수 부대 병력이 서울형사지법에 난입하는 초유의 사태가 벌어졌다. 당시 이 사건과 관련해 최영도 변호사는 훗날 "차지철이 배후에 있었던 것으로 의심했으나, 이를 입증할 증거는 없었다"고 회고했다.

같은 시기 차지철은 박정희의 지시에 따라 월남전 파병에 반대하는 관제 데모를 주도했다. 박정희는 "국내 반대 여론이 클수록 미국과의 협상에서 유리하다"는 논리를 폈고, 차지철은 이에 충실히 응했다. 그는 국회에서 월남전 관련 자료를 인용하며 다음과 같이 발언했다.

"월남의 특권층 자식들은 대부분 외국으로 도망가 있는데, 우리 청년들이 그들을 대신해 죽음 앞에 나서는 것은 말이 안 된다."

박정희의 의중을 누구보다 정확히 파악하고, 하나를 지시하면 둘을 실행하는 충성심은 차지철이 신뢰를 얻는 결정적 요인이었다.

1966년, 학문적 외피를 통해 열등감을 일정 부분 보상받았다고 느낀 그는 또 다른 신분 상승의 통로로 결혼을 선택했다. 상대는 미모와 명문가 배경을 갖춘 20대 중반의 여성이었고, 국회의원을 지낸 부친을 둔 집안 출신이었다. 두 사람은 만난 지 한 달 만에 결혼을 약속했고, 주변의 만류에도 불구하고 몇 달 만에 결혼식을 올렸다. 그러나 결혼 생활은 6개월을 넘기지 못했다.

이 무렵부터 차지철은 기독교 신앙에 깊이 몰입하기 시작했다. 불우한 출생, 학력 콤플렉스, 실패한 결혼이 남긴 내적 공허를 메우기 위한 선택이었을 가능성이 크다.

1967년 그는 민주공화당 지역구 후보로 제7대 국회의원에 당선되었다. 외형상 승승장구였지만, 내면에는 여전히 성장기의 상처와 분노가 남아 있었다. 그는 서자 출신이라는 이유로 아버지 이야기를 거의 하지 않았고, 7대 국회의원 당선 이후 찾아온 이복형을 "나에겐 형이 없다"며 문전박대했다는 일화도 전해진다.

1969년, 그는 서른다섯의 나이에 국회 외무위원회 최연소 상임위원장이 되었고, 1971년 제8대 국회의원에 당선되어 국회 내무위원장을 맡았다. 정치적 상승 곡선은 가팔랐지만, 열등감은 사라지지 않았다.

국회 내무위원장 시절의 한 일화는 그의 성격을 상징적으로 보여준다. 군 선배이자 친분이 있다고 여겼던 김현옥 내무장관이 인사차 방문하며 "어이, 차 박사"라고 부르자 그의 표정은 즉각 굳어졌다. 이후 두 사람만 남은 자리에서 어떤 대화가 오갔는지는 알려지지 않았지만, 그 뒤 김현옥은 다시 그를 만났을 때 두 손을 모으고 극도로 공손한 태도를 보였다고 전해진다.

차지철은 특히 비육사 출신 장교들을 각별히 챙겼다. 그는 비육사 출신 장교 10여 명이 모이면 직접 찾아가 금일봉을 전달하고 바비큐 파티를 열어 격려했다. 이는 육사 낙방 경험이 남긴 열등감의 또 다른 표출이었다.

1973년 제9대 국회의원에 당선된 그는 다시 국회 내무위원장을 맡았다. 같은 해 재일교포 문세광의 총탄에 육영수가 사망하자, 경호실장 박종규가 물러났고 차지철은 그 후임으로 대통령 경호실장에 임명되었다.

이때부터 그는 사실상 무소불위의 권력을 행사했다. 경호실장의 지위를 차관급에서 장관급으로 격상시키고, 현역 중장·소장을 경호차장으로, 준장을 차장보로 임명하는 새로운 체계를 만들었다. 비상시에는 수도경비사령부를 지휘할 수 있도록 관련 법령까지 개정되었다.

비천한 출생, 육사 낙방, 결혼 실패가 남긴 열등감과 외로움은 그를 더욱 폐쇄적이고 과도한 권력 집착으로 몰아갔다. 그는 경호실 훈련 때마다 군복을 입고 수도방위사령관 등 현역 장군들을 지휘했으며, 이 시점부터 박정희 정권은 내부로부터 균열과 붕괴의 길로 접어들기 시작했다.

히틀러의 SS 제복을 베낀 차지철
경호를 넘어 '사적 군대'를 꿈꾸다

차지철은 대통령 경호실 산하 군인들에게 히틀러의 친위대, SS 제복을 본뜬 특수 제복을 착용하게 했다. 경호실은 더 이상 단순한 대통령 신변 보호 조직이 아니었다. 그것은 점차 박정희 개인에게 충성하는 사적 무장 조직으로 변모해 갔다.

차지철은 일주일에 한 번씩 군대 사열식에 준하는 국기 하강식을 거행했다. 장차관과 군 장성들을 일렬로 세워놓고 직접 의식을 주관했으며, 이 과정은 경호의 필요를 넘어 자신의 권력과 위상을 과시하는 의례에 가까웠다.

그는 경호실의 역할을 이렇게 규정했다.

"경호실은 각하의 신변만을 보호하는 곳이 아니다. 각하가 도전을 받아 자리에서 물러나게 되면 우리 경호실은 무슨 소용이 있는가. 경호실은 각하의 자리까지도 보위해야 한다."

이 발언에는 명확한 논리가 담겨 있었다. 경호실장은 단순한 보좌자가 아니라, 대통령의 권력 자체를 지켜내는 존재이며, 그 과정에서의 월권은 정당화될 수 있다는 사고였다. 대통령 개인의 안위와 국가 체제가 동일시되는 순간, 경호실은 민주적 통제 밖의 조직이 된다.

차지철은 정보 독점에도 강박적으로 집착했다.

"모든 정보는 반드시 대통령 경호실을 거쳐야 한다."

그의 원칙이었다.

그는 장관들에게 대통령 결재 문서를 하루 전에 반드시 경호실에 제출하라고 지시했다. 장관들이 이유를 묻자, 그는 일본 메이지유신 시기의 일화를 들었다.

"왕에게 올리는 문서 귀퉁이에 독약을 발라놓아, 왕이 손가락에 침을 묻혀 문서를 넘기다 독살될 뻔한 적이 있다."

표면적으로는 대통령 안전을 위한 조치였다. 그러나 실제로는 박정희에게 보고되는 모든 문건을 사전에 검열하고 통제하기 위한 장치였다. 이로써 차지철은 청와대 내부의 기밀과 주요 정책 정보를 대부분 손에 쥐게 되었다.

권력 의식은 일상에서도 노골적으로 드러났다.

"각하를 제외하고 나보다 앞설 수 있는 사람은 없다. 누구의 승용차도 내 차를 앞설 수 없다."

그는 이렇게 공언했다.

박정희의 외출 때마다 의전팀은 그의 요구로 극심한 혼란을 겪었다. 청와대 공식 회의에서도 그는 늘 대통령 바로 옆자리에 앉았고, 직제상 상위였던 비서실장보다 먼저 자리를 차지했다. 공식 서열은 그의 앞에서 무력했다.

경호실 내부에서 차지철의 권력은 더욱 강화되었다. 그는 경호실의 영향력을 발판 삼아 군 내부 인사에도 개입했다. 자신과 뜻이 맞지 않거나 견제할 가능성이 있는 장군들은 배제했고, 충성심을 보이는 인물들을 군 요직에 배치했다. 이렇게 경호실은 '국가 안의 또 하나의 권력 기관'으로 비대화되었다.

그가 가장 먼저 제거 대상으로 삼은 인물은 전임 경호실장 박종규였다. 박종규는 5·16 쿠데타 당시 박정희와 함께 목숨을 걸었던 최측근이자, 차지철을 정치권으로 이끌어준 인물이었다. 그러나 박종규는 후임 경호실장으로 차지철이 아닌 다른 인물을 추천했다. 차지철의 저돌적이고 다혈질적인 성격이 대통령 신변을 맡기에는 위험하다고 판단했기 때문이다.

이 판단은 차지철의 깊은 분노를 불러왔다. 그는 경호실장에 취임하자마자 박종규의 영향력을 철저히 지우는 데 주력했다. 과거의 인연이나 은혜는 고려 대상이 아니었다. 차지철에게 충성의 대상은 오직 박정희 한 사람뿐이었고, 그 외의 모든 관계는 필요에 따라 제거될 수 있는 것이었다.

이 시점부터 박정희 정권의 권력 구조는 심각하게 왜곡되었다. 대통령을 보호한다는 명분 아래, 경호실장은 스스로를 국가 권력의 핵심으로 자리매김했고, 그 비대화된 권력은 결국 정권 내부의 파국으로 이어졌다.

독실한 기독교인 차지철은 박정희의 바람기를 잠재웠나

박정희는 생전에 육영수의 권유와 김정렴 비서실장의 추천으로 차지철을 발탁했다. 육영수는 박정희의 끊임없는 여색 문제에 지쳐 있었다. 술과 담배를 멀리하고 신앙심이 깊은 차지철이라면 남편의 방종을 어느 정도 제어할 수 있으리라 기대했다. 김정렴 역시 "차지철은 충성심이 두텁고 무술에 능하며, 국회의원으로 재직 중에도 박사학위를 받을 정도로 성실하다"는 점을 들어 그를 추천했다.

그러나 경호실장이 된 차지철은 곧 독자적인 정보망을 운영하며 중앙정보부장 김재규의 권한을 침해하기 시작했다. 그는 직접 야당 신민당을 상대로 정치 공작을 벌였고, 박정희에게 보고가 올라갈 때마다 반드시 자신이 배석해야 한다고 주장했다. 이에 대해 김재규는 "내가 그래도 중장 출신인데, 저 대위 출신과 옥신각신하겠나"라며 불쾌함을 감추지 못했다.

김정렴이 비서실장으로 재임하던 시기까지만 해도 차지철은 비서실 업무에 깊이 개입하지 못했다. 그러나 1979년 김계원이 비서실장으로 부임하면서 상황은 급변했다. 차지철은 이제 비서실 업무에까지 노골적으로 간섭했다. 한 번은 "최규하 국무총리에게 전화를 연결하라"고 지시해 놓고도 정작 수화기를 들지 않은 채 상대를 대기시키기도 했다.

이 무렵 차지철에게는 '박정희를 제외하고는 자신보다 높은 사람은 없다'는 인식이 굳어져 있었다. 사람들은 그를 '부통령 각하', '북악산의 2인자'라고 불렀다. 정부 각료와 공화당 고위 인사들 사이에서는 불만이 쌓여 갔지만, 박정희의 맹목적인 총애 앞에서 누구도 공개적으로 직언하지 못했다.

유신 말년인 1979년 무렵, 박정희의 곁에는 사실상 차지철 한 사람만 남아 있었다. 김종필, 이후락, 김형욱, 신직수, 박종규 등 과거의 핵심 인물들은 모두 멀어졌고, 김재규조차 박정희의 일방적인 차지철 편애 속에서 깊은 소외감을 느끼고 있었다.

그 결과 유신체제의 마지막 시기, 박정희와 차지철은 거의 한 몸처럼 움직였다. 권력의 방향은 오직 두 사람에게 집중되었고, 체제 유지를 위해 끝까지 나아가겠다는 의지를 공유한 인물도 이들뿐이었다. 이러한 상황 속에서 "차지철이 차기 후계자로 지목되었다"는 소문이 정치권 안팎에 퍼졌다. 그는 실제로 대권을 염두에 두고 명필을 개인 교사로 두며 서예 연습에 몰두했다는 이야기도 전해진다.

박정희 역시 유신 말기에는 총리나 공화당 중진, 측근 누구에게도 권한을 나누지 않았다. 모든 권력은 자신과 차지철에게 집중되었다. 차지철의 노골적인 월권이 가능했던 근원에는 박정희 자신의 방임과 편애가 자리하고 있었다.

그해 10월, 차지철은 신민당 총재 김영삼의 국회의원직 제명을 주도했다. 이에 반발해 일어난 것이 바로 1979년 10월 16일의 부마항쟁이었다. 그는 강경 진압을 주장하며 공수부대 투입을 지휘했고, 박정희에게 이렇게 말했다고 전해진다.

"각하, 캄보디아에서도 300만 명을 죽였습니다. 우리가 1, 2백만 명 정도를 탱크로 밀어 죽이는 게 대수입니까."

이 한마디는 유신체제의 광기와, 그 종말이 이미 임박했음을 상징적으로 보여주는 문장으로 남았다.

주색에 취해 놀다 살해당한 박정희의 최후

1979년 10월 26일 밤, 박정희는 술자리를 갖던 중 중앙정보부장 김재규의 총에 맞아 사망했다. 그 자리에는 대통령 경호실장 차지철도 함께 있었다. 그러나 총성이 울리자 차지철은 박정희 곁을 지키지 못한 채 화장실 쪽으로 몸을 피했고, 그곳에서 함께 목숨을 잃었다. 독재 권력의 말로가 얼마나 허망한지를 상징적으로 보여주는 장면이었다.

명색이 대통령 경호실장이자 권력의 2인자였다면, 최소한 위기 상황에서 대통령의 신변을 지키려는 시도라도 있었어야 했다. 그러나 차지철은 당시 총기를 소지하고 있지 않았다. 박정희가 술자리에서 총기가 눈에 띄는 것을 꺼려, 그날만큼은 차지철에게 총을 두고 오라고 지시했다는 증언이 전해진다.

사건 직후에는 누가 정확히 방아쇠를 당겼는지조차 분명히 정리되지 않은 극도의 혼란이 이어졌다. 그 과정에서 차지철은 일시적으로 '박정희 암살의 배후'로 의심받기도 했다. 평소 '부통령 각하'로 불릴 만큼 막강한 권력을 휘둘렀던 그의 존재감이 역설적으로 그러한 의혹을 낳은 것이다.

그럼에도 차지철은 공적인 자리에서는 언제나 '독실한 기독교인'으로 알려져 있었다. 그는 술과 담배를 하지 않았고, 하루 두 차례 예배를 드렸다. 새벽 4시면 삼각산 비봉 기도원으로 올라가 무릎을 꿇고 몇 시간씩 기도했으며, 자택에는 별도의 기도실을 마련해 십자가 앞에서 예배를 올렸다. 아침과 저녁, 노모와 함께 예배를 드리는 일상도 빠뜨리지 않았다고 전해진다.

그러나 사람들은 묻지 않을 수 없다.

그가 그렇게 드렸다는 수많은 기도의 내용은 과연 무엇이었을까.

"캄보디아에서도 300만 명을 죽였습니다. 우리가 1, 2백만 명 정도를 탱크로 밀어 죽이는 게 대수입니까."

그가 했다고 전해지는 이 발언은 신앙의 언어가 아니라 폭력의 언어였다. 차지철이 믿은 것은 신의 사랑이 아니라 권력자의 절대권력이었다. 기독교 신앙의 핵심은 사랑이며, 약자를 향한 연민이다. 그러나 그의 신앙은 권력에 대한 복종으로 변질되었고, 그의 기도는 결국 자신이 섬긴 독재자의 몰락과 함께 끝을 맺었다.

전 두 환 정 권

 전두환(1931~2021)은 1979년 12·12 군사쿠데타와 1980년 5·18 광주민주화운동 진압을 통해 권력을 장악했다. 그는 선배 독재자 박정희보다 훨씬 치밀하고 조직적으로 준비된 군사 통치자였다.

 그에 대한 평가는 분명하다.

"전두환은 전직 대통령으로 예우되어선 안 된다. 그는 범죄자다. 국민이 그를 대통령으로 선택한 적이 없다. 그는 군사 쿠데타를 통해 스스로 권력을 찬탈했다. 나는 사형제도에는 반대하지만, 전두환은 종신형을 받아야 한다. 최소한 그의 재산은 몰수되어 광주 희생자들에게 돌아가야 한다."

 ― 故 조영래 변호사, 1988년 광주청문회 중 발언

전두환은 광주 학살을 '작전상 불가피한 통치행위'로 규정하며 끝내 죄책감을 느끼지 않았다. 오히려 자신을 비판한 조비오 신부를 "거짓말쟁이, 파렴치한"이라고 공격했다. 그의 사고방식 속에서 국민은 보호의 대상이 아니라, 지휘 체계의 말단에 놓인 존재였다.

그에게 국민은 '졸병'이었다. 군기가 빠진 사병을 군기교육대에 보내듯, 통제되지 않는 국민은 '삼청교육대'로 보냈다. 광주항쟁, 삼청교육대, 녹화사업으로 이어진 그의 통치는 군사 규율의 논리를 국민 전체에 적용한 폭력이었다.

'녹화사업'은 1981년부터 1983년까지 진행된 대학생 강제 징집 프로그램이었다. '붉게 물든 사상'을 '푸르게 만든다'는 의미 아래, 불온하다고 지목된 학생들을 강제로 군에 입대시켜 사상 개조 교육을 실시했다. 이 과정에서 약 5천 명의 학생이 강제 징집되었고, 그중 여섯 명이 군 복무 중 목숨을 잃었다. 당시 연행 대상에는 훗날 노무현재단 이사장이 된 유시민도 포함되어 있었다.

전두환에게 폭력은 통치의 수단이 아니라 통치의 언어였다. 그의 정권은 국민을 시민으로 대우하지 않았고, 복종을 강요받는 병사로 취급했다. 박정희의 '근대화 독재'가 산업과 국가의 이름으로 개인을 억압했다면, 전두환의 '군사 독재'는 군율과 명령의 이름으로 인간을 짓밟았다.

해방 이후 우리 현대사는 이승만·박정희·전두환의 통치 아래, 민간인 학살과 조직적 인권 유린이 반복된 시대였다. 그 과정에서 수많은 무고한 사람들이 목숨을 잃었고, 가정이 파괴되었으며, 삶 전체가 송두리째 빼앗겼다. 그들의 고통과 상처는 당사자 개인에 그치지 않고, 후손들에게까지 고스란히 이어졌다.

오늘 우리는 그 희생 위에 서 있다. 민주주의와 언론의 자유라는 과실을 누리고 있지만, 그 과실이 누군가의 값비싼 희생 위에서 맺어졌다는 사실을 결코 잊어서는 안 된다. 그 희생을 기억하고 기록하는 일은 선택이 아니라, 이 시대를 사는 우리의 최소한의 도리다.

그러나 현실은 참담하다. 가해자는 떵떵거리며 잘 살고 있는 반면, 피해자는 여전히 고통 속에 놓여 있다. 이는 정의가 제대로 행사되지 않았기 때문이다. 정부는 더 이상 책임을 미루지 말고, 당시 학살과 인권 유린에 관여한 지휘관·수사관·검사·판사 등 모든 관련자의 실명을 공개하고 철저한 진상 조사를 실시해야 한다.

반인륜적 범죄에 대해서는 공소시효를 적용해서는 안 된다. 가능한 모든 법적·제도적 수단을 동원해 가해자를 끝까지 추적하고 처벌해야 한다. 또한 가해자의 재산을 몰수해 희생자와 유가족에게 실질적인 배상이 이루어지도록 해야 하며, 국가 차원의 공식 사과와 명예 회복 조치 역시 지체 없이 이행되어야 한다.

과거를 청산하지 않은 사회는 동일한 비극을 되풀이할 가능성을 스스로 품고 살아간다. 누군가가 "그 시절이 좋았다"고 회고하는 동안, 정의는 조금씩 무너지고 있다. 이제라도 우리는 잘못된 과거를 분명히 단죄하고, 일벌백계로 정의를 세워 다음 세대에게 부끄럽지 않은 나라를 물려주어야 한다.

YWCA 위장결혼 사건

1979년 11월 24일 토요일 오후 5시 30분, 서울 명동 YWCA 강당.

그날 함석헌(1901~1989)은 결혼식 주례를 맡아달라는 부탁을 받고 강당에 도착했다. 그러나 현장에 도착해서야 그는 이 행사가 진짜 결혼식이 아니라는 사실을 알게 되었다.

한 달 전 발생한 10·26 사건 이후, 통일주체국민회의가 간접선거를 통해 대통령을 선출하겠다고 발표하자 재야 인사들은 이에 반대해 '위장 결혼식'을 가장한 정치 시위를 계획했다. 결혼식 형식을 빌려 유신 체제의 연장과 군의 정치 개입에 반대하는 뜻을 밝히려 했던 것이다.

뜻밖의 상황이었지만 함석헌은 주저하지 않았다.

"옳은 일을 위해 이용당하는 것이라면 상관없다."

그는 그렇게 마음을 다잡고 행사에 참여하기로 결심했다.

그날 YWCA 강당에는 전 대통령 윤보선을 비롯해 해직 교수 김병걸, 백기완, 임채정, 양순직 등 재야 인사들이 모였다. 이들은 박정희 유신 독재의 청산과 군의 정치적 중립을 요구하는 성명을 낭독했다. 그러나 성명이 끝나기도 전에 경찰이 강당으로 들이닥쳤고, 현장은 순식간에 아수라장이 되었다.

모인 사람 140여 명은 불구속 입건되었고, 함석헌을 포함한 주동자 14명은 용산구 보안사령부(보안사)로 연행되었다. 그는 그곳에서 15일 동안 구속 상태로 조사를 받았다.

그 무렵 "함석헌이 보안사에서 젊은 장교들에게 매를 맞고 수염이 다 뽑혔다"는 소문이 퍼졌다. 그러나 가족들은 면회조차 허락되지 않아 그 사실 여부를 확인할 길이 없었다.

보름 만에 풀려난 함석헌의 모습을 본 가족들은 경악했다. 그의 온몸은 멍투성이였다.

셋째 딸 함은자(1929~2017)는 훗날 이렇게 회고했다.

"전두환은 박정희보다 훨씬 악독했어요."

박정희는 친일 경력에 대한 콤플렉스 때문이었는지, 일제강점기 독립운동가이자 종교사상가였던 함석헌을 함부로 대하지는 못했다. 1970년 함석헌이 창간한 월간지 《씨알의 소리》는 2호 발행 후 폐간되었지만, 국가를 상대로 한 소송에서 승소해 유신체제 아래에서도 발간을 이어갈 수 있었다.

그러나 전두환은 달랐다.

1980년 그는 단 한 장의 공식 문서도 없이 《씨알의 소리》를 비롯해 민중신학자 안병무의 《현존》, 서울대 교수 백낙청의 《창작과 비평》 등 170여 종의 잡지를 하루아침에 강제 폐간시켰다. 언론의 입을 집단적으로 틀어막은, 이른바 '언론 대학살'이었다.

그래서 함은자의 말처럼, 무식한 폭력 앞에서 전두환은 박정희보다 훨씬 더 악독했다.

YWCA 위장결혼 사건으로 보안사에 끌려간 재야 인사들은 불법 구금된 채 혹독한 고문을 당했다. 함석헌은 생전에 그때의 고초를 입 밖에 낸 적도, 글로 남긴 적도 없었다. 그러나 함께 연행되었던 동료들 가운데에는 당시 보안사에서 겪은 가혹행위를 기록으로 남긴 이들이 있었다.

아래에 소개할 내용은 1987년 한국기독교교회협의회가 발간한 《고문 없는 세상에 살고 싶다》에 수록된 그들의 증언 일부다.

5~6명의 군인들이 머리 수술 부위를 일부러 걷어찼다

이철용은 당시 한국특수지역선교위원회의 실무자였다. 그는 그 시절의 상황을 이렇게 회고했다.

1979년 11월 24일, YWCA 강당 현장에서 연행된 그는 중부경찰서를 거쳐 다음 날 오전 11시경 서빙고동 보안사로 이송되었다. 계엄사에 도착하자마자 지하실로 끌려가 군 작업복으로 갈아입고 사진을 찍은 뒤, 곧바로 방으로 데려가졌다. 그곳에서 5~6명의 군인들이 군홧발로 온몸을 가리지 않고 걷어찼다. 그들의 얼굴에는 죽은 박정희 대통령에 대한 충성심과 맹목적인 애착이 가득했다. 우리를 원수라도 만난 듯 개 패듯 짓이기는 그 모습은, 마치 나라를 위한 행동을 하고 있다는 듯 도도하고 원한에 찬 표정이었다.

그 후 그는 2층 취조실로 끌려갔다. 그곳에서도 검은 테이프를 감은 야구방망이 같은 것으로 온몸을 얻어맞고 발길질을 당한 뒤에야 조사가 시작되었다. 조사받기 전의 매질로 머리가 찢어져, 조사실 옆 간이 병원으로 끌려가 일곱 바늘을 꿰매야 했다. 그때 그곳에는 기독교사회문제연구원의 김용복 박사가 기절한 채 누워 있었는데, 얼굴은 알아볼 수 없을 정도로 퉁퉁 부어 있었고 눈 밑이 찢어져 다섯 바늘가량을 꿰매고 있었다.

　조사를 마친 뒤에는 다시 지하 감방으로 끌려가 무릎을 꿇고 앉아 있어야 했다. 군인들은 2분 간격으로 감방에 들어와 구둣발로 걷어찼다. 특히 머리의 수술 부위를 일부러 차기도 했다. 고문 도중 그들은 "내가 각하를 모시던 경호원인데, 각하가 돌아가신 지 한 달도 안 됐는데 이게 뭐 하는 짓이냐", "너는 빨갱이보다 더한 놈이다", "각하가 나라를 위해 얼마나 애쓰시는 줄 아느냐", "함석헌도 빨갱이다", "유신이 죽은 줄 아느냐"와 같은 모욕적인 말을 퍼부었다. 그리고 "나가서 맞았다고 하면 다시 끌려와서 죽을 줄 알아라"라는 협박까지 덧붙였다.

　김병걸(1924~2000)은 문학평론가다. 그는 1974년 박정희 유신체제를 비판했다는 이유로 서울산업대학교(구 경기공전) 교수직에서 해직되었다. 그는 자신의 경험을 이렇게 증언했다.

　"나는 1979년 11월 25일 오후, 포승줄에 묶인 채 서빙고동 보안사에 도착했다. 도착하자마자 지하 감방에서 '옷 다 벗어!'라는 고함이 터졌고, 얇막한 군 작업복 하나를 던져주었다. 속옷까지 벗고 그 작업복으로 갈아입자마자 내 방으로 다섯 명의 군인이 들어왔다. 그들은 들어오자마자 나를 둘러싸고 군화 발길질, 몽둥이질, 고무신으로 얼굴을 후려치는 폭행을 퍼부었다.

약 한 시간 동안 사정없이 두들겨 맞으며 엎어지고 나뒹굴었는데, 어디를 어떻게 맞았는지도 기억할 수 없을 만큼 끔찍했다. 정신을 겨우 추스르기도 전에 빨간 카펫이 깔린 조사실로 끌려갔다.

수사관들은 조서를 받기 전 내 머리채를 잡아 뒤로 젖히며 '자금 출처가 어디냐, 이북이냐, 조총련이냐'고 캐물었다. 내가 아니라고 하자 머리채를 벽에 여러 번 내리치며 '나는 혁명가입니다'라고 말하라고 강요했다. 내가 '아닙니다'라고 대답하자, 벽에 세워놓고 군홧발로 얼굴과 가슴, 다리, 옆구리를 마구 짓이겼다. 쓰러지면 세워서 또 차고, 다시 쓰러지면 또 세워서 밟았다.

그들은 겁에 질린 나에게 '나는 애국자입니다', '나는 민주인사입니다'라고 말해보라고 고함쳤다. 나는 고통을 견디지 못해 '아닙니다'라고 했지만, 발길질은 멈추지 않았다. 그렇게 두 시간쯤을 당했다.

다음 고문은 양 무릎을 꿇린 채 허벅지와 정강이 사이에 굵은 몽둥이를 끼워 넣고, 그 위를 군홧발로 지근지근 밟는 것이었다. 살이 뭉개질 정도였다. 고통을 참지 못해 비명을 지르며 쓰러지면 몽둥이로 등과 어깨, 허리를 사정없이 내리쳤다. '다시 ○○○라고 말해봐!'라며 협박했고, 내가 '아닙니다'라고 대답하면 고무신짝으로 얼굴을 갈겼다. 이렇게 두 번이나 기절했다.

오랜 고문 끝에야 조사가 시작되었고, 조사가 끝난 뒤에는 스스로

걸을 수 없어 두 명의 군인이 나를 끌어 감방으로 데려다주었다. 둘째 날도 첫날과 다를 바 없었다. 조사 도중의 몽둥이질과 발길질, 얼굴 후려치기는 이루 다 기억할 수 없을 정도였다. 이런 고문은 사흘간 계속되었다.

그 후 수사 윤곽이 잡히면서 고문은 조금 줄었지만, 감시 헌병들은 여전히 우리를 괴롭혔다. 감방 앞을 지나가며 이유 없이 발로 차거나 시비를 걸었다. 하루에도 다섯, 여섯 번씩이었다.

그 일주일 동안 나는 팔을 들어 올릴 수도, 다리를 움직일 수도 없었다. 화장실에 갈 때조차 부축을 받아야 했고, 용변을 보는 일조차 큰 고통이었다. 다른 이들도 마찬가지였다. 석방된 뒤 그들의 이야기를 들어보니, 대부분은 나보다 더 혹독한 고문을 당했다. 같은 건물에 있었지만 밀폐된 방에서 각자 따로 조사받았기 때문에 서로의 상황을 알 수 없었다.

열흘쯤 지나자 고문은 멈췄지만, 아침 6시 기상부터 밤 10시 취침까지 식사와 화장실 시간을 제외하고는 항상 바른 자세로 정좌해야 했다. 눈이 옆으로 돌아가거나 허리가 조금만 굽어도 욕설과 함께 발길질, 몽둥이질이 이어졌다.

그때의 나는 손발이 군홧발에 짓밟혀 시커멓게 멍이 들었고, 다리의 살점이 떨어져 피가 엉겨 붙어 있었다. 온몸이 피멍으로 뒤덮인 채 신음과 공포 속에서 하루하루를 버텼다.

나는 17일 만에 보안사에서 석방되었다. 이후 시내 백병원 원장을 찾아 진찰을 받았더니 그는 "지금 상태로는 진찰조차 어렵다. 3~4일

집에서 목욕하며 안정을 취하면 가라앉을 부위와 문제 부위가 드러날 것이다. 그때 치료하자"고 말했다.

1980년 1월 8일 현재, 나는 30분도 걷지 못했고 버스를 타면 주저앉고 싶을 만큼 고통이 이어졌다. X선 검사 결과, 명치뼈는 회복이 어려운 절단 상태였다. 다른 동지들의 상황을 떠올리면 내가 '고문당했다'고 말하는 것조차 부끄럽게 느껴질 정도였다. 그들이 감옥에서 건강만이라도 유지할 수 있었다면 얼마나 좋았을까.

보안사에서 풀려날 때, 그들은 "이 안에서 있었던 일이나 건물 위치, 폭행 사실 등은 국가 기밀이므로 외부에 알리면 이적 행위로 간주해 엄벌하겠다"며 침묵 서약서를 쓰게 했다."

앉아, 일어서를 수천 번 계속했다

박철수는 당시 한신대학교 2학년생이었다. 그는 그때의 일을 이렇게 회상했다.

1979년 11월 24일, 그는 YWCA 강당에서 중부경찰서로 연행되었다. 다음 날 오전 8시경 보안사로 넘겨졌고, 그곳에서 이틀 동안 조사를 받았다. 그가 겪은 고문은 다음과 같았다.

첫째, '앉아, 일어서'를 수천 번 반복하게 했다.

둘째, 가장 고통스러웠던 '무릎 꿇기'는 앞정강이를 바닥에 붙이고 엉덩이를 바닥에 대며, 발목의 안쪽 복사뼈가 바깥을 향하도록 한 채 버티는 자세였다.

셋째, '꼬라박기(원산폭격)'를 시켜 장시간 견디지 못하고 자세가 흐트러지면 몽둥이로 내리쳤다.

　넷째, 무릎 사이에 알루미늄 침대 각목을 끼워 한쪽을 스팀파이프에 고정시킨 뒤, 꿇어앉힌 자세에서 몸을 밑으로 눕게 했다.

　다섯째, 엎드려뻗친 자세를 시킨 뒤 엉덩이를 몽둥이로 지칠 때까지 내리쳤다.

　여섯째, 고무신으로 얼굴을 후려쳤다.

　일곱째, 철창에 매달리기를 수십 번 시켰으며, 힘에 부쳐 떨어지면 창살 밖으로 다리를 내밀게 한 뒤 여러 차례 군홧발로 발길질했다.

　여덟째, '빈대 붙어있기'라는 고문은 벽에 다리와 팔을 최대한 벌려 밀착시킨 채 목을 뒤로 젖히게 하는 자세로, 기진맥진할 때까지 지속되었다.

　아홉째, 손바닥과 손등을 몽둥이로 수십 번씩 내리쳤다.

　열째, 조사받는 이틀 동안 꿇어앉힌 채 눈을 감지 못하게 하고 잠을 재우지 않았다.

　열한째, 벽에 등을 붙인 채 양팔을 위로 뻗어 손바닥을 벽에 붙이고, 그 상태로 한 걸음씩 앞으로 걸어 나오게 했다.

　열두째, '빨갱이 새끼', '간첩 새끼' 같은 욕설을 퍼부으며 위협했고, 내가 있는 지하실에서 한강 하수구로 바로 통한다며 겁을 주었다. 또한 지하 감방에서는 "으악!", "어머니!", "아버지!"와 같은 고문 피해자들의 비명이 계속 들려와, 실제로 사람들이 죽어나가는 것이 아닌가 하는 극도의 불안 속에서 지내야 했다.

이틀 동안 이런 고문을 견딘 뒤 유치장으로 넘겨질 때, 그들은 위와 같은 고문 사실을 외부에 알릴 경우 어떤 처벌도 감수하겠다는 각서에 강제로 날인하게 했다.

YWCA 위장결혼 사건 관련자들은 이렇게 가혹한 고문을 받고 풀려난 이후에도, 심각한 후유증과 트라우마로 인해 정상적인 사회생활을 이어가기 어려웠다.

가혹한 고문과 5·18 헬기 사격

2020년 8월 24일, 광주지방법원 201호 형사대법정에서는 고(故) 조비오 신부의 명예를 훼손한 혐의로 기소된 전두환의 16차 공판이 열렸다. 이날 증인으로 출석한 김성 전 '5·18민주화운동 헬기 사격 및 전투기 출격 대기 관련 국방부 5·18특별조사위원회' 부위원장은, 특조위 조사 결과 헬기 사격이 있었다고 증언했다.

전두환 측 변호인은 이 증언에 의구심을 제기했으나, 김성 부위원장은 "국립과학수사연구원의 감정 결과, 군 기록, 목격자 조사 등을 종합한 결과, 5월 27일 전일빌딩을 비롯해 그 이전에도 송암동, 광주천, 조선대 절개지 등지에서 헬기 사격이 있었던 것으로 판단했다"고 진술했다.

YWCA 위장결혼 사건이 있은 지 약 6개월 뒤인 1980년 5월, 광주에서는 학살이 벌어졌다. 함석헌을 비롯한 민주화운동가들에게 가혹한 고문을 가하고, 광주 거리 곳곳에서 무고한 시민들을 학살한 전두환이라면, 헬기 사격 역시 충분히 가능한 일이었을 것이다. 그의 만행은 과연 언제쯤 단죄될 수 있을까.

한편 2020년 8월 19일, 미래통합당(현 국민의힘) 비상대책위원장이었던 김종인은 5·18 국립묘지를 찾아 "권력자의 진심 어린 성찰을 마냥 기대할 수는 없는 형편에서, 그 시대를 대표하여 제가 이렇게 무릎을 꿇습니다"라며 사죄했다.

그가 "그 시대를 대표한다"고 말한 데에는 이유가 있다. 김종인은 1980년 전두환이 위원장으로 있던 국가보위비상대책위원회에서 재정분과위원으로 활동했다. 그는 전두환 군사정권의 하수인으로서 자금과 실무적 토대를 마련한 인물이었고, 그 공로로 전두환에게서 보국훈장을 받았다.

그는 이날 "저는 신군부가 만든 국보위 재무분과위원으로 참여했다. 여러 기회를 통해 과정과 배경을 설명하며 용서를 구했지만, 결과적으로 상심에 빠진 광주시민들과 군사정권에 반대한 국민에게는 용납하기 어려운 선택이었다"며 다시 한 번 사죄의 뜻을 밝혔다.

전두환, 종신형 받고 감옥에서 죽었어야

도널드 베이커 교수는 미국인이지만, 현재 캐나다 브리티시컬럼비아 대학교(UBC)에서 한국사를 가르치고 있다. 나는 그를 서울 신촌 봉원 동의 퀘이커 모임집에서 만났다. 그는 1970년대 초 전라도 광주에서 미국 평화봉사단으로 활동한 경험이 있었고, 전라도 사투리도 능숙하 게 구사했다.

우리는 한국의 역사와 정치에 대해 이야기를 나누었다. 그 대화 속에 서 나는 미처 보지 못했던 우리 현대사의 한 단면을 그의 입을 통해 새 삼 깨달았다. 적지 않은 충격이었다.

그는 1980년 5월, 광주를 직접 방문했다. 그리고 그 학살의 현장에서 죄 없이 죽어간 사람들의 피를 보았다. 생존자들의 증언도 들었다.

1983년, 그는 국제사면위원회 미국지부장을 맡고 있었는데, 그 무렵 미국에 망명 중이던 고 김대중 대통령을 만났다. 그는 그 만남이 지금 도 잊히지 않을 만큼 강렬했다고 말했다. 아래는 내가 베이커 교수와 나눈 대화를 정리한 내용이다.

광주에 살았던 미국인

1971년, 그는 전라도 광주에서 미국 평화봉사단의 일원으로 3년간 머물렀다. 그는 한국문화를 진심으로 사랑하게 되었다고 말했다. 무엇이 그를 그렇게 끌어당겼을까.

그는 먼저, 한국문화가 자신이 자라온 북미문화보다 훨씬 오래된 역사적 층위를 지니고 있다는 사실에 매료되었다고 했다. 그만큼 한국문화를 알아가는 과정이 흥미롭고 즐거웠다는 것이다. 반면 자신이 익숙한 북미문화는 역사적 깊이가 얕다고 느꼈다고 덧붙였다.

그가 특히 전라도 광주에 끌린 이유는, 그곳이 여전히 전통문화의 생명력을 간직한 지역이라고 느꼈기 때문이다.

그에게 한국문화는 매우 독특했다. 한국에 오기 전 그는 이미 중국과 일본의 역사와 문화를 공부했기에, 한국 역시 두 나라와 크게 다르지 않을 것이라고 생각했다. 그러나 직접 경험한 한국은 달랐다. 그가 만난 한국인들은 중국인이나 일본인보다 감정 표현이 훨씬 솔직하고 개방적이었다. 그래서 그는 한국인들과 친구가 되는 일이 훨씬 쉬웠다고 회상했다.

1980년 5월, 광주에 있었던 미국인

광주로 향하기 전, 그는 서울에서 이미 폭력 사태를 목격했다. 남대문 인근에서 승객이 타지 않은 시내버스 한 대가 학생 시위를 막으려던 전투경찰을 향해 돌진하는 장면이었다. 그의 눈앞에서 여섯 명이 버스에 치여 피를 흘리며 쓰러졌다. 곧 경찰 트럭이 도착해 그들을 실어 갔다. 그는 여섯 명 모두 즉사했을 것이라 생각했다.

그러나 다음 날 신문에는 단 한 명만 사망했다고 보도되었다. 신문은 또 그 버스 운전사가 광주 출신이라고 전했다.

1980년 5월 18일, 광주에서 학살이 막 시작된 날 그는 서울에 있었다. 그러나 단파라디오를 통해 광주에서 벌어지는 일을 들을 수 있었다. 그는 직접 자신의 눈으로 그 참상을 확인하고 싶었다. 무엇보다 광주에 있는 친구들의 안부가 걱정되었다.

결국 그는 5월 27일 서울을 떠나 광주로 향했다. 하지만 군인들이 도로를 봉쇄해 광주 시내로 진입할 수 없었다. 그는 우선 해남으로 향했고, 다음 날인 5월 28일 시골버스를 타고 광주 외곽에 도착했다. 이후 작은 산을 넘어 걸어서 광주 시내로 들어갔다. 그가 광주에 도착했을 때는 학살이 막 끝난 직후였다.

광주 시내 곳곳에는 피가 아직 마르지 않은 채 남아 있었다. 중년 부부로 보이는 사람들이 길가에 놓인 관을 붙잡고 절규하고 있었다. 한 어머니는 손수레에 실려 가는 관을 붙잡고 "내 아들 놔줘!"라고 울부짖었다. 노인 여성들은 도청 근처 체육관 앞에서 시신의 신원을 확인하기 위해 긴 줄을 서 있었다.

그는 1971년부터 1974년까지 광주에 살았기에 그곳에 친구들이 많았다. 그는 친구들을 만나 5월 18일부터 27일까지 무슨 일이 있었는지를 들었다. 그리고 민간인 학살의 실상을 알고 깊은 충격을 받았다.

그는 광주에 사흘을 머문 뒤 다시 서울로 돌아갔다. 도로가 막혀 버스가 다니지 않아, 올 때처럼 산을 넘어 광주 외곽까지 걸어간 뒤 시골 버스를 타야 했다.

그는 지금도 그때 광주에서 보았던 사람들의 고통과 절망의 표정을 잊지 못한다고 했다. 특히 한 장면이 뇌리에 깊이 남아 있다고 말했다.

광주의 한 공중목욕탕에서 표를 팔던 여성이 그에게 물었다.

"당신은 왜 한국에 있나요?"

그가 "한국 역사를 공부하고 있습니다"라고 답하자, 그녀는 울먹이며 이렇게 말했다.

"광주 시내가 다 파괴되었어요. 그래서 이제 광주에는 역사가 없어요. 당신, 빨리 돌아가세요."

그는 지금도 그 여성의 목소리가 생생히 들린다고 했다.

그 후 그는 1983년 미국 워싱턴대학교에서 한국사 전공으로 박사학위를 받았다. 나는 그에게 광주민주화운동이 그의 학문적 진로에 어떤 영향을 미쳤는지 물었다. 그는 1980년 광주 이전부터 이미 한국사를 연구하고 있었다고 답했다. 1971년부터 3년간 광주에 살며 한국의 역사와 문화에 깊이 매료되었기 때문이라는 것이다.

다만 그는 이렇게 덧붙였다.

"대부분의 서양인들은 이런 한국의 역사를 잘 모릅니다."

그에게 광주는 지금도 북미 사회에서 한국의 역사와 문화를 가르치도록 끊임없이 자극하는, 마음의 창문 같은 곳이라고 했다.

이영조의 '광주반란' 발언

2010년 11월, 이명박 대통령이 임명한 뉴라이트 성향의 '진실화해를 위한 과거사정리위원회' 위원장 이영조는 미국에서 열린 한 학회에서 "제주 4·3은 폭동이며, 광주 5·18은 민중반란이다"라고 발언했다.

도널드 베이커 교수는 이영조의 이 같은 표현에 깊은 불편함을 느꼈다. 그는 "1980년 5월의 반란은 광주시민이 일으킨 것이 아니라, 전두환을 포함한 일부 군 장성들이 일으킨 것"이라고 단호하게 말했다.

1980년 5월 18일, 전국적인 계엄 확대에 반대해 광주 시민 일부가 시위를 벌였다. 그 시위는 평화적이었고, 결코 반란이 아니었다. 그러나 평화로운 시위대가 자국민을 향해 총을 겨눈 군대를 마주했을 때, 시민들은 정당방위 차원에서 저항했다. 그렇기에 이영조의 '반란'이라는 표현은 명백히 부적절하다고 베이커 교수는 지적했다.

그는 이어 제주 4·3 사건에 대해서도 언급했다. 1948년 발생한 제주 4·3의 발단은 한반도 분단을 고착화하려는 남한 단독선거에 반대하는 무장 저항이었으며, 따라서 이를 '폭동'이 아니라 '내전(Civil War)'으로 보는 것이 더 타당하다고 말했다. 그 사건은 국가 전복을 목적으로 한 난동이 아니라, 조국의 미래를 둘러싼 정치적 충돌이었다는 것이다.

그는 단언했다.

"제주 4·3은 폭동이 아니라 내전이다."

그는 미국 남북전쟁을 예로 들었다. 미국 역사에서도 북부와 남부의 전쟁을 '반란'이나 '폭동'이 아니라 '내전'으로 부르듯, 제주 4·3과 한국전쟁 역시 내전으로 불려야 한다는 것이 그의 견해였다.

그가 가르치는 캐나다 대학생들 대부분은 광주민주화운동, 혹은 광주학살에 대해 전혀 알지 못한다. 학생들은 그가 강의 중 5·18을 언급하면 큰 충격을 받는다. 지금의 한국이 민주주의 국가이기에, 한국이 처음부터 그랬을 것이라 믿기 때문이다. 그래서 그가 1980년 5월 광주에서 목격한 참상을 이야기할 때마다 강의실은 숨을 죽인 듯 고요해지고, 학생들은 그의 말을 긴장 속에서 듣는다.

캐나다에서 수업을 듣는 한국 유학생들 역시 5·18에 대해 거의 알지 못한다. 일부는 이름만 들어봤을 뿐, 그날의 참혹함을 실감하지 못한다. 그의 수업을 듣는 한국 학생들 가운데는 간혹 광주 출신이 있다. 그들의 반응은 두 가지로 나뉜다.

첫째, 처음에는 그의 말을 믿지 못하는 학생들이다. 그러나 집에 돌아가 부모에게 이야기를 듣고 나서야, 왜 가족이 캐나다로 이민을 오게 되었는지를 이해하며 그의 말을 받아들인다.

둘째, 수업이 끝난 뒤 조용히 찾아와 "고맙다"고 인사하는 학생들이다. 부모에게서 광주 이야기를 들었지만, 캐나다 친구들 앞에서 그 이야기를 꺼내지 못해 늘 마음이 불편했는데, 교수가 대신 화두를 열어주어 고맙다고 말한다는 것이다.

망명 시절 김대중 대통령 후보를 만난 베이커 교수

1983년, 그는 야당 지도자이자 대통령 후보였던 김대중을 직접 만났다. 당시 그는 국제사면위원회(Amnesty International) 미국지부장이었다. 김대중이 사형선고를 받았을 때, 그는 형 집행 정지를 위해 적극적으로 움직였다. 또한 김대중과 부인 이희호 여사를 미국 시애틀로 초청해 워싱턴대학교에서 이틀간 함께 머물렀다. 김대중은 그곳에서 공개 강연을 하고 재미교포들과 만남을 가졌다.

베이커 교수는 김대중을 깊이 존경했다. 그는 김대중이 자신과 사면위원회 인사들에게 두 가지 약속을 했다고 회상했다.

첫째, 자신이 대통령이 되면 사형제도를 폐지하겠다는 약속이었다. 김대중은 대통령 재임 중 사형제를 법적으로 폐지하지는 못했지만, 임기 동안 단 한 명의 사형도 집행하지 않았다.

둘째, 자신이 대통령이 되면, 자신에게 사형을 선고했던 가해자들을 가장 먼저 사면하겠다는 것이었다. 그것이 한국 사회를 오랫동안 갈라놓아 온 지역감정을 치유하는 첫걸음이 될 것이라고 설명했다.

김대중은 실제로 대통령에 당선된 뒤 김영삼 대통령에게 전두환과 노태우의 사면을 요청했고, 김영삼은 이를 받아들였다. 베이커 교수는 김대중이 15년 전 자신에게 했던 약속을 기억하고 지켰다는 사실에 깊은 감동을 받았다고 말했다.

그러나 그는 이렇게 덧붙였다.

"전두환은 사면 이후에도 피해자들에게 단 한 번도 사과하지 않았고, 윤택한 삶을 살았다. 국민의 세금으로 그를 경호하는 현실은 부당했다."

그는 김대중 대통령의 결단을 존중하면서도, 전두환은 결코 전직 대통령으로 예우받아서는 안 되며 범죄자로 취급되었어야 했다고 말했다. 한국 국민은 전두환을 대통령으로 선택한 적이 없다. 그는 군사 쿠데타를 통해 스스로 권력을 찬탈한 인물이다.

베이커 교수는 사형제도에는 반대하지만, "전두환은 종신형을 선고받고 감옥에서 생을 마쳤어야 한다"고 단호히 말했다.

그는 또 "그것이 어렵다면, 최소한 전두환의 재산 전부를 몰수해 광주학살 희생자들에게 돌려주었어야 한다"고 목소리를 높였다.

그는 한국 정부가 보수와 진보를 막론하고, 젊은 세대에게 반드시 현대사, 특히 지난 반세기의 역사를 가르쳐야 한다고 말했다. 그의 경험에 따르면, 한국의 젊은 세대는 부모나 조부모 세대가 겪은 역사를 거의 알지 못한다. 만약 그들이 그 시대의 희생과 고통을 조금이라도 더 이해한다면, 한국 사회가 다시 권위주의로 후퇴하는 일을 막을 수 있을 것이라고 그는 확신했다.

그는 이렇게 말했다.

"지난 50년간 한국은 세계 어느 나라보다 빠른 속도로 민주주의와 경제 발전을 이뤄냈습니다. 많은 피를 흘렸지만, 그 대가로 얻은 성취는 위대합니다. 그렇기에 젊은 세대는 그 역사를 자부심으로 받아들여야 합니다."

그 형은 광주의 계엄군이었다

그는 1957년 서울에서 태어났다. 나보다 세 살 위였고, 나는 어려서부터 그를 '형'이라 부르며 늘 따라다녔다. 마음이 곧고 착한 아이였기에 동네에서도 칭찬이 자자했다. 우리 어머니 역시 그를 이야기할 때면 "아무개는 어쩌면 그렇게 착한지…"라며 늘 웃으셨다.

그는 또래보다 키가 크고 체격이 좋았다. 듬직하고 다정한 성격이었고, 나는 그를 친형처럼 따랐다. 홀어머니 밑에서 자라 형편이 넉넉하지는 않았지만, 그는 늘 꿋꿋했다. 1976년 고등학교를 졸업한 뒤 학비가 면제되는 국립 2년제 전문학교에 합격했고, 누구보다 성실하게 학교생활을 이어갔다.

1978년, 그는 전문학교를 우수한 성적으로 졸업하고 잠시 직장생활을 하다가 군에 입대했다. 체구가 좋은 덕에 하사관으로 차출되었고, 군 복무를 마친 뒤 1981년에 제대했다.

나는 1979년에 대학에 입학해 1981년에 군에 들어갔고, 1984년에 제대했다. 서로 다른 길을 걷다 보니 1976년 이후 거의 10년 가까이 얼굴을 보지 못했다.

우리가 다시 만난 것은 1987년, 6월 항쟁을 앞두고 시국이 들끓던 때였다. 약 11년 만의 우연한 재회였다. 퇴근길 저녁, 서울 시내에서 마주친 우리는 반가운 마음에 허름한 술집으로 들어갔다. 오랜만에 마주 앉아 우리는 군 생활은 어땠는지, 지난 세월은 어떻게 흘러왔는지 이야기를 나누었다.

그때 술집 한쪽에서 텔레비전이 켜져 있었다. 그는 무심코 화면을 보다가 갑자기 외쳤다.

"전두환 개자식!"

마침 뉴스 화면에 전두환이 등장하고 있었다. 그의 목소리가 너무 커서 나는 깜짝 놀랐다. 주변의 시선이 일제히 우리에게 쏠렸다. 그러나 그는 멈추지 않았다.

"전두환, 이 XXX!"

연달아 욕설을 퍼부었다.

그 순간 나는 처음으로 그의 눈에서 이글거리는 광기와 분노를 보았다. 어린 시절 내가 알던, 온순하고 다정했던 형의 모습과는 전혀 다른 얼굴이었다.

욕설이 점점 거세지자, 옆 테이블에서 술을 마시던 남자가 버럭 소리를 질렀다.

"야, 좀 조용히 해! 대통령을 그렇게 욕하는 놈이 어딨어!"

순식간에 술집 분위기가 험악해졌다. 형과 그 남자는 서로 멱살을 잡고 고함을 치며 맞섰다. 금방이라도 주먹이 오갈 듯했다. 나는 필사적으로 말렸지만 소용이 없었다. 옷이 찢기고, 옆자리 술상이 엎어지며 술집 안은 순식간에 아수라장이 되었다.

　잠시 후 경찰 두 명이 들어왔다. 술집 주인이 신고를 한 모양이었다. 그 순간, 형의 얼굴이 하얗게 질렸다. 아주 짧은 찰나였지만, 나는 그의 표정에서 극심한 공포를 읽었다. 평생을 살아오며, 나는 그렇게 두려움에 질린 얼굴을 본 적이 없었다.

　그리고 눈 깜짝할 사이, 그는 술집 문을 박차고 나가 어둠 속으로 사라졌다. 그 빠른 움직임은 도망이라기보다, 생존을 위한 반사작용처럼 보였다.

　나는 한동안 아무 말도 할 수 없었다.

　그 형은 광주 계엄군이었다

　며칠 뒤, 그가 전화를 걸어왔다. 그날 술집에서 벌어진 소동이 미안하다며 정중히 사과했고, 꼭 한 번 만나고 싶다고 했다. 그렇게 어느 주말 오후, 우리는 조용한 찻집에서 마주 앉았다.

　그는 커피잔을 앞에 두고 한동안 말이 없었다. 그러다 마침내, 자신이 겪었던 군 생활에 대해 조심스럽게 입을 열었다.

　그의 이야기는 충격적이었다. 그는 1980년 5월 광주민주화운동 당시 계엄군으로 투입되었고, 이후 삼청교육대 교관으로 근무하다가 제대했다고 했다. 아래는 그날 그가 들려준, 광주 계엄군 시절의 증언을 정리한 것이다.

　"광주에 투입되기 전, 상관들은 우리에게 이렇게 말했다. 광주에는 반정부 반란군이 도시를 점령하고 있으며, 그들은 모두 '빨갱이'이거나 좌경분자라는 것이었다.

신문이나 뉴스를 볼 수 없던 우리는 상관의 말을 그대로 믿었다. 그렇게 '빨갱이'라 불린 사람들에게 자연스럽게 적개심을 품게 되었다.

광주에 투입된 우리는 총에 대검을 끼우고 실탄을 장전했다. 명령이었지만, 나는 그 대검으로 '빨갱이'를 찔렀고 군중을 향해 사격했다. 잡혀온 사람들은 개처럼 두들겨 맞았다. 우리는 그들의 옷을 벗기고 팬티만 남긴 채, 진압봉과 개머리판, 군홧발로 피멍이 들 때까지 때렸다.

처음에는 길가에 서 있던 시민들이 우리의 행동을 보고 충격을 받은 듯했다. 항의하는 사람들도 있었다. 그러나 우리가 사람을 직접 패서 죽이고, 총으로 쏘고, 대검으로 찔러 죽이는 장면을 몇 번 목격하고 나자, 더 이상 항의하는 사람은 없었다. 모두가 공포에 질려 서로 눈치만 보며 우리를 바라보았다.

잡혀온 수백 명의 남녀노소는 넓은 공터에 모여 있었다. 그들은 시궁창을 기고, 오리걸음으로 선착순을 반복해야 했다. 조금이라도 늦은 사람은 군홧발과 진압봉에 맞아 쓰러졌다.

나는 광주시내 곳곳에서 쓰러진 시신을 여러 구 보았다. 어떤 군인들은 '전라도 놈들은 다 죽여야 해'라며 떠들었다. 나를 포함한 우리들은 '감히 빨갱이들이 대한민국에서 활개를 치다니' 하며 분노와 증오를 키워갔다.

어느 날 밤, 알 수 없는 방향에서 날아온 돌에 전우 몇 명이 맞아 쓰러졌다. 그 일로 우리는 더욱 격분했다. 이후로는 잡히는 사람마다 더 잔혹하게 대했다. 총성과 최루탄 연기가 뒤섞인 밤, 사방에서 들려오는 고함과 비명, 절규는 마치 생지옥 같았다.

우리는 물도 부족해 씻지 못했고, 수염조차 깎지 못했다. 그럴수록 이런 상황을 만든 '빨갱이들'에 대한 분노는 더 깊어졌다. 어떤 전우는 전날 밤 몇 명을 대검으로 찔러 죽였다며 자랑하듯 말했다. 그 말에 주변에는 묘한 흥분과 침묵이 뒤섞여 흘렀다."

삼청교육대 교관이 된 그 형

그는 광주에서의 '빨갱이 진압' 공로로 보너스를 받았고, 훈장의 일종인 '국난극복기장'을 수여받았다. 그리고 그로부터 석 달 뒤인 1980년 8월, 막 창설된 삼청교육대로 발령을 받았다.

그는 그곳에서 교관으로 근무했다. 아래는 그가 들려준 삼청교육대 시절의 이야기다.

"삼청교육대에 가기 전, 우리는 교육생들을 '깡패, 조폭, 포주, 범죄자, 전과자, 인간말종, 인간쓰레기'라고 배웠다. 상관들은 우리에게 이렇게 말했다. '그들을 사람으로 만들어야 한다. 훈련 중에 다치거나 죽더라도 아무 문제가 없다.' 그래서 나는 스무 살 중반의 나이에, 쉰 살이 넘은 아버지뻘 교육생들까지 개 패듯이 때렸다.

삼청교육대에서 교관은 하느님과 같은 존재였다. 우리가 개밥을 입으로 먹으라면 그들은 먹었고, 교관의 구두를 혀로 핥으라면 핥았다.

겨울에는 눈이 쌓인 연병장 위에 술병을 깨 유리 조각을 흩뿌리고, 팬티만 입힌 채 그 위를 구르게 했다. 그들이 구르는 동안 우리는 몽둥이로, 팬티 차림의 몸을 사정없이 내리쳤다. 서너 시간이 지나면 눈밭은 피로 물들었다. 그래도 누구도 불평하지 않았다. 불평은 곧 죽음을 의미했기 때문이다.

 교육은 새벽 여섯 시 구보로 시작했다. 이어 포복훈련, 그리고 '원산폭격'이라 부르는 기합이 이어졌다. 행동이 늦은 교육생들은 양동이에 물을 퍼 머리를 처박게 했고, 반항하면 몽둥이로 때리고 군홧발로 짓밟았다. 상관들은 이런 장면을 보며 희희낙락했고, 우리는 시간이 지날수록 죄책감이 무뎌졌다. 그들에게도, 우리에게도 인간다움은 서서히 사라져 갔다."

 1981년, 그는 광주 계엄군과 삼청교육대 교관으로의 복무를 마치고 제대했다. 그는 한동안 자신이 나라를 위해 헌신한 애국자라고 믿었다. 그러나 세월이 흐르면서 자신이 저지른 죄악을 조금씩 깨달아갔고, 그 시간은 견디기 힘든 고통으로 다가왔다.

 그는 나중에야 알았다. 삼청교육대 교육생 가운데에는 어린 중·고등학생들도 있었고, 대부분은 부모가 항의할 여력조차 없는 저소득층 가정의 자녀들이었다는 사실을.

 1990년대, 내가 다시 그를 만났을 때 그는 결혼해 서울 강남의 한 아파트에서 살고 있었다. 형수는 직장에 다니고 있었고, 그는 아기를 돌보고 있었다. 나는 낮에 그의 집을 찾아가 점심을 함께 먹었다.

 차를 마시며 그는 삼청교육대에 대해 새롭게 알게 된 사실들을 들려주었다.

"삼청교육대에는 노동조합을 만들었거나 노동운동을 했다는 이유로 끌려온 노동자들, 몸에 문신이 있다는 이유만으로 잡혀온 사람들, 범죄를 저지르지 않았는데 전과 기록이 있다는 이유로 끌려온 사람들도 있었다.

정부를 비판했다는 이유로 끌려온 종교인들, 계엄당국의 보도 검열을 거부했다는 이유로 잡혀온 언론인도 있었다. 당시 충주MBC 사장이었던 유호 씨(2007년 작고), 군 장교 출신 코미디언 이기동 씨 등 수많은 죄 없는 사람들이 교육생으로 끌려왔다.

그 사실을 알게 된 뒤부터 나는 밤잠을 제대로 잘 수가 없다."

그는 말을 이었다.

"심지어 통금 시간이 있던 시절, 술에 취해 귀가가 늦었다는 이유로 끌려온 사람도 있었고, 대낮에 신분증을 두고 나왔다는 이유로 불심검문에 걸려 삼청교육대로 끌려간 사람도 있었다."

국방부의 1982년 공식 발표에 따르면, 삼청교육대 사망자는 57명이었다. 질병 36명, 구타 10명, 총기사고 3명, 안전사고 2명, 자살 2명, 원인 미상 1명으로 기록돼 있다.

그러나 이후 노태우 정권 시절 피해사례 접수를 통해 추가 피해가 드러났다. 군 부대 내 사망자 54명, 후유증으로 인한 사망자 397명, 부상 및 상해자 2,786명에 달했다.

당시 정권은 보상과 명예회복을 약속했지만 지키지 않았다. 피해자들이 국가를 상대로 제기한 단체소송은 결국 "시효가 지났다"는 이유로 기각되었다.

국가 폭력의 가해자이자 동시에 '피해자'인 그 형

그 후 나는, 광주 계엄군이었고 삼청교육대 교관이었던 그를 다시 만나지 못했다. 지금 그는 어디에서 무엇을 하며 살아가는지도 알지 못한다. 안타까운 것은, 어린 시절 그렇게 착하고 다정했던 형이 광기와 공포로 얼룩진 세월을 홀로 감내하며 살아왔다는 사실이다.

그는 전두환 정권 시절 국가 폭력의 가해자이자, 동시에 피해자였다. 언론이 철저히 통제된 군대 안에서 그는 상관이 전달한 일방적인 정보에만 의지한 채 '빨갱이'를 죽이고 '인간말종'을 교화했다. 그러나 제대 후 세월이 흐르면서 그는 진실을 알게 되었고, 그때부터 깊은 죄책감에 시달렸다.

그로부터 다시 세월이 흘렀다. 2010년 11월, 이명박 정부가 임명한 진실화해위원회 위원장 이영조는 미국에서 열린 국제학회에서 "제주 4·3은 공산주의 세력이 주도한 폭동이며, 광주 5·18은 민중반란이다"라고 발언했다. 이 발언은 민주화단체들의 강한 반발을 불러일으켰다. 이들은 "광주민주화운동을 '민중반란'이라 부르고, 제주 4·3을 '공산주의 폭동'으로 규정한 것은 명백한 역사 왜곡"이라며 이영조를 규탄했다.

그런데도 2012년 3월 9일, 새누리당(현 국민의힘)은 이영조를 제19대 총선 강남을 지역구 국회의원 후보로 공천했다. 이에 광주시민과 제주도민을 비롯한 국민들의 거센 반대 여론이 일었다. 며칠 뒤인 3월 13일, 이영조는 MBC 라디오 〈손석희의 시선집중〉에 출연해 "5·18 재단에서도 'Gwangju Popular Revolt'(광주 민중반란)이라는 표현을 사용한다"고 주장했다.

그러나 다음 날, 김상직 5·18민주유공자 공법단체 설립추진위원회 위원장은 PBC 라디오 〈열린세상 오늘〉과의 인터뷰에서 "5·18기념재단의 공식 영문 명칭은 'May 18 Democratic Uprising'이며, 경우에 따라 'Gwangju Uprising'이라는 표현을 쓰기도 하지만, 'revolt'라는 표현은 전혀 사용하지 않는다"고 반박했다.

결국 그날 오후, 새누리당 공천위원장이었던 정홍원은 기자회견을 열고 "이영조 후보에 대한 공천을 취소하기로 결정했다"고 발표했다. 그는 "공천 심사 과정에서 미처 발견하지 못했던 부분이 언론 보도를 통해 드러났고, 그 해석이 국민의 마음을 아프게 할 수 있다고 판단했다"며 "상처받은 분들께 유감을 표한다"고 밝혔다.

캐나다 브리티시컬럼비아대학교의 도널드 베이커 교수는 이렇게 말했다.

"1980년 5월의 반란은 광주시민이 일으킨 것이 아니라, 몇몇 군 장성이 일으킨 것이다. 5월 18일, 전국적인 계엄 확대에 반대해 소수의 시민들이 평화적으로 시위했다. 그러나 자국민을 향해 치명적인 폭력을 가한 군대와 맞닥뜨리자, 시민들은 정당방위로 저항했을 뿐이다. 따라서 이영조 씨의 '반란'이라는 표현은 명백히 부적절하다."

이러한 지적은 오래전부터 반복되어 왔다. 그럼에도 역사는 여전히 왜곡되고 있다. 2017년 11월 20일, 당시 국무총리였던 이낙연은 "제주 4·3은 공산주의자들이 주도한 폭동이며, 광주민주화운동은 광주반란"이라고 폄훼했던 이영조를 총리 자문기구인 시민사회발전위원회 위원으로 위촉했다.

평생을 독립운동과 민주화운동에 바친 함석헌은 이렇게 말했다.

"우리나라 사람들의 단점은 매사에 철저하지 못한 것이다."

나는 이 말을 깊이 새긴다. 과거사 정리가 철저하지 못하면, 비극은 되풀이된다. 썩은 나무는 뿌리째 뽑아야 한다. 그렇지 않으면 또다시 부패가 자라난다.

2018년 5월 1일, 5·18 광주민주화운동의 참상을 알리기 위해 당시 부상자들을 간호했던 차명숙 씨가 거리로 나섰다. 그는 "한 달 동안 손이 허리에 묶인 채 식사도, 볼일도 짐승처럼 해결했다. 하얀 옷이 까맣게 변할 때까지 짓밟혔다"고 증언하며 계엄군의 잔혹행위를 폭로하고 가해자 처벌을 요구했다.

그러나 5·18을 '광주반란'으로 왜곡한 인물은 여전히 정부 자문위원으로 남아 있었다. 문재인 대통령은 당시 한반도 평화와 북핵 문제로 세계의 주목을 받고 있었지만, 그렇다고 해서 국내의 적폐 청산이 소홀히 다뤄져서는 안 된다. 구시대의 인물을 다시 기용하는 일은, 반민특위 실패로 친일파 청산을 하지 못한 채 민족의 비극을 반복한 과거를 외면하는 것과 다르지 않다.

그래서 나는 이영조의 국정자문위원 해촉을 요구하는 청와대 국민청원을 시작했다. 광주시민을 모욕하고 민주화운동을 폄훼한 자가 '시민

사회'의 이름으로 국가 자문에 참여하는 것은 결코 용납될 수 없다고 생각했다.

나는 당시의 총리였던 이낙연에게, 그리고 지금 이 글을 읽는 모든 이에게 이렇게 말하고 싶다.

"역사를 멸시한 국민은, 역사로부터 멸시받는다."

전두환이 기자들에게 가한 끔찍한 일

1980년 5월 광주학살로 정권을 장악한 전두환은, 권력의 핵심 축인 언론을 통제하기 위해 <조선일보> 기자 출신 허문도를 앞세워 자신에게 비판적인 언론인들을 대거 해직시켰다. 동시에 전두환과 허문도는 사상가 함석헌(1901~1989)이 창간한 <씨알의 소리>, 민중신학자 안병무(1922~1996)가 창간한 <현존>, 서울대 교수 백낙청(1938~)이 창간한 <창작과 비평> 등 172종의 정기간행물을 강제로 폐간시켰다.

이러한 조치로 전두환은 광주에서 민간인을 학살했을 뿐 아니라, 한국 사회의 사상과 언어 자체를 학살하며 국민의 정신을 암흑 속에 가두었다.

함석헌은 '씨알', 곧 민중이 역사의 주체이자 우주의 중심이라고 믿었다. 그는 예수를 '참된 씨알'로 보았고, 인류를 구원하는 '현재의 예수'를 민중 속에서 발견해야 한다고 역설했다. 만약 1980년 <씨알의 소리>가 강제 폐간되지 않았다면, 그는 자신이 직접 강의하던 노장사상을 비롯해 동서양을 아우르는 사유를 더 깊고 넓게 펼쳐 보였을 것이다.

민중신학자 안병무 역시 마찬가지였다. 그는 "민중이 예수요, 예수가 민중이다. 예수의 십자가 처형은 2천 년 전의 일회적 사건이 아니라, 지금 이 순간에도 민중의 역사 현장에서 계속되고 있다"고 말했다. 그러나 1980년 전두환 정권의 '분서갱유'로 인해 그의 사유는 강제로 중단되었다. 안병무는 결국 한신대학교 교수직에서 해직되었다. 만약 그 탄압이 없었다면, 그의 민중신학은 더욱 체계적으로 발전해 세계 신학계에 깊은 영향을 미쳤을 것이다.

아무리 강한 군대라도 정신을 잃으면 전쟁에서 이길 수 없다. 마찬가지로 사상을 잃은 민족, 언어를 빼앗긴 국민은 국가적 위기를 극복할 수 없다. 1980년 전두환 정권이 자행한 언론사 강제 통폐합과 언론인 강제 해직은, 광주의 민간인 학살에 이어 한국 사회의 사유 능력 자체를 짓밟은 범죄였다. 이는 결코 용서받을 수 없는 국가 폭력이었다.

이제 그 사건을 다시 바라보려 한다. 전두환 정권이 권력을 공고히 하기 위해 어떻게 언론사를 강제로 통폐합했고, 언론인들을 어떤 방식으로 해직시켰는지. 아래에서는 그 시기를 직접 통과한 피해 언론인들의 증언을 통해, 그 폭력의 실체를 살펴보고자 한다.

김대중 관련 자백을 강요하며 자행된 고문

당시 <경향신문> 기자 고아무개는 2008년 진실화해위원회 조사에서 1980년의 상황을 다음과 같이 진술했다.

"1980년 5월 17일 밤, 아무런 이유 없이 자택에서 합동수사본부에 끌려가 남영동 분실에서 반공법 위반 혐의로 조사를 받았다. 조사 과정에서 고려연방제를 찬양했다는 자백을 강요받았고, 언론민주화운동의 배후에 당시 재야 정치인이던 김대중 씨가 연루되어 있다는 사실을 자백하라고 요구받으며 숱한 고문을 당했다. 약 한 달간 조사를 받은 뒤 징역 1년형을 선고받아 복역했으며, 9개월 만에 특별사면으로 출소했지만 1980년 6월 이미 해직된 상태였다.”

(진실화해위원회, 2008년 보고서 「1980년 언론사 통폐합 및 언론인 강제 해직 사건」, 907쪽)

당시 <부산일보> 기자 이아무개의 증언도 다르지 않다.

“한국기자협회 부회장으로 활동했다는 이유로 남영동에 연행되었다. 조사 과정에서 김대중으로부터 돈을 받았는지를 추궁당했고, 각목과 발길질로 구타를 당했다. 약 25일 동안 잠을 재우지 않았으며, 계속 앉은 자세로 조사를 받았다. 고통을 견디지 못해 결국 ‘김대중이 돈 5만 원을 주었다’고 거짓 자백을 하고 말았다.”

진실화해위원회의 조사 결과에 따르면, 1980년 전두환 정권에 의해 삼청교육대에 강제로 입소된 언론인은 모두 35명이었다. 전두환 정권은 언론인 해직 과정에서 방송사 사장과 기자들을 ‘순화교육’이라는 명목으로 삼청교육대에 보내며, 이를 다른 언론인들에 대한 협박과 통제 수단으로 활용했다. 이에 대해 진실화해위원회는 “신군부가 언론인을 강제로 순화교육시킨 행위는 명백한 부당 공권력 행사”라고 판단했다.

다음은 전두환 정권에 의해 삼청교육대에 끌려간 언론인들의 증언

일부다.

<대전일보> 기자 이아무개는 이렇게 진술했다.

"1980년 7월경 본사에서 구두로 사직을 종용받았다. 이를 거부하자 '사이비 기자'라며 삼청교육대 입소 대상자로 지목되었다. 사직서를 내지 않은 채 강원도로 도피했지만, 가족들에게 피해가 갈까 두려워 10월경 자수했다. 이후 C급 판정을 받고 삼청교육대에 입소했다."

<경남매일> 기자 김아무개는 다음과 같이 회상했다.

"군용 유류 1천여 드럼 유출 사건을 보도한 뒤, 1980년 7월 30일 경남 계엄분소 소속 군인들에게 연행되었다. 충무경찰서와 삼청교육대에서 약 29일간 구금되며 구타와 협박을 당한 뒤 석방되었고, 그해 8월 31일 강제 해직되었다."

같은 신문사의 또 다른 기자 이아무개의 증언이다.

"1980년 8월경 신문사 사무실에서 보안부대로 연행되었다. 감금된 상태에서 강제로 사표 제출을 요구받았고, 자술서를 쓰라고 했지만 쓸 내용이 없어 백지를 냈다. 그러자 수사관은 무릎을 꿇게 한 뒤 구둣발로 무릎과 허벅지를 밟으며 걷어찼고, 조사 중에도 수시로 주먹으로 폭행했다. 지하 조사실에서 4~5일간 조사를 받은 뒤 보안부대 내 '체육관'으로 옮겨져 20여 일간 감금되었다. 그곳에서 남아무개 기자가 조사받으며 지르는 비명을 들었다. 조사관은 '시대의 흐름에 순응하라. 퇴직금을 줄 테니 사표를 내라'고 강요했고, '조사 사실을 외부에 발설하지 말고 입 닫고 살면 좋은 일이 있을 것'이라고 위협했다."

사표를 쓰지 않으면 나갈 수 없다

<경남매일> 기자 남아무개는 진실화해위원회 조사에서 다음과 같이 증언했다.

"보안대에 연행되어 약 열흘간 조사를 받는 동안 신문사 비리에 관한 질문을 받았다. 그러나 보안대가 원하는 답을 하지 못하면 주먹으로 온몸을 구타당했고, 양손이 밧줄에 묶인 채 매달리기도 했다. '사표를 쓰지 않으면 살아서 나갈 수 없다'는 위협을 받았고, 결국 사표를 쓸 수밖에 없었다. 그 과정에는 내부 협력자가 있었지만, 신변 문제로 이름은 밝힐 수 없다."

같은 신문사의 공아무개 기자 역시 강제 해직 과정에서 겪은 폭력을 이렇게 증언했다.

"경남 보안부대에 연행되어 감금된 상태에서 수사관의 강압에 의해 사표를 강제로 제출했다. 처음에는 뺨을 계속 맞았고, 곡괭이 자루로 가슴을 찌르고 얻어맞았다. 책상 사이에 머리와 다리를 걸치게 한 뒤 허리와 머리를 밟으며 짓이겼다. 그 상태에서 머리에 수건을 덮고 큰 주전자에 담긴 물을 부었다. 이후 양쪽 집게손가락에 전선을 연결한 채 군용 수동식 전화기를 돌려 여러 차례 전기 고문을 당했다. 지금도 왼쪽 광대뼈에 남아 있는 흉터가 그때 생긴 상처다. 이 모든 과정에는 내부 협조자가 있었으며, 그는 회사의 경영권을 찬탈하기 위해 보안사에 협조해 반발 기자들의 명단을 제공했다."

<강원일보> 기자 장아무개는 다음과 같이 회상했다.

"보안사의 경포대 개발 관련 비리 수사 기사를 작성한 뒤 미움을 샀다. 그 일로 삼청교육대에 입소해 2주간 곤욕을 치렀지만, 이후 정화위원회에 이의를 제기해 무혐의 판단을 받고 석방되었다."

진실화해위원회의 조사 결과에 따르면, 당시 보안사의 요구에 언론사가 불응할 경우 국세청과 감사원을 동원한 세무사찰과 경영감사가 계획되어 있었다. 이러한 공포 분위기 속에서 언론사 사주들은 보안사로 소환되어 이른바 '포기각서'를 작성해야 했다. 수사관들은 권총을 휴대하거나 대검을 착검한 군인을 대기시켜 위협했고, 언론사 대표가 부재 중일 경우에는 권한이 없는 총무부장 등에게 대리로 각서를 작성하게 했다. 진실화해위원회는 이러한 행위를 명백한 공권력 남용으로 판단했다.

더 나아가 전두환 정권은 충주문화방송 사장이 삼청교육대에 끌려간 사례를 거론하며 다른 언론사 사주들을 노골적으로 위협했다. 또한 <중앙일보>의 홍아무개 사장과 이아무개 회장이 이미 포기각서를 작성했다는 사례를 내세워, 다른 언론사 대표들의 저항 의지를 꺾었다. 이렇게 전두환 정권은 언론사 통폐합이 거스를 수 없는 '대세'인 것처럼 인식하게 만드는 방식으로, 언론의 자유를 체계적이고 철저하게 질식시켰다.

삼청교육대에 끌려간 충주문화방송 사장

전두환 정권은 언론사 통폐합을 관철하기 위해, 일부 언론사 사주와 경영진을 '본보기'로 삼청교육대에 끌어갔다. 충주문화방송 사장이었던 유호 씨는 그중 대표적인 사례다.

유호는 자신의 경험을 다음과 같이 기록했다.

"충주문화방송 사장으로 재직 중이던 1980년 8월 8일 저녁 6시경, 충주경찰서로 연행되었고, 이튿날인 8월 9일 삼청교육대에 입소했다. 약 3주간 교육을 받은 뒤 같은 해 8월 31일 석방되었다. 석방될 때까지 나는 어떤 피의사실이나 범죄사실도 고지받지 못했다. 석방 이후에야 8월 15일과 16일자 신문 기사 내용을 통해 내가 구속된 사유를 알게 되었다. 전두환 정권은 내가 입소한 지 8일이 지난 뒤에야 날조된 내용을 발표했다. 이는 언론 통폐합 조치의 일환으로, 당시 독립 법인이던 21개 문화방송을 강압적으로 공영화하기 위해 공포 분위기를 조성하는 과정에서 나를 희생양으로 삼은 것이었다."

(《삼청교육대 – 공포의 그해 여름》, 대신출판사, 1989, 191~192쪽)

당시 충주문화방송 경리부 직원 김아무개는 2008년 진실화해위원회 조사에서 다음과 같이 진술했다.

"정확한 날짜는 기억나지 않지만, 동원 교육을 마치고 방송국으로 돌아오던 길에 유호 사장이 끌려가는 모습을 직접 보았다. 정확한 이유는 알지 못했으나, 시험적으로 한 사람을 지목해 '언론사 사장들도 이렇게 될 수 있다'는 본보기를 보이려는 희생양이었다는 말을 들었다."

충주문화방송 대주주의 장녀 이아무개 역시 같은 해 진실화해위원회에서 당시 상황을 이렇게 회상했다.

"1980년 11월 어느 날 오후, 아버지가 정복 차림에 대검을 착검한 군인 서너 명에게 연행되는 장면을 직접 목격했다. 아버지는 하룻밤을 보내고 돌아왔는데, 그가 말하길 보안대 조사실에 들어가기 전 평소 알고 지내던 인사로부터 '승복하지 않으면 고문이 있을 것 같다. 빨리 정리하는 것이 좋겠다'는 말을 들었다고 했다. 유호 사장이 삼청교육대에 끌려간 사건 이후에는 누구도 이의를 제기할 의욕을 잃었고, 자신 역시 운신하기 어려운 상황이었다고 했다."

이와 유사한 사례는 또 있었다. 1980년 11월, 마산문화방송 대표이사 신아무개 역시 전두환 정권에 의해 방송사 주식을 강제로 환수당했다. 그는 2008년 진실화해위원회 조사에서 다음과 같이 증언했다.

"보안사 수사관들이 군홧발로 허벅지를 차며 욕설을 퍼부었다. '욕 좀 봐야겠다'고 말하며 지하실로 끌고 가 의자에 묶어 놓은 채 신문했다."

도장을 찍지 않으면 고문할 수밖에

당시 마산문화방송 총무부장 김아무개는 전두환 정권이 자신에게 가한 강압 행위를 다음과 같이 진술했다.

(진실화해위원회 2008년 보고서, 「1980년 언론사 통폐합 및 언론인 강제 해직 사건」, 868쪽 이하)

"1980년 11월 12일 보안부대로 소환되어 약 9시간 동안 감금된 상태에서, 마산문화방송 주식 51%를 문화방송과 <경향신문>에 매각한다는 각서를 작성하라는 강요를 받았다. 나는 권한이 없다고 항변했으나, 수사관은 '도장을 찍지 않으면 나갈 수 없다. 좋은 말할 때 도장을 찍고 나가라'고 말했다. 이어 '도장을 찍지 않으면 고문할 수밖에 없다'고 협박했다."

남양(현 제주)문화방송 주주 박아무개 역시 당시 상황을 이렇게 회상했다.

"강압이 없었다면 누가 흑자 경영 중인 방송사를 포기했겠는가. 충주문화방송 사장이 삼청교육대에 끌려갔다는 말이 돌고 있었다. 이런 분위기에서 보안사의 지침을 거스를 수 있는 사람은 없었다."

남양문화방송 영업부장 박아무개도 비슷한 증언을 남겼다.

"1980년 11월 12일 아침 9시경 보안사 직원의 연락을 받고 회사로 나갔더니, 권총을 찬 보안사 직원 두 명이 주식 양도 각서에 서명하라고 강요했다. 당시의 위세로 보아 누구도 대항할 수 없었다. 군복을 입고 권총까지 찬 상태에서 강요하는데, 거부할 수 있겠는가. 그 무렵 제주신문 김아무개 사장도 경찰에 연행돼 고초를 겪었다. 충주문화방송 사장이 삼청교육대에 끌려갔다는 소식은 이미 언론인 사회에 널리 퍼져 있었다."

목포문화방송 대표이사 권아무개는 당시의 공포 분위기를 다음과 같이 증언했다.

"보안사의 명령을 거부할 도리가 있었겠는가. 동명목재나 국제그룹이 어떻게 되었는지 모두 알고 있었다. 신군부에 밉보이면 언제든 끌려가거나 기업 자체가 무너질 수 있었다. 충주문화방송 사장은 삼청교육대에 끌려갔고, 마산문화방송과 울산문화방송 등은 재산을 환수당했다. 특히 우리 지역은 광주민주화운동 직후라 분위기가 더욱 험악했다. 보안사의 요구를 거부하면 언제, 어떤 이유로 끌려갈지 알 수 없었다. 그 시절 언론사 사장 가운데 보안사의 명령을 거부할 배짱이 있는 사람은 없었을 것이다. 개인적으로도 신군부에 저항할 수 없었다."

진실화해위원회의 조사 결과, 전두환 정권은 이처럼 강제 해직된 언론인과 일부 언론사 사주들을 삼청교육대에 입소시켰다. 이들은 '순화교육'이라는 명목 아래 강제로 수용되었고, 그 과정에서 폭행과 모욕, 장기 구금과 고문을 겪었다. 또한 불법 연행과 가혹행위, 부당한 사법처벌로 인권이 침해되었으며, 해직 이후에는 취업이 사실상 차단되어 생계가 막히고 '무능력자'라는 낙인이 찍혀 가정이 파탄에 이르는 등 극심한 고통을 감내해야 했다.

강제해직 언론인들, 지금까지 배상받지 못해

이처럼 전두환 정권은 언론인들이 해직된 이후에도 다른 직장에 취업하지 못하도록 끝까지 제한함으로써, 그들의 생존권을 위협하는 방식으로 공권력을 위법하게 행사했다고 진실화해위원회는 판단했다.

이 같은 조사 결과를 바탕으로, 진실화해위원회는 2009년 「1980년 언론사 통폐합 및 언론인 강제해직 사건」에 대해 다음과 같은 진실규명 결정을 내렸다.

"전두환 보안사 사령관을 중심으로 한 군부가 정권을 장악하기 위해, 집권에 장애가 될 수 있는 언론을 조정·통제할 목적으로 언론인 해직, 정기간행물 폐간, 언론사 통폐합을 단행했음이 확인된다. 언론 통폐합에 앞서 언론사 사장이 삼청교육대에 입소했던 점, 마산문화방송 등 4개 방송사의 재산이 부정축재 재산으로 국고 환수 조치되었다는 점, 당시 신군부의 동명목재 등에 대한 재산 환수 조치로 방송사 사주들 또한 위축된 상태였다고 진술하고 있는 점, 개인적으로 보안사의 요구를 거부할 배짱이 없었다는 진술 등에 비추어 볼 때, 언론사 사주들이 당시 분위기 속에서 사회경제적 파멸과 구속 또는 가혹행위 등 신변에 대한 심각한 위협을 받았음이 인정된다.”

그러나 문제는 1980년 언론사 통폐합과 언론인 강제해직 사건이 과거의 사건으로 끝나지 않았다는 데 있다. 그 후유증은 오늘날까지도 더 큰 구조적 문제로 남아 있다.

당시 전두환은 자신의 군사독재 정권에 우호적인 수구 보수 언론에는 재정적·조직적으로 막대한 지원을 하며 성장시켰다. 반면, 정권에 비판적인 진보 성향 언론사와 언론인들은 대량 해직하고 지속적으로 탄압했다. 그 결과 전두환 정권은 재정적으로 강력하고 조직화된 수구 보수 언론을 만들어낼 수 있었다. 이러한 구조가 오늘날 국민의 신뢰를 상실한 이른바 ‘기레기 언론’의 뿌리라고 할 수 있다.

1980년 언론사 통폐합 및 언론인 강제해직 사건이 발생한 지 이미 40년이 넘었지만, 당시 강제해직된 언론인들은 지금까지도 정부 차원의 공식적인 배상이나 실질적 구제를 받지 못하고 있다.

이에 대해 2020년 5월 4일, 고승우 80년 해직언론인협의회 공동대표는 다음과 같이 지적했다.

"1980년 언론인 강제해직 사건은 신군부가 자행한 범죄행위였다는 점에 대해 진실화해위원회, 국방부 과거사진상규명위원회, 대법원까지 모두 판단을 내렸지만, 여전히 정부 차원의 배상과 국가 책임을 인정하는 후속 대책은 마련되지 않고 있다."

네 아내를 윤락녀로 만들겠다

김병진은 1955년 일본 고베시에서 재일동포의 아들로 태어났다. 그는 어려서부터 일본 아이들로부터 '조선인'이라는 이유로 집단 따돌림을 당했다. 초등학교에 막 입학했을 무렵의 일이다. 학교에서 집으로 돌아오던 길에 나이 많은 일본 아이 대여섯 명이 나타나 그에게 "조센징, 조선정벌 해 주겠다!"고 소리치며 몽둥이로 온몸을 마구 때렸다. 그는 영문도 모른 채 몰매를 맞고 울면서 집으로 돌아왔다. 자초지종을 들은 부친은 오히려 울고 있는 그에게 화를 내며 이렇게 말했다.

"조선인은 공부든 싸움이든 1등을 해야 한다. 1등이 되어 일본 놈들에게 뭐든지 이겨야 한다."

이 말은 마치 유언처럼 평생 그의 뇌리에 남았다. 그의 부친은 경북 칠곡에서 태어나자마자 할머니의 등에 업혀 일본으로 건너왔다. 당시 할아버지는 이미 일본에서 생계를 꾸리고 있었다. 부친의 형제자매들인 고모들과 삼촌들은 모두 일본에서 태어났고, 부친 역시 갓난아기 때 일본으로 건너온 탓에 고국에 대한 기억이 전혀 없었다고 한다.

그는 일본 아이들에게 수시로 맞았지만, 일본 아이들은 혼자서 그에게 덤비지는 않았고, 그가 형이나 사촌들과 함께 있을 때는 접근조차 하지 않았다. 그래서 그는 어릴 때부터 혼자 집 밖에 나설 때마다 두 주먹을 불끈 쥐고, 마치 전투장에 나가는 투사처럼 각오를 다지곤 했다.

괴로웠던 '조선정벌' 교과 시간

'조선정벌'이라는 말을 그는 초등학교 6학년 때 일본 역사 수업에서 처음 들었다. '도요토미 히데요시의 조선정벌'을 배우던 날이었다. 의기양양하게 설명하는 교사의 얼굴과, 눈을 반짝이며 수업을 듣던 일본 아이들의 모습 속에서 그는 고개를 들지 못했다. 이런 갈등과 번민 속에서 그의 초등학교 시절은 즐거운 기억보다 괴로운 기억으로 남았다.

그는 줄곧 일본 학교만 다녔고, 이른바 '민족교육'을 정식으로 받아 본 적이 없었다. 일본 학생들에게 따돌림을 당하는 그를 보다 못한 고모들은 학교에서만이라도 조선인이라는 사실을 절대 밝히지 말라고 거듭 당부했다. 그는 고모들의 걱정을 덜기 위해 일본 이름으로 학교에 다녔고, 그렇게 자신을 숨기는 생활은 고등학교 2학년 때까지 이어졌다.

1971년, 고등학교 2학년이 되던 해 그는 처음으로 모국을 방문해 경북 칠곡의 조상 묘를 참배했다. 이어 민단과 한국 정부가 주최한 하계학교에 참가하면서 자신의 정체성에 대해 비로소 마주하게 되었고, 큰 충격을 받았다. 그 일을 계기로 그는 일본 학교에서 다시 한국 이름을 사용하며, 일본 학생들 앞에서 자신은 일본인이 아니라 한국인이라고 밝혔다.

그가 다니던 학교는 오사카 제일의 명문고였다. 졸업 후 일본의 명문대에 진학하는 것이 당연시되는 분위기였지만, 그는 일본 대학 대신 모국의 대학 진학을 선택했다. 한국어 공부에 몰두하는 한편, 학교에서 동포 모임 서클인 '조선문화연구회'를 결성해 동포 계몽 활동을 벌였다.

고3이 되어 모국 유학을 준비하던 중, 재일교포 유학생이 간첩 혐의로 체포돼 화상을 입은 얼굴로 공판장에 나타난 '서승 사건'이 발생했다. 그는 민단을 통해 이미 유학 수속을 밟고 있었지만, 이 사건 이후 할머니는 완강히 반대했다. 그는 "조용해질 때 가자"고 마음먹고, 1973년 간세이학원대학교에 진학하면서 재일한국학생동맹(한학동)에 가입했다.

한학동은 민단 민주화를 주장했다는 이유로 민단 산하단체 인정을 취소당한 상태였다. 1973년 10월 한국에서 반유신 투쟁이 일어나자, 한학동 소속 학생들도 적극 참여했다. 1974년 민청학련 사건이 발생하자 한학동 맹원 300여 명은 주일한국대사관 앞에서 항의 시위를 벌였고, 그는 그 자리에서 항의문을 낭독했다. 이후 그는 민단 지부 지단장으로부터 협박을 받았다.

그의 막내 고모는 한국인과 결혼해 한국에서 살고 있었다. 지단장은 한학동 활동을 계속하면 김병진 본인은 물론, 한국에 시집간 고모의 여권을 취소하겠다고 협박했다. 그는 평생의 소원이었던 모국 유학이

235

점점 멀어지는 것 같아 답답한 시간을 보냈다.

1979년 10·26 사건 이후, 그는 재일동포를 위한 모국어 교육을 꿈꾸며 국문학자가 되겠다는 뜻으로 최현배의 학맥을 잇는 연세대학교 국문과에 지원해 합격했다. 오래 꿈꿔온 모국 대학 생활이 시작됐지만, 한국에서 교육받은 학생들에 비해 모든 것이 버거웠다. 그럼에도 그는 성실히 학업에 임하며 나름의 보람을 찾았다.

1980년 당시 학생 시위가 한창이었다. 그는 처음에는 멀리서 지켜보다가 국문과 동기들의 권유로 스크럼을 짜고 시위에 참여했고, 5월 15일 서울역 광장 회군에도 함께했다.

1980년 5월, 전두환 정권은 대학 휴교령을 내렸다. 기숙사 학생들은 모두 고향으로 돌아갔지만, 그는 한국에 갈 곳이 없었다. 고민 끝에 제주도로 시집간 막내 고모의 집으로 내려가 학교가 재개되기를 기다리기로 했다. 그곳에서 자주 왕래하던 동국대생을 통해 한 여성을 소개받아 제주 시내에서 데이트를 시작했다. 당시 그 여성은 제주도 교육위원회에서 근무하고 있었다.

그녀의 부친은 고등학교 교감으로 재직하다 교통사고로 사망했고, 모친은 홀로 다섯 남매를 키우다 암으로 투병 중이었다. 결국 그는 결혼을 서두르게 되었고, 1981년 5월 서울 종로구 인사동 수운회관에서 결혼식을 올렸다. 결혼 한 달 뒤, 장모는 세상을 떠났다.

간첩으로 조작되다

1983년 3월, 그는 아내의 도움을 받으며 연세대학교 대학원에 입학했고, 그해 4월 장남이 태어났다. 그러나 불과 넉 달 뒤인 1983년 7월 9일 오후 2시경, 서울 관악구 신림동 주거지 앞에서 갑자기 나타난 국군보안사령부 수사관들에 의해 그는 강제로 보안사 서빙고분실로 연행되었다.

서빙고분실에서 그는 몇 개월 동안 가혹한 고문을 받았고, 결국 보안사가 조작한 대로 '간첩'이 되었다. 그는 당시의 고문을 훗날 진실화해위원회에서 다음과 같이 진술했다.

"보안사 수사관들이 나를 세운 상태에서 수사2계장 김용성이가 양팔을 잡고, 길이 약 150센티미터, 지름 10센티미터가 넘는 나무 몽둥이로 엉덩이와 등, 허벅지 등 온몸을 수십 차례 때렸다. 그러면서 '너 이 새끼 죽여버리겠다', '네 마누라를 윤락녀로 만들고 네 자식은 애비도 모르게 만들어 고아원에 보내버리겠다'고 협박했다⋯."

갖은 고문에도 불구하고 그의 간첩 혐의를 입증할 수 없었던 보안사는, 그의 뛰어난 한국어 실력을 이용해 그를 보안사 일어 통역으로 활용하기로 했다. 당시 보안사에 연행된 사람의 약 80퍼센트가 재일동포였고, 한국어가 서툰 이들에 대한 조사 과정에서 일본어 통역이 필요했기 때문이다.

결국 그는 보안사에 강제 특채되어 1984년 1월 1일부터 1986년 1월 31일까지 약 2년간 통역으로 근무했다. 그는 이 강제근무 기간 동안 자신과 같은 재일동포들이 가혹한 고문을 당하는 모습을 바로 옆에서 지켜보아야 했다. 그 고통은 감당하기 어려웠고, 거의 매일 밤 악몽에 시달렸다. 급기야 가족과 동반자살을 생각하기도 했지만, 갓 태어난 아들의 얼굴을 보며 끝내 실행하지는 못했다.

이 강제근무는 당시 최경조 대공처장, 우종일 수사과장, 김용성 수사 2계장의 결정이었음이 훗날 진실위 조사로 밝혀졌다.

그 무렵 그의 아내가 둘째를 임신했다. 그는 "둘째 출산을 위해 아내와 함께 일본에 다녀온 뒤 다시 보안사로 복귀하겠다"는 조건으로 퇴직을 허락받았고, 이튿날인 1986년 2월 1일 가족과 함께 일본으로 돌아왔다.

일본에 도착하자마자 그는 보안사에서의 2년간 강제근무와 고문, 협박의 경험을 책으로 쓰기로 결심했다. 귀국한 날부터 낮에는《보안사》를 집필하고, 밤에는 학원 강사로 일하며 겨우 생계를 이어갔다. 생활은 극도로 궁핍했지만, 그에게는 버티는 것 외에 다른 선택지가 없었다.

그러나 둘째 출산 이후에도 그가 보안사로 복귀하지 않자, 보안사의 압박은 다시 시작되었다. 보안사 요원들은 전화와 편지를 보내며 그를 접촉하려 했고, 그가 응답하지 않자 네다섯 명의 건장한 사내들이 그의 집 주변을 맴돌며 그를 불러내려 했다. 그는 끝까지 응하지 않았다.

그러자 보안사는 악의적인 유언비어를 퍼뜨리며 그와 가족을 괴롭히기 시작했다. 그는 훗날 "죽더라도《보안사》는 다 쓰고 난 다음에 죽자"는 각오였다고 회고했다. 처자식을 생각하면 미칠 것 같았고, 제정신을 유지하기 어려운 나날이었다. 그가 생각한 유일한 탈출구는 하루라도 빨리《보안사》를 완성해 세상에 공개하는 것이었다.

그 결과 1988년 6월 일본어판《보안사》가 출간되었고, 같은 해 8월 한국어판《보안사》도 출간되었다. 일본어판《보안사》는 그해 10월 아사히신문사 주관 '아사히저널 논픽션 대상' 우수작으로 선정되었다.

책이 일본에서 먼저 출간된 뒤, 그해 8·15 특별사면으로 다수의 조작 간첩 사건 피해자들이 석방되었다. 이어 1988년 국방부 국정감사에서 처음으로 간첩 조작 문제가 공식적으로 다뤄졌다. 이 자리에서 그의 이름과《보안사》를 언급하며 정부를 추궁한 인물은 당시 국회의원이었던 노무현이었다.

그러나 한국어판《보안사》출간 이후, 그는 노태우 정권하에서 군사기밀보호법 위반 혐의로 기소 중지 및 지명수배 처분을 받았고, 여권 발급도 금지되었다. 그 결과 그는 출국한 지 14년 4개월이 지난 2000년 5월이 되어서야, 김대중 정부 아래에서 비로소 다시 모국의 땅을 밟을 수 있었다.

'명예회복 하라'는 진실위 권고를 받았지만 현실은

2009년, 진실화해위원회는 사건 발생 26년 만에 "국가폭력의 피해자 김병진 씨에 대해 국가는 사과하고 명예회복을 위한 조처를 취하라"고 권고했다. 그러나 그럼에도 불구하고 한국 정부는 '김병진 사건'에 대해 아무런 후속 조처를 하지 않았다.

그는 결국 한국 정부를 상대로 손해배상 소송을 제기했다. 하지만 한국 법원은 "국가의 불법행위는 인정되지만, 공소시효가 지났다"며 그의 청구를 기각했다. 법원의 논리대로라면 그는 노태우 정권 시절 손해배상 소송을 제기했어야 했다. 그러나 당시 그는 지명수배 상태였고 입국 자체가 금지되어 있었다. 그런 상황에서 국가를 상대로 소송을 제기하는 것이 과연 가능했을까. 그에게 대한민국의 사법 체계는 이미 오래전에 상식을 잃은 것으로 느껴졌다.

 어린 시절부터 일본 아이들에게 '왕따'를 당하며 자란 그는, 젊은 시절 국문학자가 되어 재일동포들에게 힘이 되는 사람이 되기를 꿈꾸었다. 그러나 그는 그 꿈을 끝내 이루지 못했다. 그럼에도 불구하고 그와 아내는 한일 교류의 여러 현장에서 없어서는 안 될 역할을 맡아왔다. 지난 2012년에는 '세상을 밝게 만든 사람들' 상을 받기도 했다. 그것이 그나마 절망하지 않고 살아올 수 있었던 힘이었다.

 그는 1988년《보안사》출간 이후 수년간 학원 강사로 일하며 가난 속에서도 두 아이를 키웠다. 그의 아들은 고등학교까지 일본에서 마친 뒤 서울대학교에서 학사와 석사를 취득했고, 현재는 한국의 한 대기업 일본 주재원으로 근무하고 있다. 그의 딸은 일본 교토대학교에서 박사학위를 받고 현재 일본에서 줄기세포 연구자로 살아가고 있다.

 현재 그는 10여 년 전 앓은 병으로 강사 일을 그만두었고, 연금도 거의 없는 막막한 노후를 보내고 있다. 보안사에 끌려갔을 당시 그는 스무 살 중반의 청년이었지만, 이제는 예순을 훌쩍 넘긴 노인이 되었다.

더 늦기 전에 한국 정부가 그와 그의 가족에게 머리 숙여 사과하고, 한 가족의 인생과 행복을 송두리째 앗아간 일에 대해 책임 있는 배상을 할 수는 없는 것일까.

모국의 보안사에 끌려간 뒤 잃어버린 40여 년. 그러나 대한민국 정부는 재일동포 김병진에게 지금까지도 진심 어린 사과 한마디 하지 않았다. 필자는 마지막으로 그에게 모국에 전하고 싶은 말을 물었다. 그의 당부를 인용하며 이 글을 마친다.

"한국의 과거사 정리는 끝난 것이 아니라 중도에 좌절되었다고 생각합니다. 언젠가는 반드시 다시 시작해야 합니다. 그리고 그때는 재일한국인, 재일교포들이 겪어온 아픔과 어려움에 대해 한국 정부가 각별한 관심과 애정을 가져주었으면 합니다.

진실위의 활동이나 역할은 일본에서는 제대로 알려지지 않았습니다. 알았다 하더라도 생활고 때문에, 혹은 가해자인 한국 정부에 대한 원망으로 조사 신청을 하지 못했거나 하지 않은 재일교포들도 많습니다. 억울하게 간첩조작사건의 피해자가 되었더라도, 피해 신청을 위해 한국을 방문하는 것 자체가 쉽지 않은 현실적 어려움도 있습니다. 이런 사정들을 한국 정부가 헤아려 주고, 앞으로는 적절한 조치를 취해 주기를 바랍니다. 재일교포도 대한민국 국민이라는 사실을 잊지 말아 주십시오.

일본에서 매일 한국 관련 뉴스를 접하다 보면 기쁜 소식보다 답답한 뉴스가 더 많습니다. 우리 후손들이 오늘을 절망으로 보내기보다 희망 속에서 미래를 꿈꿀 수 있도록, 지금의 우리가 도와주어야 하지 않겠습니까. 그러기 위해서는 잘못된 역사를 반성하고 바로잡는 모습을 어른들이 먼저 보여주어야 한다고 생각합니다.

　일본으로 귀화한 재일교포 이충성 축구선수의 사례에서 보듯, 한국 사회는 극도의 경쟁과 강한 배타성 속에서 조금만 다르면 쉽게 배척해 버립니다. 약자들의 아픔과 고통에 더 민감하고, 더 포용적인, 인정이 넘치는 따뜻한 조국이 되기를 바랍니다.”

전두환 때문에 목숨을 끊은 대학생 한희철

전두환 정권기였던 1983년 12월 10일.

그날은 나와 철도학교 동문이자 동갑내기였던 한희철이 군대에서 스스로 목숨을 끊은 날이다.

한희철(1961.2.11.)은 1978년 12월 국립 철도고등학교를 졸업한 뒤, 잠시 철도청에서 근무하다가 1979년 3월 철도장학생으로 서울대학교 공과대학에 입학했다.

당시 철도고는 공부는 잘하지만 형편이 어려운 시골 학생들이 서울로 '유학' 오듯 진학하던 명문학교였다. 학비가 전액 면제였고, 졸업과 동시에 철도공무원으로 100% 취업이 보장되었기 때문이다. 특히 시골의 성적 우수 학생들에게는 꿈의 학교였다.

철도고 수석 졸업자가 서울공대에 합격할 경우, 철도청은 학비는 물론 생활비까지 전액 지원했다. 한희철은 바로 그 경우였다. 그는 철도고를 수석으로 졸업하고 서울공대에 합격해, 동문들의 부러움과 기대를 한몸에 받으며 1979년 3월 당당히 서울공대에 입학했다.

나는 같은 해 3월 국립 철도대학에 입학했다. 당시 철도대 오화석 학장 역시 철도고 수석 졸업 후 철도장학생으로 서울공대를 나온 인물이었다. 나는 학장님을 수시로 찾아뵈며 깊이 존경했고, 그분은 철도고와 철도장학생 출신들에게 하나의 상징 같은 존재였다.

철도대는 당시 용산에서 철도고 바로 옆에 자리하고 있었다. 그래서 나는 철도고 출신 철도대 동문들을 통해 '공부벌레' 한희철에 관한 여러 이야기를 자연스레 들으며 대학 생활을 했다. 그의 이름은 늘 성실함과 수재의 상징처럼 회자되었다.

1961년 12월 21일 박정희 정권에 의해 사형당한《민족일보》사장 조용수의 평전을 쓴《경향신문》원희복 전 기자 역시, 당시 한희철과 함께 철도고를 다닌 동문이다.

노동자 권익 보호에 적극 참여한 한희철

한희철은 1979년 5월, 서울공대 재학 중 '가톨릭학생회'에 가입해 활동하면서 사회 현실에 대한 비판의식을 갖게 되었다.

1980년 성남 YMCA가 창립되자 그는 지역 청년·학생들과 함께 청년 모임인 '탄천클럽'의 조직과 활동을 주도했다. 이후 한희철은 노동자 권익 보호와 민주주의 실천을 위한 운동에 적극 참여했다.

그는 노동자 야학인 '샘터교양교실'에서 교사로 활동했고, 1981년에는 '성남지역 대학생연합회' 결성을 주도하며 세미나 팀장을 맡았다. 또한 성남 수진동 성당의 '만남의 집'에서도 회원으로 활동했다.

부친의 권유로 대학 4학년 2학기를 휴학한 그는 1982년 12월 1일 입대했고, 1983년 1월 5일부터 육군 행정병으로 복무했다. 그는 전역 후 노동사목 신부로 활동할 뜻을 품고, 군 생활에도 성실히 임했다.

입대하기 전인 1982년 10월, 그는 성남 YMCA에서 외국어대학교에 재학 중이던 신○근을 알게 되었다.

1983년 10월 28일, 군 복무 중 휴가를 나왔다가 그는 당시 「집회 및 시위에 관한 법률」 위반 혐의로 수배 중이던 신○근을 다시 만나게 된다. 당시에는 주민등록 일제 갱신 기간이었고, 광주민주화운동과 관련해 수배 중이던 대학생들은 주민등록증 문제로 큰 어려움을 겪고 있었다.

이 사실을 알게 된 한희철은 그들을 돕기 위해 주민등록증 용지를 구해 위조 신분증을 만들고자 했다. 그는 같은 성당 친구이자, 당시 동사무소에서 방위병으로 복무 중이던 전○일을 찾아갔다. 그러나 훈련 중이라 그를 만나지 못하자, 한희철은 전○일 앞으로 주민등록증 용지를 구해달라는 내용의 편지를 써 신○근에게 전해준 뒤 부대로 복귀했다.

그러나 1983년 12월 초, 신○근이 전두환 정권의 보안사에 의해 검거되었고, 수사 과정에서 한희철의 편지가 발견되었다. 이로 인해 그는 1983년 12월 5일, 영장 없이 헌병들에게 체포되어 보안사로 연행되었다. 당시 보안사는 '녹화사업'의 일환으로 강제징집자들에 대한 이른바 '심사(조사)'를 진행하고 있었다.

'녹화사업'은 1980년대 초 전두환 보안사령관 주도로 시행된 제도로, 각급 부대는 운동권 출신 병사들을 동향 관찰과 감시 대상으로 특별 관리했다. 보안사는 학사장교를 교관으로 선발해 교육한 뒤 보안부대와 보안사에 배치하고, 강제징집된 학생들을 대상으로 심사·순화·활용 업무를 수행했다.

이 과정에서 보안사는 사실상 운동권 활동 전반에 대한 광범위한 수사를 벌였고, 헌법이 보장한 국민의 신체 자유를 침해하는 불법 연행·감금·수사를 자행했다. 또한 정보 제공을 강요하며 운동권 활동을 조직적으로 탄압했다.

운동권 전력이 있던 한희철 같은 병사들에 대해서도 보안사는 대학 재학 시절의 활동 내역과 동료, 조직 관계를 집요하게 추궁했다. 조사 대상자들은 아무 표식도 없는 군복으로 갈아입혀졌고, 화장실 출입을 제외하면 조사실 밖으로 나갈 수 없었다. 외부와의 접촉이 완전히 차단된 상태에서, 보안사 요원들은 조사 대상자들을 무차별적으로 폭행했다.

한희철 역시 1983년 12월 5일부터 8일까지 사흘간 감금된 채, 입대 전 함께 민주화운동을 했던 동료들에 대한 진술을 강요받았다. 자신이 쓴 편지가 발각되었다는 사실을 알지 못했던 그는 첫 진술서에서 동아리 활동 경력을 기재하지 않았다.

그러자 조사를 담당하던 보안사 장교 유〇남은 원하는 진술이 나오지 않자 한희철을 엎드려뻗치게 한 뒤, 조사실에 있던 길이 약 80cm의 곤봉으로 엉덩이와 허벅지를 무차별적으로 구타했다. 그 결과 그의 허벅지에는 시커먼 멍이 들었고, 부대로 복귀한 1983년 12월 10일까지도 그 자국이 남아 있었다.

조사가 끝난 뒤 부대로 돌아온 그는 동료 병사에게

"다시 오라고 하면 죽어버리겠다. 차라리 죽는 게 낫다"

고 말하며 고문으로 인한 극심한 고통을 토로했다.

신○근에게 보냈던 편지가 발각되었다는 사실을 뒤늦게 알게 된 그는, 보안사가 자신에 대해 어디까지 파악하고 있는지 알 수 없는 상태에서 극도의 혼란과 공포에 빠졌다. 특히 보안사 요원들의 폭력 앞에서 외부로부터 어떤 도움도 받을 수 없는 완전한 고립 상태는, 그가 육체적·정신적으로 감내하기 어려운 상황이었다.

다시 오라고 하면 죽어버리겠다

한희철은 '살아서 나가려면 진술을 해야 하고, 진술을 시작하면 연이은 취조로 사건은 걷잡을 수 없이 커질 것'이라고 판단했다. 그는 그 상황에서 벗어날 수 있는 유일한 길이 죽음뿐이라고 생각했고, 여러 차례 자해를 시도했다. 그러나 모두 실패했다.

결국 그는 보안사 요원들이 요구하는 대로 진술서를 작성했다. 진술서에는 출생 이후의 성장 과정, 서울대 재학 시 학내·학외 운동권 서클 활동, 학생운동 과정에서 탐독한 서적, 운동권 동료들의 인적 사항과 서클 조직 체계도, 그리고 신○근을 지원하게 된 경위 등이 상세히 포함돼 있었다.

그는 진술서 외에도

'군 입대 전 운동권 활동을 반성하며, 앞으로 같은 활동을 하지 않겠

다'는 반성문과

'보안사에서 조사받은 내용을 외부에 일절 누설하지 않으며, 귀 사령부 대공 업무와 관련한 협조 요청이 있을 경우 이에 적극 응하겠다'는 각서를 작성했다.

1983년 12월 9일, 한희철은 보안대로 돌아와 하룻밤을 보낸 뒤 소속 부대로 복귀했다. 이틀 뒤인 12월 10일 오전 10시, 그는 부대에 도착했고, 오후에는 내무반과 부관부 사무실에서 휴식을 취했다.

그날 그는 가까웠던 군 동료들에게 보안사에서 당한 고문 사실을 털어놓으며 극심한 자책과 공포를 호소했다. 당시 고참병 김〇인은 훗날 이렇게 진술했다.

"한희철이 '다시 조사받으러 갈지도 모르겠다. 죽을 뻔했고 혼이 났다. 다시 오라고 하면 죽어버리겠다'고 말했다. 허리와 다리에는 멍이 시커멓게 들어 있었다."

부대 동료 이〇구 역시 "한희철이 '고문에 못 이겨 동료와 조직을 털어놓지 않으면 보안사를 빠져나올 수 없다고 생각해 사실대로 말했다'며 스스로를 책망했다"고 증언했다.

같은 날 밤 8시경, 고참병 임〇권도 "한희철이 '보안사에 끌려가 죽다가 살았는데, 죽으면 죽었지 다시는 보안사에 갈 수 없다'고 말했다. 양쪽 허벅지가 시커멓게 멍들어 있었다"고 진술했다.

그날 밤 10시부터 한희철은 '유서'와 '성남 YMCA 총무에게 드리는 글'을 쓰기 시작했다. 다음 날인 12월 11일 자정 무렵, 그는 침상에서 자고 있던 이〇구에게 수첩과 사진, '성남 YMCA 총무에게 드리는 글'

이 들어 있는 봉투를 건네며 말했다.

"누가 조사를 나올지도 모르니, 잘 보관해 달라."

보안대에서 막 복귀한 그는 12월 10일 야간 근무 대상자는 아니었다. 그러나 외박을 나간 고참병 전○희를 대신해, 12월 11일 새벽 4시부터 5시 30분까지 경계 근무를 서게 되었다.

새벽 4시경, 한희철은 일직사관에게 이병 임○수와 함께 근무 신고를 하고 실탄 15발을 지급받아 초소에 섰다. 근무 도중 그는 계단 위로 올라와 편지 봉투 하나를 던졌다. 임○수가 "이게 무엇입니까?"라고 묻자, 한희철은 이렇게 말했다.

"나중에 내무반 사람들과 돌려보면 알 거다."

임○수는 봉투를 바지 주머니에 넣고 다시 근무에 임했다.

잠시 뒤, 한희철은 자신의 경계호 안으로 들어갔다. 새벽 4시 25분경, 경계호 안에서 연속적인 총성이 울렸다. 총소리를 들은 임○수는 즉시 경계호로 달려가 한희철을 불렀지만, 희미한 신음 소리만 들릴 뿐이었다. 그는 곧바로 일직사관에게 사고 발생을 보고했다.

일직사관과 헌병 두 명이 현장에 도착했다. 일직사관은 바닥에 쓰러진 한희철의 어깨를 흔들며 깨우려 했다. 방한복을 젖히자 가슴 부위에서 세 발의 총탄 자국이 확인되었다.

한희철은 보안사에 연행돼 감금된 채 가혹한 고문을 받으며 심각한 육체적·정신적 고통을 겪었다. 결국 그는 자신이 가장 소중하게 여겼던 동료와 조직에 대해 진술하게 되었고, 그로 인한 양심의 가책과 인간적 좌절은 그를 끝내 벼랑으로 몰아넣었다.

그는 부대에 복귀한 뒤에도 보안사의 고문으로 인한 신체적 고통보다, 자신의 진술로 동료들이 또다시 고통을 겪게 될 것이라는 죄책감, 그리고 더 이상 민주화운동의 일원으로 살아갈 수 없다는 절망을 반복해서 토로했다.

전두환에게 쓴 한희철의 유서

한희철은 독실한 가톨릭 신자였다. 그는 자신이 보안사에서 겪은 고문과 그 과정에서 동료들에 대해 진술한 사실을, 신앙적 양심의 차원에서 더욱 견디기 힘든 죄책감으로 받아들였던 것으로 보인다. 또다시 보안사에 끌려가 조사를 받고, 끝없이 이용당할 수 있다는 공포와 좌절 역시 그를 짓눌렀다.

그는 이러한 절망 속에서도 자신의 죽음을 통해 동료들에게 닥칠 위험을 조금이라도 줄이고, 보안사의 불법적 인권유린을 세상에 알리고자 했던 것으로 보인다. 실제로 그는 '성남 YMCA 총무에게 드리는 글'에서 보안사에서 고문을 당한 사실과, 자신이 진술한 운동권 동료들에게 위험이 미칠 수 있음을 알렸다. 그리고 유서의 말미에는 분명히 이렇게 적었다.

"전두환 보안사령관 귀하."

이는 개인적 절망의 토로를 넘어, 가해 권력을 직접 지목해 불법 행위를 고발하려는 마지막 시도였다.

그러나 사건 발생 이후, 진실은 즉각적으로 은폐되기 시작했다. 수사를 맡은 사단 헌병대는 적극적인 진상 규명보다는 보안사와의 연관성을 감추는 데 급급했다. 당시 헌병대장 유○채는 변사사건 수사 과정에서

"한희철이 보안사에 끌려가 조사를 받은 다음 날 사망했고, 엉덩이와 허벅지에 고문의 흔적이 있다"는 보고를 받았다. 그럼에도 그는 "보안사의 위상을 고려해야 한다"며 수사관들에게 "너무 깊이 관여하지 말라"고 지시했다. 그 결과 공식 조사 결과에서는 보안사 관련 내용이 모두 삭제된 채 발표되었고, 진상은 철저히 가려졌다.

은폐는 여기서 그치지 않았다. 한희철의 소속 부대를 관할하던 보안부대는 유서 가운데

'보안사령관 전두환 귀하'라고 적힌 부분을 임의로 잘라냈다. 유서의 핵심이었던 가해 주체의 실명은 그렇게 사라졌다. 보안사는 그의 죽음 이후에도 운동권 동료와 조직을 파악한다는 명목으로 가택 수색을 벌였고, 수첩과 노트를 압수해 대공수사처로 넘겼다. 죽음 이후에도 국가 폭력은 멈추지 않았다.

1984년 초 국회에서 '녹화사업'과 관련한 의문사 문제가 제기되자, 한희철의 부친은 같은 해 4월 보안사령부 법무담당관과 감찰 담당자를 직접 만났다. 그는 "아들이 보안사에서 고문을 당했느냐"고 물었다. 그러나 보안사는 끝내 고문 사실을 부인했다.

사망 직후의 검안 역시 부실했다. 육군 의무대 군의관 구○서는 검안 과정에서 "경험이 없는 군의관이 수사관에게 사체를 옮기라고 지시하기 어렵다"는 이유로, 시신에 덮인 천을 잠시 들추어보는 데 그쳤다.

그는 군복을 벗겨 총상 부위나 등 쪽의 상태를 확인하지도 않았고, 검안서는 선임하사의 설명만을 토대로 작성되었다. 이로써 사인은 형식적으로만 처리되었고, 의혹을 규명할 기회는 처음부터 차단되었다.

한희철의 죽음과 전두환의 삶

한희철은 군 입대 전 가톨릭학생회, 탄천클럽, 샘터교양교실, 만남의 집 등에서 활동하며 노동 현장의 현실을 마주했다. 그의 실천은 전두환 정권 아래에서 주변부로 밀려난 노동자들의 노동조건과 생활환경을 개선하고, 인간의 존엄성과 평등이라는 민주주의의 가치를 일상 속에서 구현하려는 것이었다.

입대한 이후에도 그의 태도는 달라지지 않았다. 1983년 10월 휴가 중 그는 광주민주화운동 관련 학생들이 주민등록증 갱신 문제로 어려움을 겪고 있다는 사실을 알게 되었고, 이들을 돕고자 했다. 이는 군인 신분으로 실정법 위반의 위험을 감수하면서까지 억압받는 이들을 외면하지 않겠다는 선택이었다. 그의 행동은 민주화운동에 대한 확고한 신념의 연장이었다.

1980년대 초, 전두환이 이끌던 보안사는 정권 유지를 위해 강제징집된 사병과 운동권 전력이 있는 병사들을 대상으로 이른바 '녹화사업'을 시행했다. 이는 민주화운동을 뿌리째 제거하기 위한 조직적 탄압이었고, 그 과정에서 광범위한 인권유린이 자행되었다. 한희철은 이 녹화사업의 희생자였다. 그는 보안사에서의 고문 조사 이후, 유서와 「성남 YMCA 총무에게 드리는 글」을 통해 전두환 보안사의 인권유린과 녹화사업의 실상을 세상에 남겼다.

 2002년 대통령소속 의문사진상규명위원회는 그의 죽음을 다음과 같이 규정했다.

 "민주화운동을 탄압하고 인권을 유린하는 보안사령부의 '녹화사업'에 대한 고발과 항거의 표현으로서의 자살은, 권위주의적 통치에 항거해 국민의 자유와 권리를 회복·신장시킨 활동으로 판단된다. 한희철은 민주화운동과 관련해 사망한 것으로 인정된다."

 그의 죽음으로부터 36년이 흐른 2019년 12월 12일, 상황은 전혀 다른 방향에서 반복되었다. 광주민주화운동의 학살 책임자이자 한희철 죽음의 가해 구조에 있던 전두환과 그 측근들은 서울 강남의 한 고급 식당에 모였다. 그들은 1인당 20만 원짜리 코스 요리를 앞에 두고, 1979년 12·12 군사반란 40주년을 기념하는 호화 오찬을 즐겼다.

차풍길 간첩조작사건

차풍길은 1944년 일본에서 태어났다. 해방 이듬해인 1945년 부모를 따라 귀국했지만, 부친은 1946년 다시 일본으로 건너갔다. 한국에서 대학을 마친 그는 전남 장성에서 농사를 지었고, 이후 1976년 6월부터 1979년 3월 사이 일본에 있는 부친의 초청으로 세 차례 일본을 방문했다. 일본 체류 기간 동안 그는 일본인이 운영하는 폐기물 처리업체에서 일했다.

1979년 귀국한 차풍길은 동두천에서 양복점을 운영하다가 서울 쌍문동으로 옮겨 포목점을 열었다. 특별할 것 없는 삶이었다. 그러나 귀국한 지 불과 2년여가 지난 1982년 8월 7일, 그는 국가안전기획부(이하 안기부)에 의해 영장 없이 불법 연행되었다.

전두환 정권의 안기부는 왜 평범한 포목점 주인을 체포했을까.

1979년 12·12 군사반란과 1980년 5·18 광주학살로 권력을 장악한 전두환은, 정통성 없는 통치를 유지하기 위해 언론을 통폐합하고 국가보안법을 비롯한 각종 악법을 동원해 민주화운동을 탄압했다. 피로 얻은 권력은 늘 불안정했다. 그 불안을 덮기 위해 그는 박정희 정권이 그러했듯 '반공'과 '간첩 색출'을 통치의 전면에 내세웠다.

이런 가운데, 안기부와 보안사는 충성 경쟁을 벌이며 국가보안법을 남용했다. 실적은 곧 충성이었고, 간첩은 만들어낼수록 좋았다.

그 결과, 1982년 8월 7일 안기부는 차풍길을 연행해 66일 동안 가족과 변호사의 접견을 일절 차단한 채 불법 구금했고, 그 과정에서 가혹한 고문을 자행했다. 안기부는 그가 1976년부터 1979년까지 일본에 체류하는 동안 조총련계 대남공작원으로부터 지령을 받아 국가기밀을 탐지·수집했다고 조작했고, 그렇게 만들어진 '간첩' 차풍길을 서울지검에 송치했다.

머리채를 잡아 책상에 내리쳐

차풍길은 1983년 5월과 6월, 서울고등법원에 제출한 항소이유서 등에서 당시 상황을 다음과 같이 진술했다.

"1982년 8월 7일 오전, 안기부 수사관들에게 남산 안기부로 연행되었다. 도착하자마자 옷을 벗기더니, 7~8명의 수사관들이 달려들어 무자비하게 폭행했고, 나는 곧 정신을 잃었다.

수사관의 질문에 부인하면 하체를 책상 위에 올리고 상체는 바닥에 엎드리게 한 뒤 옆구리를 차 넘어뜨리고, 군홧발로 짓밟았다. 볼펜을 손가락 사이에 끼워 관절을 꺾었고, 머리채를 잡아 책상에 내리치기도 했다.

연행된 지 20일쯤 지나서는 YH 사건, 사북 사건, '100억 불 수출 달성' 관련 기사들과 일본에서 했던 일, 동두천 양복점 시절 미군부대 주변 상황 등을 외우게 했다. 그런 뒤 그 내용을 바탕으로 5일 동안 문답 형식의 진술을 강제로 주입했다."

그는 검찰 조사 과정에 대해서도 이렇게 밝혔다.

"검찰 조사에서 기재된 범죄사실은 모두 허위 자백으로 조작된 것이다. 나는 관광비자로 일본에 가서 취업한 사실 외에는 어떤 범죄도 저지르지 않았다. 그래서 재수사를 요청하며 결백을 밝혀 달라고 했지만, 담당 검사는 내 요청을 묵살한 채 조사를 종료했다.

검찰 대기 중 안기부 수사관이 나를 구치소 지하실로 끌고 가 구둣발로 발등을 짓기며 '사실대로 말하지 말라'고 협박했다. 고문을 당하다가 검사를 만나 혐의를 부인하면, 검사는 '역시 빨갱이는 틀리구나'라고 말했고, 나는 다시 끌려가 고문을 당했다. '니들 가족을 다 없애버리겠다'는 협박도 들었다.

정말 간첩질이라도 했다면 이토록 분통이 터지지는 않았을 것이다."

차풍길은 2007년 진실화해위원회 조사에서도 당시의 고문을 다음과 같이 증언했다.

"큰 주전자에 긴 호스가 연결돼 있었다. 의자에 묶인 채 한 사람은 뒤에서 몸을 붙잡고, 다른 한 사람은 얼굴을 잡아 입에 물을 부었다. 숨을 쉬지 못하면 잠시 멈췄다가 다시 물을 부었다.

처음 조사받은 방은 바닥에 얇은 카펫이 깔려 있고 공간도 넓었지만, 두 번째 방은 의자 하나만 놓인 시멘트 바닥이었다. 물이 흘러도 바로 씻어낼 수 있도록 되어 있었다.

수사관은 '검찰에 가서 안기부에서 진술한 대로 말하지 않으면 일본에서 번 돈을 복리이자로 계산해 재산을 몰수하고, 어린 자식들도 안기부로 불러 가만두지 않겠다'고 협박했다. 검찰 조사 때도 수사관은 항상 옆방에서 대기했고, 조서 작성 과정에 입회했다."

당시 차풍길 간첩조작 사건의 수사와 1심 공소 유지를 맡았던 인물은 이종찬 전 서울고검장이었다. 그는 피의자 신문조서 작성 과정에서 안기부 수사관의 입회를 허용했다.

이후 이종찬은 법무부 검사적격심사위원장을 거쳐, 2008년 이명박 대통령에 의해 민정수석비서관으로 임명되었다.

차풍길 간첩조작사건의 내막

차풍길은 안기부가 자신을 어떻게 간첩으로 조작했는지를 구체적으로 진술했다.

"안기부에서 고문을 당하는 동안 조사관이 신문을 보여줬다. 사북 탄광 노사분규 기사를 보여주며 '이 사건을 아느냐'고 물었다. 내가 '신문에서 봤다'고 답하면, 조사관은 그것을 '노사관계 동향 파악'이라고 적었다.

수출 100억 불 달성 기사를 보여주며 '아느냐'고 물어 '안다'고 답하면 '경제 동향 파악'으로 몰았다. '팀스피리트 훈련에 대해 아느냐'고 물어, '2사단 앞에서 장사할 때 본 적이 있다'고 말하면 '군사기밀 탐지'가 되었다.

그렇게 하나하나 끼워 맞추며 나를 간첩으로 만들었다."

그는 불법 구금과 고문의 실태도 이렇게 밝혔다.

"안기부에서 66일 동안 햇빛도 보지 못한 채 지하실에서 생활했다. 6일 동안 한잠도 자지 못한 상태에서 몽롱하게 고문을 당했다. 그 과정에서 '죽인다', '식구를 다 죽인다'는 협박을 수없이 들었다.

수사관들이 일방적으로 조작한 '팀스피리트 작전 내용', '군사기밀', '근로자 보수 문제' 등은, 그들이 누렇게 퇴색된 신문을 오려다 주며 사흘 동안 외우게 한 것이었다. 외우지 못하면 '보고 쓰라'고 했다.

심지어 어떤 수사관은 '너 혼자 3년만 살아주면 된다. 우리 좀 살려달라'는 말까지 했다."

차풍길의 아내는 2007년 진실화해위원회 조사에서 1982년 당시 상황을 다음과 같이 증언했다.

"1982년 8월 7일 남편이 연행된 뒤, 8월 12일쯤 '남편을 잘 보호하고 있으니 걱정하지 말라'는 내용의 발신자 미기재 엽서를 받았다.

일주일 뒤 안기부 수사관이 집으로 찾아와 남편의 사진과 아이들이 오려 둔 신문, 고장 난 라이터 등을 압수해 갔다.

두 달 뒤 저녁 뉴스에서 '남편이 고정간첩으로 활동하다 출국하려다 공항에서 붙잡혔다'는 보도를 보았다.

며칠 후 검사실로부터 '참고인 자격으로 내사 요망'이라는 엽서를 받았고, 남편이 끌려간 지 4개월이 지나서야 서울구치소에서 첫 면회를 할 수 있었다."

당시 변호인이었던 임태선 역시 진실화해위원회에서 다음과 같이 진술했다.

"1982년 12월 20일, 차풍길 씨가 강제 수감된 지 4개월이 넘어서야 1차 공판에서 변론 연기와 접견금지 해제 신청을 한 뒤 처음 면회했다.

그는 나를 보자마자 안기부와 검찰 조사 과정에서 고문과 가혹행위로 간첩으로 조작되었다고 호소했다.

당시 이런 사건들이 워낙 많았기 때문에 조작 가능성을 배제할 수 없다고 판단했다. 외견상 폭행 흔적은 없었지만 진술이 매우 일관돼 있었고, 거짓말이라고 보기는 어려웠다. 검찰 조사에서도 허위 자백이 그대로 반영된 점을 보면, 강압 수사가 있었을 것으로 판단했다."

결정적인 증인의 입국을 막은 안기부(현 국정원)

차풍길은 법정에서 "안기부가 조총련 공작원에게서 받았다고 주장한 물품은 사실 일본에 거주하는 누나에게서 받은 것"이라고 반박했다. 이에 변호인은 일본에 있던 누나 차기순을 증인으로 신청했다.

그러나 진실을 밝히겠다던 안기부는 오히려 일본 주재 한국 파견관에게 '간첩 차풍길 연고자(누나) 차기순 입국 저지 지시'라는 전문을 보내, 결정적인 증인의 입국을 차단했다.

국정원 진실화해위원회 조사에 참여했던 성공회대 한홍구 교수는 당시 안기부의 조작 수법을 이렇게 회상했다.

"차풍길 사건은 이른바 '영사 증명'이 어떻게 날조되는지를 보여주는 대표적 사례였다.

안기부는 일본에서 일하던 차풍길의 고용주를 조총련계 재일조선인으로 의심했지만, 일본 파견 영사가 주변 탐문과 본인 확인, 일본 공안 당국 문의까지 마친 결과, 해당 인물은 분명한 일본인으로 확인됐다.

그런데도 안기부 본부는 이 사실 보고를 묵살하고 '첨부 확인서 내용과 같이 영사 증명을 작성·송부하라'고 지시했다. 그 내용은 당초 보고와 정반대로, 일본인 고용주를 조총련 간부로 날조한 것이었다."

이처럼 가혹한 고문과 조작된 수사 끝에, 검찰은 1982년 11월 15일 차풍길을 간첩 혐의로 기소했다.

안기부와 경찰의 압력에도 불구하고, 차풍길의 이웃 수백 명은 "차풍길은 간첩이 아니다"라는 탄원서를 작성해 검찰과 법원에 제출했다. 그러나 재판부는 이를 모두 묵살했다.

1983년 3월 31일, 서울형사지방법원은 차풍길에게 징역 10년과 자격정지 10년을 선고했다. 차풍길은 즉시 항소했으나, 서울고등법원과 대법원은 항소와 상고를 모두 기각해 형은 그대로 확정되었다.

당시 그는 경제적 여유가 없어 변호사 선임조차 쉽지 않았다. 빚을 내어 변호사 네 명을 선임하는 과정에서 재산을 모두 탕진했고, 결국 빚더미에 앉았다. 차풍길은 징역 10년형을 선고받고 7년 6개월을 복역한 뒤, 1990년 2월 가석방되었다.

가석방 이후 17년이 지난 2007년, 진실화해위원회는 차풍길 사건에 대해 다음과 같은 결론을 내렸다.

"차풍길에 대한 안기부 조서는 불법 구금과 강압적 상태에서 얻어진 자백으로, 임의성이 인정되지 않는다.

검찰 조서 또한 수사관의 협박과 입회 아래 작성된 것으로 증거로 사용할 수 없다.

조총련 찬양·고무 혐의와 관련한 참고인 진술 역시 강압 또는 기망에 의해 작성된 것으로 임의성이 인정되기 어렵고, 달리 범죄사실을 인정할 만한 자료도 없다.

설령 해당 발언이 사실이라 하더라도, 자유민주적 기본질서나 국가안보를 해칠 내용으로 보기 어려워 찬양·고무죄는 성립하지 않는다.”

사법개혁이 절실한 이유

진실화해위원회의 진실규명 결정을 근거로, 차풍길은 재심을 신청했다. 그리고 2008년 7월 31일, 서울중앙지방법원은 차풍길에 대한 재심에서 무죄를 선고했다.

이날 재판부는 판결문에서 다음과 같이 밝혔다.

“안기부와 검찰에서의 진술 외에는 차씨의 혐의를 입증할 증거가 없다. 차씨가 반국가단체의 지령을 받고 대한민국에 잠입했다거나, 반국가단체에 이익이 된다는 사실을 알면서 그 구성원과 회합했다는 공소사실을 인정하기에는 증거가 부족하다.”

재심 무죄 판결 이후, 차풍길은 이렇게 심경을 토로했다.

“불법 구금과 수감생활로 인한 8년의 공백 때문에 자식들과의 관계는 소원해졌고, 부모님은 전 재산을 팔아 구명운동을 하다 화병으로 돌아가셨습니다."

한편 조대현(1951~) 전 헌법재판관은 1982년 당시 서울형사지방법원 판사로 재직 중이었으며, 차풍길 간첩조작 사건의 1심 배석판사였다.

차풍길은 1982년 공판 과정에서, 자신이 영장 없이 안기부에 연행되어 가혹한 물고문과 구타를 당했다고 여러 차례 호소했다. 그러나 조대현을 비롯한 당시 재판부에게 그의 절규는 받아들여지지 않았다.

재판부는 고문에 의해 작성된 자백의 임의성을 따져 묻지 않았고, 불법 연행과 강압수사에 대한 조사도 하지 않았다. 그 결과 차풍길은 존재하지도 않는 조총련계 대남공작원의 지시를 받아 국가기밀을 탐지했다는 혐의로 징역 10년형을 선고받았다.

2010년 1월 14일자 국민일보 기사 「과거사 반성 없는 사법부」에 따르면, 차풍길이 재심을 통해 무죄를 선고받은 사실에 대해 조대현 전 재판관은 비서관을 통해 "전혀 기억이 없다"고 전했다.

한 사람의 인생을 송두리째 파괴한 판결에 대해, 그 어떤 사과도, 그 어떤 책임 인식도 없이 돌아온 말은 "기억이 없다"는 한마디였다.

이 나라에 사법개혁이 절실한 이유는, 바로 여기에 있다.

가해자 전두환의 호화로운 노후, 오송회 사건

1979년 12·12 쿠데타로 정권을 장악한 전두환은, 1980년대 초반 국민의 민주화 요구를 억압하기 위해 공안 국면을 대폭 강화했다. 민주적 정당성이 결여된 채 출범한 전두환 정권은 특히 교육을 통제의 핵심 영역으로 삼아, 초·중·고등학교는 물론 대학교까지 교육 내용과 행정 전반을 철저히 관리했다.

1980년 7월 30일, 전두환은 이른바 '7·30 조치'를 단행했다. 이 조치는 교육 통제 장치를 제도화하고, 교사들에 대한 감시 체제를 한층 강화하는 조치였다. 당시 문교부(현 교육부)는 각 시·도 교육위원회에 '전담실'을 설치해 교육민주화운동에 참여하거나 비판적 성향을 보이는 교사들의 동향을 파악하고, 이를 상부에 보고하도록 지시했다.

또한 문교부는 '보안위원회'를 구성해 사립 중·고등학교 교사 채용 과정에까지 개입했다. 대학 시절의 활동 이력과 사상 전력까지 조회하며, 사립학교 인사권을 사실상 국가가 통제했다.

이 시기 전두환 정권은 비판적 사고를 기르려는 교사들마저 연행·구금·구속하는 일을 서슴지 않았다. 심지어 교사의 수업 중 발언에도 국가보안법을 적용해 처벌했다.

'오송회 사건'은 이러한 전두환 정권 시기, 현직 고등학교 교사들이 연루된 대표적인 공안 조작 사건이었다. 교사들이 모여 시국을 토론하고, 4·19 혁명과 광주 5·18 민주화운동 희생자 추모제를 가진 모임을 전두환 정권은 가혹한 고문을 통해 '이적단체'로 조작했다.

경찰은 "다섯 명의 교사(오)가 소나무(송) 아래 모여 국가보안법을 위반했다"는 황당한 논리를 내세워, 이 사건에 '오송회 사건'이라는 이름을 붙였다.

사건의 발단은 이렇다.

1982년 7월 20일, 전북 군산시 시외버스정류소에서 한 버스회사 직원이 허름한 표지의 복사판 시집『병든 서울』한 권을 발견하고 군산경찰서에 신고했다. 군산경찰서 순경은 이 시집의 표지가 군산제일고등학교에서 발행하는 교지의 표지와 동일하다는 사실을 알아냈다.

경찰은 시집의 출처를 추적하기 위해 군산제일고를 내사했고, 그 결과 해당 시집이 이 학교 국어교사 이광웅이 복사해 제작한 것임을 확인했다.

결국 1982년 11월 초, 군산경찰서 대공분실은 군산제일고 교사 이광웅·박정석·전성원·이옥렬·황윤태·강상기·채규구, 군산제일중학교 교사 엄택수, 그리고 KBS 남원방송국 조성용 방송과장을 영장 없이 불법 연행했다.

이들은 외부와 완전히 차단된 채 감금되었고, 장기간에 걸쳐 가혹한 고문 조사를 받았다.

가혹한 고문으로 허위 자백을 받아낸 경찰

　경찰은 구속영장이 발부될 때까지 10일에서 길게는 23일 동안, 가족과 변호인의 접견을 전면 차단한 채 이들을 불법 감금 상태로 조사했다. 이 기간 경찰은 가혹한 고문을 가해 허위 자백을 받아냈고, 그 자백을 근거로 "이적단체를 구성하고 북한을 찬양·고무했다"는 혐의를 조작했다.

　경찰은 전주지방법원으로부터 구속영장을 발부받아, 1982년 11월 25일부터 30일까지 이들을 전주북부경찰서 유치장에 각각 수감했다. 이후 같은 해 12월 13일, 전주지방검찰청에 기소 의견으로 송치했다.

　1983년 4월 18일 전주지방법원에서 열린 공판에서 교사 박정석은 당시 상황을 이렇게 증언했다.

"심하게 구타당한 뒤 지하실로 끌려가 발가벗겨진 채 비행기 고문과 전기 고문을 당했다. 닷새 중 나흘을 잠을 자지 못한 채 조사를 받았고, 그 과정에서 동료 교사 이광웅이 고문을 받으며 지르는 비명 소리가 들렸다.

　검찰 조사 때는 수사 형사 여섯 명이 조사실에 들어와 입회했다. 또 경찰에서 '이광웅이 이렇게 진술했다'며 종이 쪽지에 내용을 적어 와 그대로 맞춰 쓰라고 강요했다. 며칠씩 잠을 자지 못한 상태였고, 다시 어떤 가혹행위를 당할지 두려워 그들이 시키는 대로 쓸 수밖에 없었다."

　1982년 12월 중순 검찰 조사와 2006년 진실화해위원회(이하 진실위) 조사에서 교사 황윤태는 다음과 같이 회상했다.

"경찰의 추궁에 못 이겨 없는 사실을 지어 말했다. 수사 과정에서 윽박지름과 견딜 수 없는 고통을 당했다. 대공분실 지하실에서 통닭구이, 물고문, 전기 고문을 당했고, 검찰 조사 과정에서도 수사관들의 협박으로 사실이 아닌 내용을 인정할 수밖에 없었다."

1983년 2월 21일 전주지방법원 제3차 공판에서 교사 이광웅은 이렇게 진술했다.

"모든 진술은 경찰의 모진 고문이 뒷받침되어 이루어진 것이며, 그 고문은 검찰 조사까지 이어졌다. 전기 고문과 비행기 고문이 있었다. 검찰에서 조사를 받을 때도 경찰관이 다시 수사기관으로 데려가 고문할 것처럼 압박해 심리적 공포를 느꼈다. 경찰 조사 과정에서 '정부를 전복할 수 있는 글을 써보라'고 요구해 작문을 하기도 했다."

1983년 4월 18일 제6차 공판에서 교사 채규구는 다음과 같이 증언했다.

"경찰에 항의하다가 지하실로 끌려가 맞기도 했다. 불러주는 대로 같은 내용의 자술서를 수도 없이 반복해 썼다. 기억에도 없는 사실을 쓰라고 강요받아 기재한 것이다. 대공분실에서 주먹과 발로 폭행을 당했다. 이를 말리던 수사관도 있었다. 처음 여인숙에서 조사받을 때는 회유와 협박이 병행됐다."

같은 재판에서 교사 전성원은 "거꾸로 매달리는 고문을 당했고, 검찰 조사 시 경찰관 다섯 명을 불러 대질신문을 시켰다"고 진술했다.

2007년 1월 16일 진실위 조사에서 교사 이옥렬은 "경찰에서 비행기 고문을 한 차례 당한 뒤 여러 날 시달렸고, 대공분실 지하실에서는 통닭구이와 물고문을 당했다"고 회고했다.

2007년 1월 11일 진실위 조사에서 교사 강상기는 "대공분실 지하실에서 통닭구이와 물고문을 당했으며, 검찰 조사 시에도 수사 경찰이 조사실을 지켜보고 있었다"고 진술했다.

이 사건에서 가혹한 고문을 받은 이는 교사들뿐만이 아니었다. 참고인으로 불려간 제자 학생들 역시 폭행과 협박을 당했다.

2007년 2월 26일 진실위 조사에서 참고인 강웅순은 다음과 같이 증언했다.

"수사관에게 구둣발과 경찰봉으로 무수히 맞아 무릎과 손이 모두 퍼렇게 멍들었다. 여인숙에서 조사를 받을 때는 하루 두 시간 정도밖에 자지 못한 채 몽롱한 상태에서 조사를 받았다."

2007년 3월 7일 진실위 조사에서 참고인 박두술은 "수사관이 뺨을 수차례 때리며 허위 진술을 강요했다"고 증언했다. 같은 날 참고인 하영춘은 "답변이 마음에 들지 않으면 수시로 주먹과 손바닥으로 얼굴을 때렸고, 심지어 의자로 서너 차례 맞았다"고 회고했다. 또 다른 참고인 고환규는 "검찰 조사 과정에서 검찰 수사관으로부터 북한 노래를 세 차례 들었다고 진술하라는 강요를 받았다"고 진술했다.

경찰이 증언한 경찰의 고문

1982년 당시 군산경찰서에서 근무하던 김아무개 경장 역시, 2007년 3월 진실화해위원회 조사에서 교사들이 당한 가혹한 고문 사실을 경찰 내부자의 시선에서 교차 검증해 주었다. 그는 다음과 같이 진술했다.

"고문을 직접 목격한 적은 없지만, (교사) 전성원이 전북도경 대공분실 지하에 다녀온 뒤 몸을 부들부들 떨며 기진맥진해 있는 모습을 보고 고문을 받고 왔다고 생각했다.

여인숙에서 조사하던 중에도 한 번 정도 대공분실 직원들에게 끌려나갔다 온 적이 있었는데, 한 시간쯤 지나 돌아온 (교사) 황윤태의 모습이 축 처져 있었고 전신을 부들부들 떨며 맥이 완전히 풀린 상태였다. 물리적인 힘이 가해졌다고 판단할 수밖에 없었다.

당시 (경찰) 신아무개는 피의자들이 오면 각목이나 몽둥이, 진압용 경찰봉 등으로 사정없이 때렸다. 조사실에 한 번씩 들어가 '진술이 마음에 들지 않는다'고 판단되는 피의자의 머리를 주먹으로 쥐어박는 장면을 여러 차례 보았다.

가끔 신아무개의 지시로 (교사) 이광웅이나 다른 피의자들을 지하 조사실까지 데려다주곤 했는데, 그 과정에서 신아무개가 경찰봉이나 손발로 구타하는 장면을 직접 목격한 적도 있다.

피의자들이 처음 자술서를 작성할 때는 며칠씩 잠을 재우지 않은 채 조사를 했다. 자술 내용도 수사관들이 원하는 내용이 나올 때까지 수십 번씩 다시 쓰게 하는 것이 관례였다.

이광웅이 지하 조사실에 다녀온 뒤 '지하에서 얼굴에 수건을 씌우고 물을 부었다'고 말하는 것을 들은 적이 있고, 어떤 피의자가 지하실에서 고문을 받을 때 신아무개가 주전자를 들고 들어가는 모습도 본 적이 있다.

 피의자들이 지하실로 내려가면 비명 소리와 함께 신아무개, 박아무 개의 고함 소리가 섞여 들려왔다. 고문이 끝난 뒤 신아무개가 피의자 들에게 '똑바로 진술해라. 안 그러면 다시 데려와서 당할 줄 알아'라고 말하는 것도 들었다."

 이처럼 경찰 내부자의 증언으로까지 확인된 고문 조사에도 불구하 고, 당시 사건을 송치받은 전주지방검찰청은 전북도경 대공분실에서 의 고문과 그로 인한 허위 자백이라는 피해자들의 주장을 철저히 외 면했다.

 검사들은 피해자들을 장기간 불법 구금하며 고문을 자행한 경찰 수 사관들이 입회·배석한 상태에서 피의자 신문조서를 작성했고, 그 조서 를 그대로 증거로 삼아 전주지방법원에 기소했다.

 그 결과 군산제일고등학교 교사 이광웅을 비롯한 9명은, 1978년부 터 1982년에 걸쳐 '북한 찬양', '국외 공산계열 찬양', '반미 발언', '반 정부 발언', '이적단체 오송회 결성' 등의 혐의로 반공법 및 국가보안법 위반으로 기소되었다.

 이 사건의 여파로 이광웅이 재직하던 군산제일고등학교의 교장과 교 감은 모두 파면되었고, 전북교육감과 전북교육위원회 간부들까지 전 두환 정권으로부터 징계를 받았다.

전두환의 질책 후 뒤집힌 판결

1983년 5월 24일, 전주지방법원에서 열린 오송회 사건 1심 재판에서 이광웅은 징역 4년, 박정석은 징역 3년, 전성원은 징역 1년의 실형을 선고받았다. 나머지 6명은 선고유예로 석방되었다. 그러나 이 같은 중형 선고에도 불구하고, 당시 전두환은 오송회 사건을 직접 거론하며 "사회 불안, 정치 불안 요소에는 과감히 대처하라"고 지시했다. 그는 대법원장과 대법원 판사들을 청와대로 불러 이 사건을 예로 들며 질책했다. 그 결과, 불과 두 달 뒤인 1983년 7월 28일 광주고등법원은 1심 판결을 전면 뒤집었다.

당시 항소심 재판장이었던 이재화 판사(1935~2020)는 이광웅에게 징역 7년을 선고하는 등, 1심에서 실형을 선고받았던 3명의 형량을 대폭 상향했다. 1심에서 선고유예로 석방되었던 6명 역시 각각 징역 2년 6개월에서 징역 1년을 선고받아, 모두 법정 구속되었다. 이재화 판사는 판결문을 낭독하며 다음과 같이 밝혔다.

"이광웅 등 피고인 9명은 우리 사회에서 차지하는 위치와 직책이 매우 중요함에도 불구하고, 북을 찬양하는 불온 서클인 오송회를 조직하고 동료 교사들과 제자들에게 공산주의를 찬양하는 등의 행위를 한 것은 도저히 용납할 수 없다. 대학 교육을 마치고 교사로 재직하는 이들이 공산주의 사회를 동경하면서도 잘못을 뉘우치는 기색 없이 변명만 하고 있다."

이후 대법원 역시 피해자들의 상고를 기각해 형은 그대로 확정되었다. 고문으로 조작된 사건임이 반복해서 제기되었음에도, 전두환의 '질책' 이후 사법부는 1심보다 훨씬 무거운 형벌을 선고하는 방식으로 화답했다. 이 사건의 항소심에서 중형을 선고한 이재화 판사는 이후 서울가정법원장, 대구고등법원장을 거쳐 헌법재판소 재판관(1993~1999)을 지냈다.

한편, 형기를 마치고 출소한 피해자들의 삶은 회복과는 거리가 멀었다. 징역 7년을 살고 출소한 교사 이광웅은 고문 후유증과 암에 시달리다 1992년, 쉰세 살의 나이로 세상을 떠났다. 교사 전성원은 출소후 가족을 데리고 전두환 정권 아래의 한국을 떠나 미국으로 이민했다. 교사 채규구는 출소 후 생계를 위해 막노동을 하며 살아야 했다. 그는 훗날 이렇게 회고했다.

"해고와 생활고, 억울한 옥살이보다도 주위의 따가운 시선과 손가락질이 더 견디기 힘들었다.

자살까지도 생각했다."

피해자들의 자녀들 역시 '간첩의 자식'이라는 낙인 속에서 이웃과 학교, 사회로부터 따돌림을 당했고, 생계비와 학비를 마련하는 데에도 큰 어려움을 겪었다.

2006년 5월 12일, 박정석을 비롯한 피해자 9명은 이 사건이 조작된 공안 사건이라며 진실화해위원회에 진실 규명을 신청했다. 그리고 2007년 6월 12일, 진실화해위원회는 다음과 같은 진실규명 결정을 내렸다.

"국가는 위법한 확정 판결로 인해 발생한 피해자들과 그 유가족의 피해와 명예를 회복하기 위해, 형사소송법이 정한 바에 따라 재심 등

상응한 조치를 취할 필요가 있다. 경찰·검찰·법원은 수사 과정에서의 불법 감금과 가혹행위, 자백에 의존한 무리한 기소, 증거재판주의에 위반한 유죄 판결에 대해 피해자들과 그 유가족에게 사과하고, 화해를 이루기 위한 적절한 조치를 취하는 것이 필요하다."

사죄 없는 가해자 전두환의 호화로운 노후

위와 같은 진실화해위원회의 결정을 근거로 피해자와 유족들은 법원에 재심을 신청했다. 그리고 2008년 11월 25일, 사건 발생 26년 만에 광주고등법원은 오송회 사건 관련자 9명에 대한 재심에서 "재판부 3인의 법관은 한 치의 이견 없이 무죄를 선고한다"고 밝혔다.

재판부는 판결문에서 "경찰과 검찰의 피의자 신문 조서 등은 고문·협박·회유에 의해 작성된 것으로 증거 능력이 없다. 피고인들이 정부와 미국에 대해 비판적인 견해를 교환하고 4·19 행사를 치렀다 하더라도, 그 내용만으로 반국가단체를 이롭게 한 행위라고 볼 수 없다"고 판시했다.

판결 직후 이한주 부장판사는 법정에서 피고인들을 향해 법원의 이름으로 사죄의 뜻을 밝혔다.

"법원에 가면 진실이 밝혀지겠지 하는 기대감이 무너졌을 때 여러분이 느꼈을 좌절감과 사법부에 대한 원망, 억울한 옥살이로 인한 심적 고통에 대해 많은 고민을 했다. 그동안의 고통에 대해 법원을 대신해 머리 숙여 사죄드린다. 이번 사건을 계기로 재판부는 좌로나 우로나

치우치지 않고 보편적 정의를 추구하겠다. 어떤 정치 권력이나 이익 단체로부터도 간섭받지 않고, 오로지 국민의 자유와 재산을 보호하는 책무에 충실할 것을 다짐한다."

마침내 26년 만에 피해자 전원은 법정에서 무죄 판결을 받았다. 그러나 그들은 끝내 아무 말도 하지 못한 채, 지나간 한 많은 세월을 떠올리며 서로를 부둥켜안고 뜨거운 눈물을 흘렸다.

한편 이 사건의 총체적 가해자라 할 전두환은 끝내 피해자들에게 단 한마디의 사죄도 하지 않았다. 그는 호화로운 생활 속에서 여유로운 노후를 보내다 생을 마감했다.

형제복지원 사건

 2021년 12월 9일, <알자지라>는 형제복지원 사건을 다룬 다큐멘터리 <강간, 노예노동, 살해가 자행된 한국의 공포의 집>을 방영했다. 다큐는 형제복지원 사건을 한국전쟁 이후 한국에서 일어난 사건 중 가장 어두운 역사로 묘사하며, 1976년부터 1987년까지 한국에서 가장 잔혹한 일들이 벌어졌다고 보도했다.

 이 다큐를 보며 내가 특별히 분노하고 가슴 아팠던 것은 형제복지원의 가해자인 박인근 일가가 복지원에서 착복한 돈으로 지금도 호주에서 잘살고 있으며, 피해자들에게 단 한마디의 반성과 사과조차 하지 않았다는 점이었다.

 2022년 8월 24일, 진실화해위원회는 형제복지원 사건에 대한 진실규명 결과를 다음과 같이 밝혔다.

 "공권력이 직·간접적으로 부랑인으로 칭한 사람들을 형제복지원에 강제 수용해 강제노역, 폭행, 가혹행위, 사망, 실종 등 중대한 인권침해가 있었음을 확인했다. 형제복지원 운영 과정에서 감금 상태에 있던 피수용자는 강제노역, 폭행, 가혹행위, 성폭력, 사망 등에 이르며 인간의 존엄성을 침해받았다. 국가는 형제복지원에 대한 관리·감독의 의무를 다하지 않았고, 인권침해 진정을 묵살했으며, 1987년 사건 당시 이를 축소·왜곡해 합당한 법적 처리가 이루어지지 않았다.”

  형제복지원을 거쳐 간 입소자는 1975년부터 1986년까지 3만 8천 명에 달했다. 전두환 정권의 절정기였던 1984년에는 수용자가 4,355명에 이르렀다.

  형제복지원 피해생존자모임의 한종선 대표는 당시 부친과 누나와 함께 형제복지원에 감금돼 극심한 고통을 겪었다. 복지원에서의 후유증으로 부친과 누나는 평생을 정신병원에서 보내야 했고, 부친은 2022년 4월 정신병원에서 생을 마감했다. 다음은 한종선 대표와의 인터뷰 내용이다.

  형제복지원, 정신과 신체가 만신창이가 되는 곳

  형제복지원 사건이 2022년 8월 24일 진실위에서 진실규명됐지만, 피해자 한종선은 반신반의했다. 국가공권력에 의해 아무 죄 없이 강제 수용된 뒤 진상규명 없이 사건을 은폐한 주체가 바로 국가였기 때문이다. 수십 년이 지나서야 진상조사가 이루어지고 1차 조사 결과가 발표됐지만, 아직 국가로부터 사과나 후속 약속을 받지 못한 상황에서 그는 또다시 국가에 이용당하는 것은 아닌지 의구심을 가졌다.

  그럼에도 진실위가 1차 조사 결과에서 국가폭력이 있었음을 명시하고, 국가가 피해자들에게 사과해야 한다고 권고한 점은 다행스러운 일이라며 그는 조심스레 반가움을 드러냈다.

그렇다면 그는 어떤 경위로 형제복지원에 가게 되었을까. 1984년, 초등학교 2학년이던 한종선은 4학년이던 누나와 함께 평범한 하루를 보내고 있었다. 학교를 마치고 돌아온 누나에게 아버지는 "가방 놓고 나와 봐라"라고 말했다. 그날은 오랜만에 아버지를 따라 시내 구경을 나선 날이었다.

그러나 저녁 무렵 집으로 돌아오던 길, 아버지는 동광파출소 앞에서 그와 누나에게 "안에서 잠시 기다려라"라고 말한 뒤 안으로 들어갔다. 잠시 후 파출소 앞에 형제복지원 차량이 도착했고, 순경들과 악수를 나눈 아버지는 무언가에 서명한 뒤 자리를 떴다. 이윽고 경찰은 그와 누나를 복지원 차량에 태웠다. 그것이 지옥의 시작이었다.

3년 뒤인 1987년, 형제복지원 사건이 세상에 드러나면서 그는 '서울 소년의집'으로 전원 조치돼 겨우 복지원을 벗어날 수 있었다. 그러나 그곳에서도 4년을 더 수감 생활하며 1991년, 용접사 자격증을 딴 후에야 세상 밖으로 나올 수 있었다.

그의 누나는 1987년 형제복지원에서 강제 귀가 조치된 뒤 정신 이상 상태로 거리를 떠돌았다. 결국 행려환자로 분류돼 1989년부터 연산정신병원에서 생활했다. 누나는 2021년 12월까지 정신병원에 머물다 현재는 한종선 대표와 함께 살고 있다.

그의 부친 또한 1986년 동광파출소를 통해 형제복지원으로 끌려갔다. 그곳에서 밤낮을 가리지 않고 폭력에 시달린 그는 결국 정신이상을 일으켰다. 1987년 형제복지원이 폐쇄되자 강제 퇴소 조치돼 거리에서 노숙자로 지냈고, 1989년에는 부산 대남정신병원으로 다시 강제 이송됐다. 그는 평생을 정신병원에서 보내다 2022년 4월 코로나 감염으로 세상을 떠났다.

한종선은 9살이던 1984년부터 12살이던 1987년까지 3년 동안 형제복지원에서 4천여 명과 함께 군대식 단체생활을 했다. 새벽 4~5시에 기상해 밤 8시까지 구타, 기합, 고문, 동성 간 성폭행, 강제노역이 이어졌다. 맞아 죽거나 장애를 입는 일도 드물지 않았다.

지시에 불복하면 폭력이 가해졌고, 때로는 정신과 약물인 씨피제 (CPZ, Chlorpromazine, 클로르프로마진, CPZ는 고전적 항정신병 약물(전형적 항정신병제)로, 조현병, 조증, 정신병 증상 완화 등에 쓰인다)를 강제로 투약하기도 했다. 폭행이 덜한 날이면 '내일은 더 맞겠지' 하는 두려움 속에 살아야 했다. 그의 표현대로 형제복지원은 "정신과 신체가 동시에 만신창이가 되는 곳"이었다.

공소시효와 소멸시효, 누구를 위한 법인가

1984년, 그가 형제복지원에 들어갔을 때는 모든 건물이 이미 완공된 시점이었다. 땅을 파거나 흙을 나르는 강제노역은 없었지만, 매일같이 기합을 받고 몽둥이로 온몸과 발바닥을 맞으며 고문에 가까운 폭력 속에서 살아야 했다. 도망칠 생각조차 하지 못하도록 단체기합과 폭력이 이어졌고, 간혹 박인근 원장의 수입 창출을 위해 무료로 생산품 노역을 하기도 했다.

1987년 형제복지원을 나온 뒤 그는 또 다른 시설인 '서울소년의집'으로 옮겨 초등학교 6학년까지 다녔다. 그러나 졸업은 하지 못했다. 1991년에 용접기술 자격증을 취득해 비로소 사회로 나왔지만, 노동의 대가나 돈의 가치를 배워본 적이 없었기에 노동력을 착취당하며 살아야 했다. 다니던 공장에서도 임금 한 푼 받지 못한 채 쫓겨났다.

먹고살기 위해 도둑질도 했고, 비행 청소년으로 교도소에 다녀오기도 했다. 그러나 잘못된 길임을 뒤늦게 깨닫고는 막노동, 중국집 배달, 신문과 우유 배달, 전단지 배포 등 몸으로 할 수 있는 모든 일을 하며 살아왔다.

하지만 그와 누나는 지금도 형제복지원에서 겪은 후유증으로 극심한 고통 속에 살고 있다. 정신적 트라우마로 인해 기억하기조차 싫은 형제복지원의 기억이 밤낮으로 머릿속을 맴돈다. 육체적으로도 당시 입은 상처와 흉터가 몸에 남아 지금까지도 통증과 기능 저하를 겪고 있다. 감각적 트라우마는 더욱 고통스럽다. 사소한 물건을 보거나 냄새를 맡았을 때, 형제복지원에서 맡았던 냄새와 비슷하면 즉시 그 시절로 되돌아간 듯한 고통이 밀려온다. 영화 속 언어폭력의 톤이 형제복지원 조장들의 목소리와 겹치면 그는 그 순간으로 되돌아가 악몽에 시달린다.

2021년 12월 10일 <알자지라>에서 방영한 다큐멘터리 <공포의 집>에 따르면, 가해자인 박인근 일가는 형제복지원에서 갈취한 재산을 '쌈짓돈'으로 삼아 지금도 호주에서 골프장을 운영하며 호화로운 생활을 이어가고 있다. 이런 뉴스를 볼 때마다 그는 대한민국이 과연 진정한 민주주의 국가인지 의심하게 된다.

만약 대한민국이 제대로 된 법치국가라면, 헌법의 존엄성과 인권의 보편적 가치를 바탕으로 죄 지은 가해자를 처벌하고 피해자와 약자의 편에 서서 법적·제도적·재정적으로 배상하고 구제해야 한다. 그러나 현실은 그렇지 않다. 그는 분노를 참지 못하며 "가해자에 대한 공소시효와 소멸시효는 과연 누구를 위한 법인가"라는 의문을 토로했다.

행안부, 진실위 권고사항 조속히 따라야

진실화해위원회는 2002년 형제복지원 사건에 대한 진실규명을 결정하며, 과거 인권침해 사건 피해자들에 대한 배보상 조치를 권고했다. 그러나 윤석열 정부의 행정안전부는 진실위의 권고문을 반송하며 접수를 거부했다. 이러한 조치는 인권 후진국의 행태라고밖에 볼 수 없다.

한종선은 대한민국이 국가폭력 피해자들에게 유독 인색했다고 지적한다. 진실규명을 위한 법 하나를 통과시키는 데 10년이 걸렸다는 사실이 이를 증명한다. 그래서 많은 피해자들이 진실규명 이후에도 개인적으로 국가를 상대로 손해배상 소송을 제기해야 했다.

진실위가 피해자들에게 사과를 권고했다는 사실은 이미 역사적 기록으로 남았다. 따라서 그는 윤석열 대통령이 형제복지원 피해자들에게 머리 숙여 사과하지 않는다면, 그것은 민주국가의 근본을 부정하는 행위라고 말한다. 대통령 개인의 나라가 아니라 민주공화국이라면, 헌법

가치를 이해하는 지도자라면 반드시 진심 어린 사과를 해야 한다는 것이다. 그는 행정안전부가 진실위의 권고사항을 조속히 이행할 것을 촉구했다.

한종선 씨를 포함한 형제복지원 사건 피해생존자들은 국가폭력에 맞서 당당히 진상규명을 요구한 사람들이다. 배워야 할 시기에 배우지 못하고, 폭력과 살해 위협 속에서도 꿋꿋이 살아남은 이들이다. 그들의 삶은 인간으로서의 권리와 존재 가치를 스스로 되찾기 위한 험난한 여정이었다.

한종선은 이렇게 절규한다.

"민주주의 대통령의 권위는 힘 있는 사람들을 대변하는 자리가 되어서는 안 된다. 힘없는 약자들, 피해자들이 겪은 아픔과 상처를 제대로 보듬는 데서 그 권위는 빛을 발할 것이다. 과거를 잊은 사람이 미래를 논해서는 결코 안 되기 때문이다."

청소년들까지 옭아맨 국보법 한율회 사건

박재순은 1950년 논산에서 태어났고, 네 살 때 소아마비를 앓았다. 그의 어린 시절 가정형편은 비교적 유복했다. 그러나 일곱 살 때 아버지가 많은 논밭을 팔고 대전으로 이사한 뒤 금융사기를 당하고 사업에 실패하면서 불운이 시작되었다. 3층짜리 건물을 사며 번듯한 도시 생활을 시작했지만, 2년 만에 재산을 모두 잃고 파산 지경에 이르렀다. 건강마저 잃은 아버지는 박재순이 아홉 살 때 세상을 떠났다.

모친과 누님이 있었기에 굶주릴 정도로 궁핍하지는 않았지만, 부친의 갑작스러운 죽음으로 가족의 삶은 무너졌다. 누나는 대전여중을 다니다 3학년 한 학기를 남기고 중퇴해야 했다. 아래 동생 둘도 생활고로 고등학교까지만 마쳤고, 막내 여동생들만 나중에서야 대학에 진학할 수 있었다.

부친 사망 이후 가족은 고향인 논산군 광석면으로 내려가 2년 동안 왕전초등학교를 다녔다. 그러나 토지도 생계수단도 없었다. 결국 살길을 찾아 다시 대전으로 올라왔고, 아버지 없는 일곱 식구는 모자원 단칸방에서 2년가량 지냈다. 그곳에서 그는 열심히 공부했고, 기독교 신앙을 접하며 많은 동화책과 교양서를 읽었다.

　박재순은 아홉 살 때 기독교 신앙을 받아들였다. 새벽 4시 반 예배에도 빠지지 않았고 성경공부에도 열심이었다. 한밭중학교를 거쳐 대전고등학교를 졸업할 무렵, 그는 "앞으로 무엇을 하며 살 것인가"를 고민했다. 신앙심이 깊었기에 처음에는 "예수의 사랑을 전하는 사람이 되자, 평생을 헌신하자"고 다짐했다. 그러나 곧 자신이 목회보다는 사상과 철학을 전하는 일에 더 어울린다고 느꼈다. 결국 1970년 서울대학교 철학과에 진학했다.

　대학 시절 그는 기독교 학생운동과 성경공부에 몰두했다. 그러던 1970년 11월 13일, 서울 평화시장의 노동자 전태일(1948~1970)이 "근로기준법을 지켜라"는 외침과 함께 분신한 사건이 일어났다. 그 충격은 '공부벌레'였던 그에게 깊은 각성을 안겼다. 이후 서울대 학생들 사이에 민주화운동과 사회문제에 대한 관심이 급격히 확산되었다. 반정부 시위와 시국선언이 연일 이어졌고, 그는 점차 사회문제에 적극적인 관심을 갖게 되었다.

　그는 서울에서 배포된 시국 관련 유인물을 모아 대전에 갈 때마다 친구들에게 나누어주었다. 대전의 친구들과 함께 시국문제 공부모임을 만들었고 토론을 이어갔다. 그러던 1974년 3월, 박정희 정권이 전국민주청년학생총연맹(민청학련) 관련자들을 '국가전복 음모' 혐의로 구속·기소하는 사건이 발생했다.

　그 무렵 박재순은 서울대를 졸업하고 부천의 서울신학대학에 학사편입한 상태였다. 그의 활동을 탐탁지 않게 보던 경찰은 어느 날 서울

신학대학 도서관에서 공부하던 그를 연행해 대전경찰서로 끌고 갔다. 대전에서 그가 주도하던 시국 공부모임이 문제로 지목된 것이었다.

그는 충남도경 대공분실로 끌려가 대전 시내 모처에 감금된 채 보름 이상 구타를 당하며 조사를 받았다. 형사들은 주먹으로 얼굴과 뺨을 때리고 발로 차며 "북한에서 자금을 얼마나 받았나? 누구와 연결돼 있나?"라고 다그쳤다. 그가 "북한에서 돈이나 지시를 받은 적이 없습니다"라고 답하자, 형사들은 "그럼 국내 배후가 누구냐? 끄나풀이냐, 이 자식아!"라며 폭행을 이어갔다.

그는 이후 서대문구치소에 수감되었다. 그 옆방에는 인혁당 사건으로 사형당한 하재완(1932~1975)이 있었고, 위층에는 김지하(1941~2022), 김경남(1949~2019), 황인성(1953~) 등이 있었다.

구치소에서도 폭력과 욕설이 섞인 고문 조사는 계속되었다. 결국 그는 민간인 신분이었음에도 군법회의에 회부되어 기소유예 처분을 받았다. 5개월 만인 1974년 8월 8일, 그는 교도소에서 석방되었다.

함석헌을 만나다

석방된 뒤 그는 "서울신학대학은 너무 보수적이라, (교도소에) 들어 갔다 나오고 나서는 더 이상 다닐 수가 없었다"고 회상한다. 그해 가을, 그는 한신대학교로 옮겨 신학 공부를 시작했다. 신체적으로도 힘들고 경제적으로도 어려운 상황이었지만, 새로운 지식과 정신의 세계를 열어가야 했다.

한편 1973년 3월, 서울대 철학과 4학년 시절 그는 한 친구의 안내로 서울 원효로에 있던 함석헌(1901~1989)의 집을 방문했다. 이때부터 함석헌은 그의 평생 스승이 된다. 그는 함석헌이 이끄는 여러 공부모임에 열심히 참여했다. 그러던 중 민청학련 사건으로 체포되어 몇 달간 나오지 못하다가, 오랜만에 공부모임에 다시 나갔다.

그날 모임이 끝난 뒤 함석헌이 물었다.

"그동안 어디 갔었소?"

그는 "서대문구치소에 있었습니다"라고 답했다. 그리고 함께 수감되어 있던 김지하 등 동료들의 안부를 전했다.

그가 한신대에 입학하고 1년쯤 지난 1975년 가을, 민중신학자 안병무(1922~1996)는 박정희 정권에 의해 한신대 교수직에서 해직되었다. 이후 그는 1979년 한신대에서 석사학위를 받고, 1980년 1월부터 안병무가 세운 서울 용두동의 한국신학연구소에서 번역실장으로 일하게 되었다.

석사학위를 받기 전인 1976년 4월, 그는 큰 척추 수술을 받아야 했다. 어린 시절 앓은 소아마비로 다리뿐 아니라 척추까지 휘어 있었던 것이다. 서울대병원에서 수술을 받고 두 달 동안 입원했다. 퇴원 후에도 깁스를 한 채 열 달 동안 아무 일도 하지 못하고 누워 지냈다. 가족들이 그를 돌보느라 말할 수 없이 큰 고생을 했다고 그는 회상한다.

수술 후 그는 한국신학연구소에서 일하며 약 1년 남짓 안병무로부터 많은 것을 배웠다. "학문적으로나 정신적으로, 인문학적으로, 신학적으로, 사상적으로 모두 뛰어난 분이었다." 안병무는 해직 교수 신분이었지만, 연구소에 모인 열 명 남짓한 연구원들에게 자신이 연구한 '민중신학'에 대해 정기적으로 강의했다. 박재순은 그 시기를 인생에서 가장 깊이 공부하고, 사람과 신앙, 사상을 통합적으로 바라보게 된 시간으로 기억한다.

'한울회 사건', 혐의는 어떻게 만들어졌나

그러던 중 이른바 '한울회 사건'이 터졌다. 한울회 사건은 기독교 청소년 30여 명이 1979년 12월 30일부터 사흘간 열린 수양회에서, 이규호(1958~2021)가 자신의 충남대 사학과 졸업논문 「현대의 공동체론」에서 맑스의 공산사회 개념을 짧게 언급한 것이 계기가 되어 전두환 군부정권이 공안사건으로 조작한 것이다. 전두환 정권은 이를 근거로 "한울회가 반국가단체를 구성했다"며 국가보안법 위반 혐의를 씌워 관련자들을 구속 수사하기 시작했다.

1981년 3월 23일, 전두환 취임 직후 박재순은 대전경찰서의 호출을 받고 서대전서로 향했다. 점심 무렵 도착했지만 경찰은 그를 하루 종일 대기시켰다. 밤 9시가 넘어 깜깜해진 시각, 건장한 형사 둘이 나타나 그를 검은 승용차에 태웠다. 양옆에 형사들이 앉고 차가 움직이자 그의 눈은 검은 천으로 가려졌다.

도착한 곳은 어두컴컴한 지하의 조사실이었다. 그는 그곳에서 보름 가까이 심한 폭행과 고문을 당했다. 처음 8일 동안은 잠을 재우지 않았고 식사도 거의 주지 않았다. 형사들은 주먹으로 얼굴과 뺨을 때렸고, 그가 지쳐 쓰러지면 축구공을 차듯 발로 몸을 짓이겼다. "너는 잠잘 자격이 없어, 이 자식아!" 형사들의 고함이 이어졌다.

하루는 형사들이 그의 불편한 다리에 병을 끼워 무릎을 꿇게 하고, "북한의 지령을 받았느냐? 배후가 누구냐?"며 구타와 욕설을 퍼부었다. 이후 그는 대전 보문사 아래에 있던 충남도경 지하 대공분실로 옮겨졌다. 조사실에는 몽둥이와 각종 고문 도구가 널려 있었고, 벽 곳곳에는 피가 튄 자국이 선명했다. 이곳에서도 한 달 동안 모진 폭행과 욕설이 이어졌다.

그와 함께 조사를 받던 김아무개 씨는 훗날 법정에서 이렇게 증언했다. "조사 중 너무 고통스럽고 모욕적이라 자살을 세 번 시도했다. 하지 않은 일을 했다고 자술서를 쓰고 지문을 찍은 뒤 찾아온 무력감, 나의 양심과 신앙을 지키지 못했다는 자괴감 때문이었다."

이런 고문조사를 통해 그의 '혐의'가 조작되었다. '국군 폐지'를 주장했다는 이유로 계엄법 위반, '한울회'라는 반국가단체를 결성했다는 국가보안법 위반 혐의였다. 그는 1·2심 모두 유죄를 선고받았다. 당시 1심 재판장은 훗날 대통령 후보가 된 이인제(1948~)였다.

그러나 대법원은 "한울회는 반국가단체가 아닌 신앙을 바탕으로 한 신앙공동체"라고 판단해 일부 무죄 취지로 파기환송했다. 그럼에도 다시 공을 넘겨받은 2심 재판부는 새로운 증거도 없이 다시 유죄를 선고했고, 대법원은 전원 일치로 이를 확정했다. 당시 대법관 중에는 훗날 대통령 후보가 된 이회창(1935~)도 있었다.

그는 약 2년 반의 옥고를 치른 뒤 1983년 8월 15일, 광복절 특사로 석방되었다. 석방 이후에도 함께 수감되었던 동료들과는 자주 연락하며 서로를 위로했다. 하지만 당시 피해자 중 고등학생이었던 제자들에게는 혹시 상처가 될까 싶어 40년 가까이 연락하지 않았다.

그는 최근에서야 그들의 이야기를 직접 듣고 놀랐다고 했다.

"그 아이들이 겪은 고초를 짐작은 했지만, 구체적으로 들은 건 얼마 전이 처음이었다. 내 아픔보다 훨씬 더 생생하고 아프게 다가왔다. 미안한 마음뿐이었다."

당시 피해 학생이었던 한 제자는 후일 이렇게 회상했다.

"당시 박재순 선생님을 뵐 면목이 없었다. 경찰의 욕설과 고문, 강압적인 분위기 속에서 허위진술을 했고 재판에서도 제대로 증언하지 못했다. 그게 너무 죄송했다. 우리는 정학을 당했고 가정과도 갈등이 생겼다. 이후 죄책감 때문에 방황했다."

나는 박재순 선생을 1980년대 중반, 서울 퀘이커모임 여름수련회에서 처음 만났다. 당시 그는 '씨알사상과 민중신학'을 주제로 강연을 했고, 2002년부터 2007년까지는 함석헌기념사업회 부설 씨알사상연구회 초대 회장으로, 나는 초대 총무로 함께 일했다. 그는 언제나 성실하고 따뜻한 사람이었다.

최근의 감회를 묻자 그는 이렇게 말했다.

"요즘은 정치권이나 시민단체, 종교계 모두 무슨 일이 있으면 공권력에만 의존하는 듯합니다. 공권력과 법의 영역을 축소하고, 국민 주권에 기반한 자율 영역을 넓혀야 합니다. 한울회 사건처럼, 심지어 어린 고등학생들까지 고문해 허위 자백을 받아낸 일은 사회적으로 반드시 공론화되어야 합니다."

그는 10여 년 전까지만 해도 두 다리로 걸었다. 그러나 한겨울 공개 강연 후 귀가하다 찬 대리석 바닥에 넘어져 다리가 부러졌다. 수술을 받았지만 관절이 굳어 이제는 목발에 의지해 겨우 걷는다.

그는 지난 2022년 진실화해위원회에 '한울회 사건' 진실규명을 신청했고, 진실위는 조사 개시를 결정했다. 그후 그는 진실위에서 조사를 받았으며, "1년쯤 후에 결과가 나올 것"이라는 말을 들었다.

그리고 지난 2023년 12월, 진실화해위는 한울회 사건을 국가 폭력에 의한 인권 침해 사건으로 규정하고, 국가에 공식적인 사과와 피해자들의 명예 회복을 위한 재심 등 필요한 조치를 취할 것을 권고했다.

피해자들은 진실화해위의 권고를 바탕으로 지난 2024년 2월 서울고등법원에 재심을 청구했으며, 현재 법원의 심리가 진행 중이다.

40여 년이 지난 2025년 9월, 피해자 14명의 증언을 담은 책『하늘에서처럼 땅에서도』가 출간되어 사건의 진실을 알리고 국가 폭력의 아픔을 세상에 알렸다.

한편 그는 2기 진실화해위원회 위원장으로 뉴라이트 계열 인사가 내정된 데 깊은 우려를 표했다. 윤석열 대통령이 2024년 9월 9일 진실화해위원장에 김광동 상임위원을 임명했는데, 그는 과거 국민의힘 추천으로 들어온 인물로, 제주 4·3 사건 피해자를 비난하는 논문을 발표하는 등 '뉴라이트' 활동으로 논란이 되었던 인물이다.

박재순 박사 약력

　1950년 충남 논산 출생. 서울대 철학과 졸업. 한신대 신학과 졸업(신학박사, 1992). 한국신학연구소 번역실장. 민청학련 사건 및 한울회 사건으로 옥고(1974.3~1974.8, 1981.3~1983.8). 한신대 연구교수, 성공회대 겸임교수. 씨알사상연구회 초대 회장(2002~2007). 씨알재단 상임이사(2007~2014). 주요 저서: <다석 유영모>, <씨알사상>, <함석헌의 정신과 철학>, <애기애타: 안창호의 삶과 사상>, <애국가 작사자 도산 안창호>, <도산철학과 씨알철학> 등.

정리하며

  진실·화해를 위한 과거사정리위원회(이하 진실위)의 안병욱 위원장은, 진실위 영문보고서에서 '반민특위 해체'에 대해 이렇게 평가했다. "이승만 정권은 반민특위 활동을 방해했고 끝내 해체했다. 그로 인해 일제 침략에 협조했던 친일파들은 처벌받기보다는, 이승만 정권뿐 아니라 그 후 군사정권 아래에서도 권력을 쥐고 사회 전반에 큰 영향을 행사했다."

  반면 이명박 대통령이 임명한 이영조 위원장은 같은 사안에 대해 정반대의 견해를 밝혔다. "이승만은 평생 독립운동 지도자로 살아왔으며 철두철미한 반일 태도를 유지했다. 친일파를 개인적으로 경멸했다는 점 등을 고려할 때, 그가 반민특위를 해체한 것은 공모나 방해 때문이 아니라 국가 기반 건설의 필요성 때문이었다."

  즉 반민특위 해체의 '정당성'을 주장한 이승만의 역사관이, 이영조를 통해 이명박 정권 시절까지 계승되어 이어지고 있음을 보여주는 사례다. '모든 역사는 현대사'라는 말처럼, 정치만 생물이 아니라 역사 또한 생물이다.

이와 유사한 사례는 또 있다. 2010년 11월 5일 미국에서 열린 국제 심포지엄 <한국 과거사정리의 성과와 의의>에서 이영조 위원장은 광주민주화운동을 가리켜 정부 공식 용어가 아닌 '민중반란'이라 표현했다. 또한 제주 4·3을 '공산주의 세력이 주도한 폭동'으로 서술했다.

광주민주화운동을 '민중반란'이라 부르고 4·3항쟁을 '4·3폭동'이라 규정하는 이는 일베나 전두환 신군부를 지지하는 세력, 혹은 일부 극우 인사들이다. 그러나 이영조는 개인 자격이 아닌 국가기관 진실위의 공식 수장으로서 이 표현을 사용했다. 국가 공식 용어조차 존중하지 않은 그의 발언은, 진실규명 기관의 존재 이유를 스스로 훼손한 사건으로 기록될 것이다.

청산되지 않은 역사는 독이 되어 돌아온다

일본 제국주의의 한국 강점은 서구의 제3세계 강점과는 극명한 차이를 보인다. 유럽의 아프리카 정복이 힘과 문명의 불균형에 의한 일방적인 패배였다면, 일본의 한국 강점은 그보다 훨씬 복잡한 역사적 모순을 내포하고 있다.

전통적으로 한일관계는 한국이 문화적으로 '형'의 위치에서 일본을 개화시키던 관계였다. 그러나 근세에 들어 서구의 포함외교gunboat diplomacy가 동아시아에 밀려오면서, 서구 문명의 주도권이 일본으로 넘어가고 한국은 식민지로 전락했다. 마치 마당쇠에게 사지를 결박당한 주인과 같은 처지였다.

이것은 일본의 입장에서도 결코 쉽지 않은 정복이었다. 문화의 힘 없이 무력만으로 한 민족을 굴복시키는 일은 오래 지속되기 어렵고 실패할 가능성이 높다는 것을 일본도 잘 알고 있었다. 그래서 일본에게 한국은 골칫덩어리였다.

무력만으로는 한국인의 정신을 꺾을 수 없었던 일본은 결국 정신적 복종을 이끌어내기 위한 전략으로 '조선사편수회'를 설립한다. 일본이 노린 것은 정신적 굴복이었다.

역사는 증명한다. 인간의 정신을 지배하지 않고는 어떠한 제국도 완전한 지배를 유지할 수 없다. 반대로 윤봉길과 이봉창, 그리고 왜장의 손가락을 잡고 남강에 몸을 던진 논개처럼, 위대한 정신은 폭력과 강제의 체제 속에서도 끝내 꺾이지 않는다. 인간은 사랑과 신념을 위해 자신을 초개처럼 던질 수 있는 존재이기 때문이다.

조선정신 죽이기에 앞장선 조선사편수회

일제는 한국인의 정신을 말살하기 위해 거액의 자금과 최고 엘리트를 동원했다. 그들이 세운 기관이 바로 '조선사편수회'였다. 조선사편수회는 일왕의 칙령으로 만들어진 관청으로, 한국 민족의 정체성을 파괴하고 일본의 '황국신민'을 양성하기 위한 정신 개조 프로젝트의 중심이었다.

1916년 1월, 일제는 조선총독부 중추원 산하에 '조선반도사편찬위원회'를 발족시켰다. 이 조직은 조선인의 역사를 왜곡해 일본 민족의 우수성을 강조하고, 조선인의 열등성과 사대주의, 타율성을 주입하는 교육을 시행했다. 한국의 전통적인 민족정신과 역사의식은 철저히 배제되었다.

1925년 6월, 일왕 칙령으로 조선사편수회는 독립된 관청으로 승격되며 조직을 확대했다. 도쿄제국대학 출신의 일본 최고 엘리트들이 총동원되었다. 이들은 16년간 35권, 총 2만 4천 쪽에 달하는 방대한 『조선사』를 편찬했다. 제작비만 100만 엔으로, 당시로서는 천문학적인 액수였다.

『조선사』는 일본이 직접 기획하고 통제한 '조선정신 말살'의 결정체였다. 그 목적은 단 하나였다. 무력보다 더 깊이 조선인의 역사관과 자의식을 지배하는 것. 일본은 식민지 지배를 정당화하기 위해 한국사를 축소하고, 한민족이 늘 주변국의 지배를 받는 피지배의 민족이었다고 왜곡했다.

또한 조선의 역사를 당쟁과 부패로 얼룩진 역사로 규정해, 조선이 일본의 식민지가 될 수밖에 없었다는 '역사적 필연성'을 조작해냈다.

역사학계를 좌우한 '친일 식민사관'의 뿌리

이 시기 일제하에서 시행된 관제(官制)―국가기관의 설치, 조직, 직무 범위를 정한 제도―를 살펴보면 일본이 한국사 왜곡에 얼마나 공을 들였는지 명확히 알 수 있다. 조선사편수회 고문에는 이완용과 권중현이 이름을 올렸고, 위원으로는 박영효, 이윤용을 비롯해 일본의 거물 학자들과 어용 지식인들이 포진했다.

위원회 회장은 조선총독부 총독과 맞먹는 권력을 지닌 정무총감이 맡았고, 일본인 관료들이 실질적인 권한을 행사했다. 조직에는 고문, 위원, 간사 외에 편찬 실무를 담당한 수사관 3명, 수사관보 4명, 서기 2명이 배치되었다.

이 수사관 3명 중 한 명이 바로 훗날 국립서울대학교 교수가 되어 일본 식민사관을 계승·확산한 인물, 이병도(1896~1989)였다. 함석헌이 '재야사학자'로서 감옥을 드나들며 생활고에 시달릴 때, 이병도는 정권의 비호 속에 승승장구했다. 그는 1960년 허정(1896~1988) 과도정부에서 문교장관을 지냈고, 박정희 정권 하에서는 5·16민족상과 대통령 표창까지 받았다. 한국 국사학계의 주류로 자리 잡은 그의 '공로'는 결국 식민사관의 뿌리가 체제 안에서 얼마나 깊게 자리를 잡았는지를 보여준다.

함석헌이 "한국의 역사는 중추, 등뼈가 부러진 역사"라고 표현한 이유가 여기에 있다. 정리되지 않은 과거사는 반드시 오늘의 현실에 독이 되어 돌아온다. 과거사 정리는 불필요한 일이 아니라, 인간이 역사적 존재로서 살아가기 위해 반드시 수행해야 할 과제다. 역사를 경멸하는 민족은 결국 그 역사로부터 경멸당한다. 잘못된 과거 위에 올바른 미래를 세울 수는 없다. 인간은 좋든 싫든, 긍정이든 부정이든, 역사의 일부로 존재한다.

이 책은 과거 이데올로기를 앞세운 야만이 어떻게 국민들을 자신들의 탐욕을 채우는 수단으로 삼았는지 고발하고 있다. 그저 한 두 차례 우발적으로 일어난 사건이 아니라 어떻게 반복적으로 또 지속적으로 국민들을 짓밟고 만행을 저질러왔는지 그 숨겨왔던 치부를 드러낸다. 과거를 되짚어 교훈을 얻지 못하면 그 흑역사는 반복될 수 있다. 기록도 기억도 없이 은폐하며 그 야만은 세월이 흘러가면 저절로 잊혀지리라 기대했겠지만, 이제 저자는 그 희생자들이 세상 밖으로 나와 그들이 겪었던 한스러운 세월을 증언하도록 이끌어낸다. 국가폭력이라는 만행이 더 이상 이 땅에서 사라지도록 그들의 전율을 공감하자는 것이다. 과거는 다시 돌아오지 않는 것이 당연한 시간의 법칙이겠지만, 역사는 이처럼 기억하고 공감할 때에만 되풀이되지 않을 수 있다.”
 (김거성, 문재인정부 청와대 시민사회수석)

우리는 대한민국이 '선진국'이 되었다고 흔히 기뻐한다. '선진국' 대열에 올랐다는 만큼, 이제까지의 현대사를 승리와 성공의 기록으로

· 보려는 유혹이 크다. 그러나 우리 '성공'을 이야기하기 전에, 위로부터 진행된 권위주의적 근대화 과정에서 각종 피해를 본 사람들을 먼저 생각하는 것이 옳다.

　도덕적으로만 옳은 것이 아니라, 미래를 향한 길에서도 그게 맞다. 약자·피해자·희생자의 역사를 정확하고 상세하게, 빠짐없이 기록하고 기억해야 우리는 마녀사냥·권력남용·국가폭력이 없는 세상에서 살 수 있을 것이다.

　과거의 어두움을 들추는 피해의 역사는 쓰디쓴 약일 수 있다. 그러나 그 약을 복용하지 않으면 우리는 선택적 기억증세와 집단 망각증을 치료할 수 없다.

　김성수의 이번 책은 바로 이 '쓴 약'의 역할을 한다. 아픈 과거를 기억하고, 보다 나은 미래를 개척하려는 사람들에게 꼭 필요한 참고서다.

　(박노자, 노르웨이 오슬로대 교수)

　보이는 것은 시커먼 군홧발뿐, 가해자의 얼굴조차 보기 힘들었다. 영문도 모른 채 짓밟힌 약자들이 어떻게 역사의 전체상을 볼 수 있었겠는가. 그러나 그들은 안다. 역사를 몸으로 써 왔기 때문이다.

　현대사는 약자가 흘린 눈물의 역사이며, 피의 역사이고, 살아낸 역사이다. 수많은 역사적 사실 중 단 한 가지만 기억해야 한다면, 그것은 약자가 짓밟혀도 짓밟혀도 끝내 죽지 않았다는 것이다.

　소설 <파친코>의 첫 문장처럼 "역사가 우리를 망쳐놓았지만 그래도 상관없다." 우리는 이렇게 살아서, 김성수처럼 기록하고 증언하고 있지 않은가.

과거사위원회의 딱딱한 보고서에 묻혀 있던 숱한 사연들이 김성수를 통해 지금 여기로 불려와 오늘의 이야기로 살아난다. 하루하루 버티기 힘든 오늘이지만, 우리가 만들어온 역사를 돌아보라.

멀지 않았다. 약자가 더 이상 약자가 아닌 날들이.

(한홍구, 성공회대 석좌교수)

한국 현대사에서 국가폭력의 희생자와 사회적 약자들은 자신의 억울함과 처지를 알릴 수단이 없었다. 그래서 그들은 오히려 자신을 그런 처지로 몰아넣은 세력에 기대어 생존을 도모해야 했다.

이 책에 담긴 이야기들은 모두 기막히다. 김성수 박사는 그들의 한 맺힌 목소리를 대신하여 우리에게 이해하기 쉽게 들려준다. 또한 피해자와 조사자, 두 시선의 육성을 통해 한국 현대사의 심층으로 들어간다. 피해자와 약자의 처지를 드러냄으로써, 한국 사회가 앞으로 어디로 가야 하는지를 강력하게 말하고 있다.

(김동춘, 성공회대 명예교수)

고문과 학살의 현대사

초판 1쇄 발행일 2025년 12월 29일

지은이 김성수

발행인 최지윤
발행처 오라티오 콘텐츠

주소	강남구 논현동 16-40, 금원빌딩 508호
팩스	0303) 3443-7211
이메일	seenstory@naver.com
등록	제2025-262호
ISBN	979-11-995189-4-0